항공 기내식 서비스

Cengage

In-flight Meal Service

Yae Kyung Hee
Park So Eun
Yeo Ji Eun

ISBN-13: 978-89-6218-526-3

Cengage Learning Korea Ltd.
14F YTN Newsquare 76 Sangamsan-ro
Mapo-gu Seoul 03926 Korea

Printed in Korea
Print Number: 02 Print Year: 2024

항공 기내식 서비스

IN-FLIGHT MEAL SERVICE

예경희 • 박소은 • 여지은 지음

Cengage

Australia • Brazil • Canada • Mexico • Singapore • United Kingdom • United States

저자 소개

예경희 서울대학교 졸업
한국항공대학교 대학원 졸업
전) 대한항공 상무대우 수석사무장
대한항공 객실승무부 국제승원팀장
대한항공 객실승무부 국내승원팀장
대한항공 객실훈련원 방송전임강사
대한항공 일반교육원 방송전임강사
중부대학교 항공서비스학과 교수
현) 인하공업전문대학 항공운항과 교수

박소은 경희대학교 호텔관광대학 일반대학원 석사
전) 대한항공 객실훈련원 전임강사
대한항공 객실심사관
인하공업전문대학 항공운항과 겸임교수
현) 대한항공 객실사무장

여지은 덕성여자대학교 졸업
전) 대한항공 기내식 시판사업본부 근무
대한항공 객실교관
인하공업전문대학 항공운항과 겸임교수
현) 대한항공 객실사무장

항공 기내식 서비스

초판 1쇄 발행 | 2021년 10월 18일
초판 2쇄 발행 | 2024년 7월 24일

지은이 | 예경희, 박소은, 여지은
발행인 | 송성헌
편집기획 | 김민정
발행처 | 센게이지러닝코리아㈜
등록번호 | 제313-2007-000074호(2007.3.19.)
주　소 | 서울시 마포구 상암산로 76 YTN 뉴스퀘어 14층
이메일 | asia.infokorea@cengage.com
홈페이지 | www.cengage.co.kr

ISBN-13: 978-89-6218-526-3

정가 24,000원

머리말

미국의 유명 인플루언서가 항공사의 일등석 좌석을 경험하고 올린 영상 조회수가 무려 3,000만 회를 넘었다. 현재를 즐기기 위한 소비에 열중하고 새롭고 흥미로운 것에 집중하는 MZ 세대에게 이들의 콘텐츠는 기내 서비스를 간접적으로 체험하게 하고, 실제로 항공사 브랜드의 가치를 형성하는 데 큰 영향을 미친다. 즉, 항공기 탑승 전 기내 식음료 관련 정보를 쉽게 얻을 수 있으며, 전문적인 식음료 지식을 갖고 탑승하여 기내 서비스를 제공받게 된다. 그렇기 때문에 객실승무원은 식음료 전문 지식 및 고품격 매너를 갖춘 서비스 전문가로서의 역량과 자질이 필요하다.

항공사에 대한 서비스 품질 평가는 제공받는 물적 · 인적 서비스 전반에 대한 평가로 형성된다. 특히 비행 중 기내 서비스는 항공사의 전반적인 서비스 품질 평가 시 가장 큰 비중을 차지한다고 할 수 있다. 기내 서비스 중 기내식 서비스에 대한 고객만족은 항공사의 브랜드 가치 창출은 물론, 나아가 브랜드 충성도를 높이는 데 큰 역할을 한다. 따라서 객실승무원의 인적 서비스는 항공사 서비스 품질을 평가하는 척도가 된다.

우리 삶의 모습을 바꿔 놓은 코로나19 이후, 항공사들의 기내 서비스 형태에 큰 변화를 겪을 것으로 예상되며 메뉴 차별화를 통한 서비스 품질 향상은 물론, 기내식 식재료 및 기내 음료의 고급화에 앞장설 것으로 여겨진다. 이러한 시대의 변화의 흐름에 따른 식음료 서비스 전문지식을 서비스 관련학과 학생들이 폭넓게 학습하는 데 도움을 주고자 이 책을 집필하게 되었다.

객실승무원으로 근무하면서 제공하는 식재료는 '기본'이고, 정통 서양식에 대한 이해는 '필수'이다. 정통 서양식에 대한 이해가 부족할 경우 고객의 요청을 정확하게 이해하고 수행하는 데 있어 어려움이 따른다. 서양식을 근간으로 한 기내식을 제공하는 대부분의 항공사들은 서양식의 고유한 특성을 살려 고품질의 서비스를 제공하고자 한다.

따라서 이 책의 1부에서는 서양식 코스별 이해, 테이블 매너를 소주제별로 구분하여 설명하였다. 2부에서는 기내식의 전반적인 이해를 위해 기내식의 개요 및 내용, 기내식 준비 및 제공에 따른 시점별 업무와 서비스 기본자세를 다루었다. 특히 실습 영상을 비행시점별로 구분하여 수록하였으며 이러한 시각적 콘텐츠는 교육 효과 증대에 큰 도움이 될 것이라 기대한다. 또한 기내식 서비스와 관련하여 예상되는 Irregular 상황 및 실제 고객 불만 사례 연구를 통해 고객 만족도를 향상시킬 수 있는 방안을 모색해보도록 구성하였다.

끝으로, 이 책이 항공사 입사를 희망하는 학생들의 기내 서비스 전문 지식 습득뿐만 아니라 향후 비행 근무 시 고품격 서비스를 제공하는 데 조금이라도 도움이 되기를 진심으로 소망한다. 이 책의 출간을 위해 함께 작업해 주신 센게이지러닝 권오영 차장님과 김민정 대리님 그리고 서비스 실습 영상 촬영에 열과 성의를 다해 준 인하공업전문대학 항공운항과 20학번 재학생 여러분과 많은 응원과 격려를 보내 주신 존경하는 교수님들께 지면을 통해 감사의 마음을 전한다.

차례

gerenme / Getty Images

PART 1

서양식의 이해

CHAPTER

01

서양의 음식 문화

객실승무원으로 근무 시 제공하는 식재료는 물론, 정통 서양식에 대한 이해는 필수불가결하다. 객실승무원은 세련된 매너를 갖추고 서양식을 제대로 즐길 줄 알아야 하며, 서비스를 제공하는 주체로서 서양식에 대한 충분한 이해가 필요하다.

정통 서양식에 대한 이해가 부족할 경우, 현장에서 다양한 승객의 요청을 정확하게 이해하고 수행하는 데 있어 어려움이 따른다. 서양식을 근간으로 한 기내식을 제공하는 대부분의 항공사들은 서양식의 고유한 특성을 살려 고품질의 서비스를 제공하고자 한다.

1

서양식의 특성

서양식(양식)은 아시아를 제외한 미국과 유럽에서 발달한 요리의 총칭이며, 우리나라에서는 프랑스, 영국, 독일, 이탈리아 및 미국의 요리가 혼성된 것 또는 그 일부가 가미된 것 등을 통틀어 서양 요리라고 한다.

실제로 서양 요리의 중심은 프랑스 요리이며 국제적인 연회에서는 프랑스식의 조리법과 프랑스식 메뉴가 사용되고 있다. 정식 만찬의 코스는 17세기경에만 해도 16가지나 되었다고 하나 근래에는 6~7가지 정도로 짜는 것이 일반적이다.

서양식은 재료의 분량과 배합, 익히는 방법이 체계적이고 과학적이어서 조리 과정에서 재료나 영양분의 손실이 적다. 건열 요리가 발달하여 오븐을 주로 사용하므로 식품의 맛과 향기를 잘 살릴 수 있다. 기본 조미료로 소금, 후추, 버터가 쓰이며 음식 위에 소스를 끼얹어 맛과 영양을 보충한다.

식사 중 마시는 와인은 기름기가 많은 서양식을 즐길 때 텁텁해진 입안을 산뜻하게 해준다. 서양식 중에서도 가장 정선된 요리로 정평이 나 있는 프랑스 요리의 특징은 맛, 향, 모양의 3박자가 모두 훌륭하게 맞아떨어진다는 점과 이와 어울리는 와인이 다양하다는 점이다.

2

서양식의 역사

풍부한 천혜 자원과 프랑스 국민들의 지대한 관심과 애정 덕분에 프랑스 요리는 지속적인 발전이 이루어져 왔다. 역사적으로는 이탈리아와 영국 등의 외세의 잦은 침략으로 이웃 나라의 음식 문화의 장점을 충분히 흡수하면서 다양한 프랑스 음식으로 변화하게 되었다. 프랑스 요리는 맛, 향, 그리고 모양을 고려하는 요리법을 보유하며 오늘날 각광받는 프랑스 음식으로 자리잡게 되었다.

프랑스 요리가 처음부터 고급 요리의 대명사는 아니었다. 중세 이후 국제적으로 요리의 이름을 알린 것은 이탈리아가 먼저였다. 르네상스가 꽃피운 15세기 피렌체와 베네치아, 만토바 등 이탈리아의 부유한 도시국가들은 음식, 과학, 패션, 건축, 예술 등 다양한 방면에서 두각을 나타냈다. 각지에서 온 다양한 산물과 호화로운 식문화를 소비할 수 있는 계층의 등장으로 이탈리아는 당시 유럽에서 가장 선진화된 곳이었다.

그러나 16세기 후반부터 이탈리아 도시국가들이 차례로 정치적 혼란에 휩싸이며 유럽 최고의 요리 지위는 프랑스로 넘어가게 된다.

피렌체 메디치 가문의 딸 카트린 드 메디치(Catherine de Médicis)가 최고의 명문가에서 성장하면서 익힌 이탈리아의 예술적인 감각과 에티켓, 요리 등은 당시 프랑스 궁중 문화에 많은 영향을 끼쳤다. 1533년, 카트린 드 메디치가 프랑스 앙리 2세와 결혼하면서 이탈리아의 다양한 요리와 기술을 프랑스에 소개했다. 이때 수식 문화의 상징인 포크를 비롯한 화려한 식기와 더불어 이탈리아의 저명한 요리사들을 함께 프랑스로 넘어가게 되었다. 카트린 드 메디치와 함께 프랑스로 온 이탈리아 요리사에 의해 프랑스인들의 식탁에는 맛있는 요리가 올라갔고 새로운 식탁 문화가 전해졌다. 프랑스의 대표적인 과자로 알려진 마카롱도 이탈리아가 원조이며 이때 프랑스로 전달되었다.

그 후 프랑스는 절대왕정의 시기를 맞으며 정치·경제적으로 안정을 얻었다. 여기에 힘입어 왕가와 귀족 소속의 프랑스 요리사들은 자신들의 창의력과 개성을 마음껏 뽐내고 요리의 문법이 체계화되는 계기가 마련되었다.

18세기에는 '요리의 아버지'라고 불리는 마리앙투안 카렘(Marie-Antoine Carême)이 등장하면서 프랑스 요리는 황금기를 맞이하게 된다. 프랑스의 천재 요리사 마리앙투안 카렘은 집정정부 시대에 새롭게 등장한 귀족층의 화려함과 격식에 대한 열망을 간파하고, 프랑스 전국 각지에서 다양한 형태로 발전해 온 요리 기법들을 정리 및 종합하여 현대에 전하였다. 또한 그는 새로운 사회의 정예 지도층을 위한 화려하고도 세련된 고급 음식을 개발해냈으며, 프랑스, 영국, 러시아 등 각국 최고 권력자들의 요리를 담당하면서 유럽 음식 문화 전파의 선구자 역할을 하였다. 프랑스 고급 요리의 진정한 창시자라 할 수 있는 그는 이러한 요리 문화를 프랑스를 대표하는 자산으로 승격시켰다.

그 후 19세기에는 오귀스트 에스코피에(Auguste Escoffier)가 등장하며 지금의 정통 프랑스의 코스 요리가 창안되었다. 그는 마리 앙투안 카렘의 요리를 계승하면서 모던한 요리를 구가했다. 카렘의 영향을 받은 에스코피에는 천재 요리사가 가져야 할 기본 원칙을 다음 세 가지로 정리했다. "첫째, 요리의 맛과 향을 중첩시켜서는 안 되며 그 맛과 향을 개별화해야 한다. 둘째, 차가운 음식은 뜨거운 주요리(Main Dish)의 훌륭한 동반자이다. 즉, 아스픽(Aspic), 젤리, 파테(Pâté) 등은 주요리인 뜨거운 음식을 강조하는 동반자라 할 수 있다. 셋째, 마지막 손길, 즉 마무리 단계에서 자기만의 비법을 사용함으로써 위대한 요리가 완성된다."

Hulton Archive / Getty Images

현대적 전통요리의 거장으로 숭배받는 오귀스트 에스코피에는 '요리의 제왕'으로 알려져 있으며, 런던의 사보이 호텔(Savoy Hotel)과 칼턴 호텔(Carlton Hotel)에서 요리장으로 일하면서 세계적인 명성을 얻었다. 프랑스 요리가 해외에서 명성을 얻게 한 공로를 인정받아, 1920년에는 '레지옹 도뇌르(Légion d'honneur) 훈장'을 받았다. 에스코피에는 새로운 요리의 창시자이기도 하지만, 무엇보다도 주방에서의 작업 방식을 개혁한 인물이다. 주방 인력의 업무를 합리적으로 배분하였고, 요리사라는 직업의 이미지를 높이는 데도 앞장섰다.

3

기내 서양식 디너 코스

전 클래스에서 서양식을 제공하는 대부분의 항공사들은 정통 서양식 디너 코스(Dinner Course)의 고유한 특성을 최대한 살려 고품질의 서비스를 제공하고 있다.

대부분 식사의 양은 가볍게(Light) 시작해서 차츰 늘어나고(Heavy) 다시 가벼운 정도로 마무리하며, 식사의 맛은 식욕을 촉진할 수 있는 단맛이 적은 드라이한 맛에서 소화가 잘되는 달콤한 맛으로 구성하며, 코스별 메뉴는 먹는 사람의 식사 흐름과 속도에 맞추어 적절한 시점에 제공한다.

일반적인 정통 서양식의 구성과 순서는 아래와 같지만, 상황에 따라 추가되거나 생략되기도 하며 항공사 기내식도 이를 반영하고 있다. 기내식 메뉴는 정통 서양식 코스를 근간으로 하나 각 항공사 및 클래스별 코스의 구성과 순서에는 다소 차이가 있다.

표. 정통 서양식 및 항공사 클래스별 메뉴 구성

정통 서양식	항공사 기내식		
	First Class	Business Class	Economy Class
Aperitif	Aperitif	Aperitif	Appetizer or Salad
Amuse Bouche	Starter	Starter	Main Dish
Appetizer	Appetizer (Caviar or Foie Gras)	Appetizer	Dessert
Soup	Soup	Soup	Coffee or Tea
Fish	Salad	Salad	
Meat	Main Dish	Main Dish	
Sherbet	Cheese	Cheese	
Roast	Dessert	Dessert	
Salad	Digestif	Digestif	
Cheese			
Dessert			
Coffee, Tea			
Liqueur			

4

서양식 메뉴

1) 정식 메뉴

프랑스어로 '주인의 식탁'이라는 뜻을 가진 정식 메뉴(Table D'hote, Full Course)

는 프랑스식 정식 메뉴에 해당하는 코스 요리로, 종류와 순서가 미리 결정되어 있는 메뉴 차림표이며, 일명 '풀코스(Full Course)'라고도 한다. 주요리의 선택에 따라 전체 코스의 가격이 미리 정해져 있으며 미각, 영양, 분량을 참작한 한 끼분의 식사이다. 레스토랑에서 주문하게 되면 주요리 가격에 몇 가지 코스의 완전한 식사가 나온다.

정통 프랑스 요리의 만찬 코스는 12개의 코스로 진행되었으나 근래에는 5~8가지 정도로 축약되어 제공된다. 기본 구성으로 식전 음료(Aperitif), 전채요리(Appetizer), 수프(Soup), 생선 요리, 주요리, 샐러드, 디저트(Dessert), 식후 음료(Digestif)로 구성된다.

정식 메뉴는 일품요리에 비해 요리의 단위당 가격이 저렴하고 세트 메뉴(Set Menu)로 구성되어 주문 시 선택이 쉬우나 코스 메뉴 구성 중 선호하지 않은 메뉴가 있을 수 있는 단점이 있다.

2) 일품요리

일품요리(A La Carte)는 각 코스가 각각 분리된 가격을 지불하는 방식으로, 각 요리마다 가격을 책정해 놓고 기호에 맞게 선택하여 주문할 수 있도록 한 메뉴이다. 1972년, 프랑스의 많은 외국 정부 고위 관리자가 오랜 기간 모여서 회담하는 가운데 매일 같은 메뉴에 싫증을 느껴 생긴 요리로 계절과 조리 기술에 따른 변수가 있어 메뉴의 변화가 많다.

현재 레스토랑에서 많이 사용되며 정식 메뉴와는 다르게, 주요리뿐만 아니라 샐러드, 수프, 전채요리 등을 고객이 각각 주문할 수 있다. 기호에 따라 다양하게 메뉴를 선택할 수 있고 제공되는 요리 품목의 메뉴 구성이 다채롭다는 장점이 있다. 그러나 음식 단위별 가격이 비싸고 메뉴의 종류가 많아 식자재의 관리가 어렵다는 단점도 있다.

3) 스페셜 메뉴

스페셜 메뉴(Special Menu, Chef's Recommendation)는 고객의 식욕을 돋우는 메뉴로 '데일리 스페셜 메뉴(Daily Special Menu)'라고도 한다. 이 메뉴는 원칙적으로 매일 시장에서 특별한 재료를 구입하여 주방장(Chef)이 최고의 기술을 발휘하여 만든다. 고객의 기호를 반영한 신선한 재료를 활용하고, 주방장의 기술과 아이디어를 반영하여, 때와 장소, 계절의 감각, 기념일에 어울리도록 준비하여 추천한다. 메뉴에 쉽게 접근할 수 있는 분위기와 합리적인 가격으로 고객에게 인기가 많으며 업장 입장에서는 식재료의 활용성이 높고 재고가 없어 매출액 증진의 효과를 기대할 수 있다.

Pan-seared Duck Breast with Figs, Baked Yellow Potato and Shredded Truffles
오리 가슴살 전채

Anise-flavored Fish Soup with Saffron Croutons
아니스 향의 생선 수프

North Atlantic Salmon Fillet and Tomato Compose or
신선한 연어구이 또는

Grilled Veal Loin, Red Onion Confit, Juniper Berry Licorice Juice
주방장 특제 송아지 안심

Mixed Green Salad with Hazelnuts and Fennel
게 향 드레싱의 그린 샐러드

Mixed Fruits Gratin with Champagne Sabayon
샴페인 사바용의 과일 그라탱

Coffee or Tea
커피 또는 홍차

Table D'hote

***Fish* 생선류**

Pan-fried Fresh Sea Scallops with Beetroot and Capers
비트와 캐이퍼를 곁들인 가리비

Provence-style Turbot with Mustard Sauce
겨자 소스의 광어

Sea Bream in Potato Crust with Chive Sauce
감자로 싼 골파 소스의 도미

Sautéed Snapper in a Spicy Crust
향신료 맛을 낸 홍치

sautéed Langoustines Flavored with Fresh Ginger
생강 향의 집게 새우

Lobster with Fresh Pasta
파스타를 곁들인 바닷가재

A La Carte

A LOBSTER BAKE III

For Starters, SARAH's Haddock Chowder with crackers

A lobster, fresh from SARAH's brothers'traps boiled in sea water and server with melted butter and lemon wedges

Corn on the Cob

A Bag of steamed Clams with broth for dipping

Potato chips

Chilled soda and juice

SARAH's homemade Maine Blueberry Pie

Price per person $26.95

Special Menu

CHAPTER

02

서양식 디너의 코스별 이해

디너(Dinner)는 식생활 중 시간적 · 구성적으로 하루 중 가장 충실한 식사가 된다. 보통의 디너에서는 일반적으로 식전 음료와 전채요리를 든 다음, 수프, 샐러드, 주요리, 디저트, 식후 음료 등을 든다.

항공사 기내식도 이 정통 서양식의 구성과 순서를 바탕으로 하고 있다. 항공사 기내식은 '고품격 식음료 서비스'의 개념을 접목한 정통 서양식 코스 요리를 기본으로 각 코스별 개성 있는 메뉴로 구성된다. 국적 항공사 코스 순서를 기준으로 제공 순서에 따라 코스별 제공되는 식음료의 종류 및 특징을 알아본다.

1

식전 음료

1) 식전 음료의 기원과 역사

'아페로(Apero)'라고도 하는 '아페리티프(Aperitif)', 즉 식전 음료는 식사하기 전에 위산 분비를 촉진하고 식욕을 돋우는 음료를 총칭하며, 알코올음료의 경우 식전주라고 한다. '아페리티프'는 라틴어 'Aperire(열다)'라는 동사에서 파생되었으며 이탈리아어로는 '아페리티보(Aperitivo)'라고 한다.

1846년 프랑스의 화학자 조셉 뒤보네(Joseph Duvonnet)가 와인에 키니네(Quinine)라는 화학물질을 첨가하여 만든 음료가 아페리티프의 기원이라 추측된다. 조셉 뒤보네의 아내가 식전 그 자리에 모인 사람들에게 이 술을 권했던 것이 '아페리티프'의 유래이다. 조셉 뒤보네가 만든 술에 첨가된 키니네 성분은 19세기 중반 프랑스에 유행했던 말라리아에 효과가 있다고 밝혀지게 되었다.

'아페리티프'의 또 다른 기원은 1786년 이탈리아의 안토니오 베네데토 카르파노(Antonio Benedetto Carpano)라는 사람이 발명한 베르무트(Vermouth)이다. 베

르무트는 화이트 와인(White Wine)이나 레드 와인(Red Wine)에 오드비(Eau-de-vie)에 카모마일, 계피, 오렌지, 팀, 바닐라 등 각종 향신료를 첨가하여 만든 16~18도 정도의 도수를 가진 알코올이다.

20세기에 들어서면서 식사 전에 알코올음료를 마시는 기호와 추세가 일반화되었다. 아페리티프라는 단어가 명사로 쓰이기 시작한 것은 1888년부터였다. 와인 베이스(베르무트, 캥키나)나 독한 술 베이스(아니스, 비터스, 아메리카노, 장티안)의 알코올음료, 또는 리큐어(Liqueur) 와인이나 오드비, 리큐어 등(칵테일, 위스키)이 주로 아페리티프로 사용되었다. 아페리티프의 긴 역사만큼이나 오늘날에 마시는 '아페리티프'의 종류는 다양하다. 베르무트·셰리주·마델라·비터스, 각종 칵테일 등이 쓰인다.

리큐어(Liqueur)

리큐르라고도 하며 증류주에 과일, 약초 등 다양한 성분을 첨가하여 만든 혼성주이다.

2) 식전주의 종류

캄파리

캄파리(Campari)는 비터(Bitters)를 기본으로 하여 만든 이탈리아의 약용 목적 알코올음료이다. 비터 특유의 쓴맛이 식욕을 돋우는 효과가 있어 식전주로 즐기며 오렌지 주스나 토닉워터, 소다워터 등과 혼합하여 캄파리 소다(Campari Soda) 등의 칵테일로 즐긴다.

Alexander Prokopenko / Shutterstock.com

bizoo_n / iStock Editorial / Getty Images Plus

Sandralise / iStock / Getty Images Plus

베르무트

주로 식전에 즐기는 베르무트(Vermouth)는 와인을 베이스로 향료나 약재를 가미한 혼성주의 일종이다. 18세기 이탈리아의 도시 토리노에서 처음 만들어졌으며, 와인 베이스의 아페리티프 주류로 오늘날에는 전 세계에서 생산된다. 베르무트는 크게 드라이한 프랑스식 베르무트와 이보다 약간 단맛이 있는 이탈리아식 베르무트 두 가지 유형으로 나뉜다.

가장 유명한 것은 프랑스에서 만들어진 최초의 베르무트인 누아이 프라트(Noilly Prat, 1813)와 마티니(Martini, 1863)이다. 마티니는 이탈리아의 베르무트 제조 회사인 마티니사에서 베르무트를 홍보하기 위해 만들어졌다고 하며, 칵테일 마티니를 만들 때 마티니사의 상표가 붙은 드라이 베르무트를 사용하는 경우가 많다.

베르무트는 대개 온더락(On the Rock)으로 차갑게 마시며 때로 레몬이나 오렌지 슬라이스를 곁들인다. 또는 탄산수로 희석해 마시거나 또한 드라이 마티니 또는 아메리카노와 같은 다수의 칵테일 제조에도 들어간다. 요리에서는 스터핑(Stuffing) 혼합물에 넣어 풍미를 더하거나 가금류, 갑각류 해산물 또는 생선을 조리할 때 디글레이즈(Deglaze)용으로 사용하기도 한다.

온더락 (On the Rock)
글라스에 바위만 한 큼직한 얼음덩어리를 담고 그 위에 위스키를 따라서 마시는 방식의 총칭이다.

스터핑(Stuffing)
만두나 떡, 김치 등을 만들 때 맛을 내기 위해 속에 넣는 여러 가지 재료이다.

디글레이즈 (Deglaze)
스톡(Stock)(35쪽 참고)이나 와인을 사용하여 소스를 만들거나 즙을 희석시키는 것이다.

셰리주

셰리주(Sherry)는 스페인의 유명한 와인으로, 스페인에서는 헤레스(Jerez), 영어로는 셰리(Sherry)라고 불린다. 셰리와인은 주정강화 와인의 일종으로 발효한 후 브랜디를 첨가해 알코올 도수를 높인다.

발효는 공기가 잘 통하는 술 창고인 보데가스(Bodegas)에서 이루어지는데, 처음에는 부글부글 올라오다가 차츰 가라앉아 안정된 후 3개월간 지속된다. 이때 술통은 두 종류로 나뉜다.

하나는 표면에 얇은 곰팡이 막인 플로르(Flor)가 형성되며 드라이하고 가벼운 맛의 피노(Fino)가 되며, 여기에 포도 증류주를 섞어 최대 15.5%Vol.의 주정강화 와인(Fortified Wine)을 만든다. 다른 한 종류는 플로르가 형성되지 않으며 주정강화를 거쳐 18%Vol.로 맞추는 것으로 더욱 색이 진하고 알코올 함량이 높은 아몬티야도(Amontillado) 또는 올로로소(Oloroso)가 된다. 아몬티야도에 와인에 아주 진한 색을 내며 압착 전 태양광 건조를 통해 단맛을 증폭시킨 포도(Pedro Jimenez)를 약간 첨가하면 단맛이 강화된 주정강화 와인을 만들 수 있다.

주정강화 와인 (Fortified Wine)

와인에 브랜디나 기타 주정을 첨가하여 알코올 도수를 높인 와인이다.

이어서 셰리와인은 솔레라(Solera)와 크리아데라(Criadera)라는 아주 독특한 방식으로 숙성된다. 솔레라는 양조한 셰리를 숙성하고 생산자의 스타일을 유지하는 전반적인 숙성 과정을 지칭한다. 각기 숙성 연수가 다른 와인을 5 / 6 정도 채운 여러 개의 오크통(Butt)을 여러 단으로 쌓아 발효가 끝난 셰리를 숙성하게 되는데, 가장 오래 숙성한 와인이 담긴 맨 아랫단의 술통을 '솔레라'라고 한다. 여기에 와인을 덜어 병입한 뒤 그 바로 위의 술통(Criadera)에서 그만큼을 흘러내려 채워주고 연속적으로 같은 방법으로 내려서 숙성된 기존 와인과 신선한 와인이 혼합되게 한다. 이렇게 서로 다른 수확기의 와인을 연속적으로 혼합해 만들기 때문에 셰리와인에는 빈티지 연도가 표시되지 않는다.

Caron Badkin / Shutterstock.com

Zoltan Tarlacz / Shutterstock.com

식사에 따른 서양의 음료 문화

서양식에서는 식사와 함께 알코올음료를 즐기는 것이 보편화되어 있다. 식사의 순서에 따라 아래와 같이 어울리는 음료를 함께 즐긴다.

식전 음료(식전주 / Aperitif)

- 식사 전 소량의 알코올음료를 섭취하면 위산 분비가 활발해져 식욕이 좋아지며 신맛과 쓴맛이 있으면 더욱 효과적이다.
- Cocktail, Champagne, Campari, Sherry, Vermouth 등이 있다.

식중 음료(식중주)

- 식사 사이에 입맛을 새롭게 하고 소화를 돕는 역할을 하며, 알코올 농도가 높지 않고, 혀나 위에 자극을 주지 않는 종류가 적당하다. 또한 코스별 음식과 맛의 조화를 이루어야 한다.
- Wine, Beer 등이 있다.

식후 음료(식후주 / Digestif)

- 식사 후 소화를 돕는 역할을 하며 알코올 농도가 높은 혼성주나 디저트와 잘 어울리는 단맛이 가미된 와인, 커피와 차 등의 기호 음료가 있다.
- 디저트 와인(Dessert Wine)에는 Port Wine, Sweet Sherry가 있고, 혼성주(Liqeuer)에는 Cointreau, Crème de Cassis, Crème de Menthe, Bailey's가 있으며, 과실증류주(Brandy)에는 다음과 같은 두 가지 종류가 있다.
  - 제조원료별: Cognac, Armagnac, Calvados, Apple Jack, Kirschwasser, Mira-bell, Eau-de Vie
  - 생산지별: Camus, Hennessy, Remy Martin, Chabot, Lecompte

2

전채요리

1) 전채요리의 기원과 특성

전채요리(Appetizer)는 서양식 코스 중 가장 먼저 제공되는 요리로 신맛, 짠맛이 가미되므로 타액의 분비를 촉진시켜 식욕을 돋우는 요리를 말한다. 프랑스어로는 오르되브르(Hors D'Oeuvre)라고 하는데, 'hors'는 '~앞에'라는 의미가 있으며 'Oeuvre'는 '작품, 성과물'과 같은 뜻이 있다.

1271년, 이탈리아 베네치아의 상인이었던 마르코 폴로가 중국 원나라를 여행하면서 동방의 이국적이고 신기한 풍물을 직접 경험하게 되었다. 마르코 폴로는 당시 원나라의 냉채 요리를 보고 창안하여 전채요리가 이탈리아에서 시작되었으며 그 후 유럽의 여러 나라로 전파된 것으로 알려져 있다.

또 다른 학설에 따르면 러시아에서 연회를 하기 전 별실에서 참석 인원이 다 도착할 때까지 식전주로 보드카와 함께 자쿠스키(Zakuski)라는 간단한 요리를 제공한 데서 유래되었다고 한다.

전채요리의 역할을 하기 위해서는 다음과 같은 조건을 갖추어야 한다.

첫째, 양이 적어야 하며 주요리와의 조화가 잘 되고 다음 요리와 중복되지 않아야 한다.

둘째, 간결하고 색상의 조화가 어우러져야 하며 시각적으로 보기 아름다워야 한다.

셋째, 식욕을 촉진시키기 위해 제공되는 요리인 만큼 시각과 미각을 만족시킬 수 있어야 한다.

2) 전채요리의 종류

캐비아

바닷속의 검은 다이아몬드라 불리는 캐비아(Caviar)는 본래 소금에 절인 생선의 알을 의미하지만 세계적으로 철갑상어의 알을 소금에 절여 가공한 것으로 통용된다. 푸아그라(Foie Gras)와 트러플(Truffle)과 함께 세계 3대 진미로 알려져 있는 캐비아는 카스피해를 중심으로 러시아, 이란 등에서 생산되고 있다.

캐비아는 10세기 초 러시아와 무역한 비잔틴 그리스인들이 즐겨 먹었다고 전해진다. 그 후 1920년대 아르메니아 출신 페트로시안(Petrossian) 형제에 의해 프랑스로 전해졌다고 한다.

철갑상어는 산란기가 되면 러시아와 아시아의 큰 강 하구로 올라오는데 현재는 거의 대부분의 캐비아를 카스피해에서 어획한다. 고품질의 캐비아는 철갑상어의 암컷이 산란을 준비할 때 수확한 알에서 나오며 한 번에 수백만 개의 캐비아를 낳을 수 있다.

철갑상어 종류에 따른 캐비아의 종류

러시아는 2008년과 2011년 두 차례, 철갑상어의 멸종위기로 인해 야생 캐비아의 생산을 중단한 바 있으며, 최근 몇 년간 양식장에서 기른 철갑상어에서 추출한 캐비아의 생산량이 급격히 증가하고 있다.

철갑상어의 알을 채취하기까지는 7~10년 정도 걸리며, 보통 한 마리의 철갑상어에서 알이 차지하는 비중은 체중의 약 15~18% 정도로 철갑상어에서 알을 추출하는 과정은 까다롭다. 캐비아를 추출하기 위해 살아있는 철갑상어의 배를 갈라 알집을 꺼낸 다음 알을 둘러싼 막과 불순물을 제거하고 부드럽게 분리시킨다. 이러한 채취 과정에서 철갑상어가 스트레스를 받으면 아드레날린이 과도하게 분비되어 캐비아의 질에 영향을 미칠 수 있기 때문에 채취는 신속하고 조심스럽게 진행된다. 그 후 찬물에서 여러 번 씻은 후 3%가량의 소금을 첨가하고 6분 정도 소금이 흡수될 정도로 식힌 후 조심스럽게 블로팅(Blotting) 한 후 건조시킨다.

블로팅(Blotting)

부드러운 천 또는 종이로 빨아들여 닦아내는 것이다.

표. 철갑상어 종류에 따른 캐비아의 특징

종류	색상	크기	특징
밸루가(Beluga) [시장 점유율 2~5%]	짙은 회색과 밝은 회색이 섞임	굵음	철갑상어 중 가장 크고 섬세한 알을 낳는다. 알이 성숙되는 기간이 18년에서 20여 년 정도로 오래 기다려야 얻을 수 있기 때문에 가장 희귀하고 값비싸며 섬세하고 고소한 맛이 특징이다.
오세트라(Ossetra) [시장 점유율 40~45%]	검정에 가까운 회색. 황금 갈색 톤이 혼합됨.	중간	짭조름한 바다의 풍미가 강한 섬세한 맛을 낸다.
세브루가(Sevruga) [시장 점유율 50~55%]	어두운 회색 또는 검은색	작음	고유의 농축된 강한 맛으로 독특한 풍미를 가지며 맛이 두드러지고 짭짤하다.

캐비아를 즐기는 법

① 캐비아 캔을 얼음 위에 올려 차갑게 유지한다.
② 멜바토스트(Melba Toast), 블리니(Blini), 달걀, 양파, 레몬 등을 곁들인다.
③ 순금이나 자개로 만들어진 스푼을 이용하여 먹는다.
④ 차가운 샴페인이나 보드카를 곁들인다.

SvetlanaSF / iStock / Getty Images Plus

캐비아의 산도가 높기 때문에 금속으로 된 커틀러리를 이용하여 취식할 경우 쉽게 금속을 산화시켜 맛이 떨어질 수 있다. 따라서 그 맛을 고스란히 느끼기 위해서는 순금이나 자개로 만든 스푼을 이용한다. 캐비아는 드라이한 맛의 샴페인이나 보드카와 최고의 궁합을 이루는데 드라이한 샴페인과 보드카가 캐비아의 맛을 한층 더 부드럽게 만들어 최상의 상태로 즐길 수 있기 때문이다. 또한 다진 양파나 달걀, 크래커, 토스트, 블리니 위에 올려 먹으면 더욱 맛이 좋다.

염장이 끝난 캐비아는 4도 정도의 온도에서 저장되며 공기와의 접촉을 차단하여 일주일 정도 숙성 과정을 거친다. 숙성 과정을 거친 캐비아는 3~6개월 정도까지 보관이 가능하며, 크기, 질감, 광택, 색상 등 여러 가지 요소를 고려하여 캐비아의 품질을 결정하고 등급을 매길 수 있도록 테스트한다. 그 후 통조림 깡통 뚜껑으로 덮어 진공 포장하여 유통된다. 이러한 일련의 과정은 캐비아의 품질을 결정짓게 되므로 경험이 많은 캐비아 마스터(Caviar Master)라 불리는 전문가에 의해 취급된다.

캐비아는 지방이 적고 단백질과 비타민을 많이 함유하고 있어 러시아에서는 일찍이 건강식품으로 애용되고 있고 수술 후 환자들의 회복식으로 캐비아 기름을 뽑아 마시기도 하고 채소 섭취가 어려운 추운 지방에서 결핍되기 쉬운 비타민 역할을 하기도 한다.

푸아그라

푸아그라(Foie Gras)는 캐비아, 트러플과 함께 전채요리 중 최고급 요리에 속한다. 프랑스어로 '살찐 간(Fat Liver)'이라는 뜻으로 프랑스 북동부의 알자스(Alsace)와 남부 페리고르(Perigord) 지방의 특산품이며 알자스(Alsace)주 스트라스부르(Strasbourg) 지역에서 생산된 푸아그라를 최고로 꼽는다. 푸아그라는 프랑스의 요리사 진 조셉(Jean-Joseph)이 1779년 최초의 파테 드 푸아그라(Pâtéde Foie Gras)를 창안하며 오늘날의 푸아그라 요리로 유래되었다고 한다.

푸아그라는 기원전 3세기, 고대 이집트 시절에 시작된 음식으로 당시 이집트인들은 거위들이 철을 따라 멀리 이동하기 전에 많은 먹이를 섭취하여 에너지를 비축하고 이로 인해 거위의 간에 지방이 쌓이고 크기가 거대해진다는 사실을 발견하게 된다.

이렇게 오리나 거위에게 강제로 사료를 먹여 간을 비정상적으로 크게 만드는 사육법인 가바주(Gavage)가 생겨났는데 이 사육 기법은 지중해를 거쳐 그리스와 로마에 전해졌다고 한다. 로마 시대에 이르러 화려한 고급 연회 요리로 주목을 받았으며, 고대 로마제국이 멸망한 후 중세시대 서유럽과 중부 유럽에 거주하던 아슈케나지 유대인이 이 가바주 사육법을 이었다고 한다. 이들이 독일로 이주하면서 푸아그라가 전파되기 시작했고, 프랑스에서는 루이 14세가 푸아그라 요리에 매료되어 전 유럽에 소개한 것으로 전해진다.

아슈케나지(Ashkenazi) 유대인

유럽에 거주하던 유대인의 한 그룹으로 문자 그대로의 뜻은 독일 유대인(German Jews)이다.

제조 과정에 있어 푸아그라는 동물 학대라는 문제가 제기되어 유통 및 판매에 대해 오랫동안 논란이 되어왔으며 푸아그라 금지법안에 대한 시도가 존재했다고 한다. 뉴욕시의회는 2022년부터 푸아그라와 같은 가금류에 강제 급여하는 식품에 대한 금지법을 승인했으며 이러한 흐름은 세계적으로 확대되는 추세이다.

Paco Freire / SOPA Images / LightRocket via Getty Images

푸아그라는 본래 거위의 간으로 만든 것이나 오늘날 생산되는 푸아그라 중 95%는 오리의 간이고 나머지만이 거위의 간이다. 이는 오리의 간으로 생산하는 것이 보다 용이하며 간 이외의 다른 부위의 활용도도 높기 때문이다.

부드럽고 농후한 깊은 맛의 푸아그라는 버터를 바르듯 빵이나 비스킷에 발라 먹으며 일반적으로 소테른(Sauternes) 와인과 같이 스위트 화이트 와인을 함께 곁들인다. 푸아그라의 묵직한 맛과 간에서 오는 특유한 씁쓰름한 맛이 차갑고 산도가 좋고 당도가 높은 화이트 와인과 함께 어우러지면 두 가지 맛을 극대화시킬 수 있다.

소테른 와인

pixinoo / Shutterstock.com

소테른은 세계적으로 뛰어난 스위트 화이트 와인을 생산하는 지역으로 소테른에서 사용되는 포도품종의 80%는 세미용 그리고 소비뇽 블랑(Sauvignon Blanc)과 뮈스카델(Muscadelle)이다. 이 지역은 포도를 늦게까지 수확하지 않고 과숙시킨 후 곰팡이가 생긴 다음, 포도를 수확하여 와인을 만든다.

19세기 초 소테른 지방에서는 보트리티스(Botrytis) 곰팡이를 발견한다. 포도를 수확하지 않고 그냥 두면 포도의 껍질에 곰팡이가 생기는데 이 곰팡이가 포도 열매의 껍질에 구멍을 내고 껍질을 약하게 만든다. 이로 인해서 포도의 수분은 증발하고 건포도같이 당분이 농축된 포도가 된다. 이렇게 포도 껍질에 생기는 이 곰팡이를 '보트리티스 시네리아(Botrytis Cinerea)'라고 하고, 이런 곰팡이가 생기는 현상을 '노블 롯(Noble Rot)'이라고 한다. 프랑스어로 '푸리튀르 노블(Pourriture Noble)', 독일어로 '에델포일레(Edelfaule)', 일본어로 '귀부'라 한다.

소테른은 더운물이 흐르는 시롱강과 찬물이 흐르는 가론강이 합쳐지는 곳에 위치하고 있어, 안개가 많고 온화하고 다습한 지역이다. 그리고 보르도의 다른 지역과 마찬가지로 일조량 또한 높은 곳으로 이런 환경에서 곰팡이가 낀 포도는 수분이 증발되어 당분 함량이 높아지고 글리세롤과 같은 끈적한 물질이 생기며 스위트한 맛을 내게 된다.

트러플

우리나라에서는 '송로버섯'이라 하는 트러플(Truffle, Truffe)은 땅에서 나는 다이아몬드라 불리며 캐비아나 푸아그라에 앞설 정도로 귀한 대접을 받는 버섯이다.

프랑스, 이탈리아 등 유럽에서 세계 3대 진미 중 가장 먼저 거론될 정도로 유명한 트러플은 독특한 향과 풍미로 17세기부터 서부 유럽에서 진귀한 버섯으로, 또 값비싼 식재료로 알려져 있다. 주로 프랑스, 이탈리아, 독일 등지의 참나뭇과인 떡갈나무숲 땅속에 자실체를 형성하며 서식하여 지상에서는 발견하기 힘들다고 알려져 있다. 즉, 땅밑에서 서식하기 때문에 눈에 띄지 않아 채취가 어렵고 인공 재배도 불가능하며 생산량도 적어 희소성이 높다.

트러플은 로마제국 시대부터 식용했다고 알려져 있으며 모두 30여 종이 있는데 그 중 프랑스 페리고르(Perigord)산 블랙 트러플(Black Truffle, Tuber Melanosporum)과 이탈리아 피에몬테(Piemonte) 지방의 화이트 트러플(White Truffle, Tuber Magnatum)을 최고로 친다.

표. 트러플의 종류

종류	특징
블랙 트러플 (Black Truffle, Tuber Melanosporum)	프랑스 페리고르산 블랙 트러플을 최고로 꼽으며 겉과 속이 까맣고 특유의 진한 향을 가지고 있는 것으로 알려져 있다. 인공 재배가 가능하나 수확까지 10년 이상 걸리며 향이 가장 기묘한 버섯으로 평가된다.
화이트 트러플 (White Truffle, Tuber Magnatum)	이탈리아 피에몬테산 백송로(알바 트뤼프)를 최고로 치며 주로 날것으로 아주 얇게 썰어서 샐러드와 같은 요리에 이용한다. 흙냄새와 마늘 향이 섞인 독특한 향을 자아내며 인공 재배가 불가능하므로 블랙 트러플보다 가격 면에서 앞선다. 파운드당 6,000달러에서 1만 달러에 이를 만큼 트러플 중에서도 최고급으로 손꼽힌다.
서머 트러플 (Summer Truffle, Tuber Aestivum)	'Aestivum'은 여름을 뜻하는 라틴어로, 블랙 트러플이 나는 겨울나무들이 여름이 되어 생산하는 다른 종류의 버섯이다. 같은 나무에서 나지만 계절에 따라 학명 및 가치가 다른 버섯이 된다. 프랑스와 이탈리아 및 유럽 대부분 지역에서 자생하며 수확기는 5~8월이다.
윈터 트러플 (Winter Truffle, Tuber Brumale)	'Brumale'는 겨울을 뜻하는 라틴어로, 겨울에 나는 트러플은 블랙 트러플이 자라는 곳에서 같이 나는 경우도 있다. 겉보기에는 큰 차이가 없지만 블랙 트러플이 윈터 트러플보다 20배 정도 비싸다.

프랑스 남동부 페리고르 지역과 이탈리아 북동부 피에몬테, 토스카나(Toscana) 등이 주요 산지이며 10월에 채취를 시작하며 12월 초 수확에 절정을 맞았다가 3월에 사라진다.

트러플은 강하고 독특한 향을 갖고 있어 소량만으로도 음식 전체의 맛을 좌우한다. 익히지 않고 즐기는 이탈리아 피에몬테산 화이트 트러플은 샐러드를 만들거나 대패나 강판 같은 기구로 아주 얇게 켜서 음식 위에 뿌려 먹는다. 트러플을 넣어 먹을 요리는 트러플 맛도 살고 요리 자체 맛도 살리기 위해 맛이 단순한 것일수록 좋다. 트러플은 전채요리, 샐러드, 수프, 소스, 가니시(Garnish, 곁들임)로 사용한다.

훈제 연어

훈제 연어(Smoked Salmon)는 유럽에서 인기 있는 전채요리 중 하나로 일반적으로 샐러드 또는 카나페(Canapés)로 먹는다. 연어는 지방 함량이 높고 칼슘, 비타민 D, DHA와 EPA 등 오메가-3 지방산의 좋은 공급원이다. 연어의 단백질을 파괴하지 않는 온도(저온)에서 서서히 훈연한 것으로 보관 기간과 유통기한이 긴 편이다. 새콤하고 짭짤한 맛이 식욕을 돋우며 맛이 뛰어나고 영양가가 높다.

새우 칵테일

새우 칵테일(Shrimp Cocktail)은 새우를 삶거나 쪄서 익히고 몸통 부분의 껍질을 벗겨 마리 로즈 소스(Marie Rose Sauce) 또는 칵테일 소스와 곁들이는 요리이다. 유럽에서는 왕새우를 뜻하는 프론(Prawn)을 메뉴에서 많이 볼 수 있고, 슈림프(Shrimp)라는 단어는 북미에서 많이 사용된다.

표. 프론(Prawn)과 슈림프(Shrimp)의 차이

구분	앞다리	알을 품는 형태	Body Shape
프론(Prawn)	세 쌍	알을 낳아 떨어뜨린다.	껍질이 층층이 되어 있다.
슈림프(Shrimp)	두 쌍	알을 품고 있다.	처음 머리 껍질 이후 두 번째 껍질이 밖을 덮고 있다.

프론

슈림프

파테

파테(Pâté)는 프랑스어로 '파이(Pie)'를 뜻하며 고기, 생선, 채소 등 다양한 재료를 갈아 만든 소를 페이스트리 반죽으로 만든 파이 크러스트(Pie Crust)에 넣고 오븐에 구운 프랑스 전통 요리이다.

파테는 따뜻하게 혹은 차갑게 해서 전채요리로 즐겨 먹는데, 따뜻하게 먹을 때에는 그레이비(Gravy) 소스를 곁들인다. 차게 먹을 때에는 마데이라(Madeira)나 포트

마데이라(Madeira)

포트와인, 셰리와인과 함께 대표적인 주정강화 와인이다.

아스픽(Aspic)

고기 육수나 콩소메(Consomme)로 만든 젤라틴이다.

(Port)로 맛을 낸 아스픽(Aspic)을 곁들이는데 파테 반죽에 뚫어 놓은 작은 구멍을 통해 파테 내부로 흘려 넣는다. 이때 아스픽이 차갑게 굳으면서 파테 내부의 틈새를 촘촘히 채워준다.

테린

앙트르메(Entremets)

서양 요리의 치즈 코스 이후에 나오는 달콤한 요리로 디저트로 인식되고 있지만, 넓은 의미로는 앙트르메티에(Entremettier)가 담당하는 채소 요리와 짭짤한 요리를 포함하며, 짭짤한 크레이프와 튀김, 크로켓, 빵에 토핑을 얹어 구운 크루트(Croute), 오믈렛, 수플레, 그 외 달콤한 음식 등이 있다.

파테처럼 혼합한 재료를 테린(Terrine)이라고 불리는 질그릇 용기에 넣어 오븐에 구운 음식을 또한 테린이라고 한다. 파테와는 달리 표면에 구운 색이 나지 않도록 뚜껑을 덮어 구운 다음 냉육시킨 요리이다. 주로 고기 또는 생선, 해산물, 채소를 주재료로 사용해 만드는 테린은 보통 차가운 전채요리로 제공되며 기호에 따라 코르니숑(Cornichon), 식초에 절인 양파, 새콤달콤하게 절인 체리나 포도를 곁들여 먹는다.

테린은 달콤하게 만들어 디저트로 즐기기도 하며 과일을 재료로 하여 만든 뒤 젤리(Jelly)로 굳힌 앙트르메(Entremets) 테린에 생크림이나 과일 소스를 곁들여 먹는다.

갤런틴

갤런틴(Galantine)은 전통 프랑스 요리로 랩이나 면보에 가금류와 육류, 생선의 뼈를 제거하고 넓게 펴서 채소, 생크림, 올리브, 송로버섯 등과 혼합하여 치즈 클로스(Cheese Cloth)로 둥글게 말아 스톡(Stock)에서 부드럽게 익혀서 냉육시킨 요리로 주로 차갑게 먹는다.

치즈 클로스(Cheese Cloth)

치즈나 버터 따위의 포장에 사용하는 얇은 면 평직물이다.

스톡(Stock)

서양 요리에서 재료로 사용하기 위해 살코기, 뼈, 생선, 채소 등을 우려낸 국물 또는 그것을 고형화한 상품이다.

에스카르고

에스카르고(Escargot)는 프랑스를 대표하는 요리 중 하나로 식용 달팽이로 만든 요리이다. 에스카르고는 단백질, 무기질, 비타민과 필수 불포화 지방산 함량이 높으며 뮤신이 함유되어 있어 노화 방지에 도움을 주며 위장을 건강하게 하여 소화에도 도움을 주는 건강식이다. 에스카르고는 달팽이를 고정시킬 수 있는 작은 원형의 홈이

나란히 파인 전용 접시(Snail Plate)에 담아내며 달팽이 요리를 먹을 때는 전용 집게(Snail Tong)와 포크를 사용한다. 왼손으로 달팽이 전용 집게를 쥐고 달팽이를 집고 오른손으로 전용 포크를 사용하여 달팽이 껍질에서 살만 빼낸다. 별도의 소스가 제공될 경우, 에스카르고를 소스에 찍어 한입에 먹는다.

3) 딥

딥(Dips)은 '액체에 살짝 담그다'라는 의미가 있으며, 전채요리를 먹을 때 더욱 맛을 살리기 위해 찍어 먹는 소스를 말한다. 주로 마요네즈, 치즈, 크림, 토마토케첩 등을 재료로 사용한다.

표. 딥의 종류에 따른 분류

종류	색상	재료	어울리는 요리
 Marie Rose Sauce	진한 살색	마요네즈, 토마토케첩, 코냑	Lobster Poached Fish
 Ravigote Sauce	연한 살색	마요네즈, 쑥의 일종인 타라곤 (Tarragon), 식초, 레몬주나 화이트 와인	새우나 게살 요리
 Cocktail Sauce	붉은색	토마토케첩, 홀스래디시 (Horseradish) 소스, 칠리소스, 우스터소스, 타바스코 소스, 허브, 피망	굴 새우나 게 요리

종류	색상	재료	어울리는 요리
 Romesco Sauce	붉은색	토마토, 견과류와 피망, 파마산 치즈, 올리브유	스테이크 생선 요리
 Tartar Sauce	흰색	마요네즈, 달걀, 양파, 옥파, 차이브(Chive: 산파), 오이 피클, 파슬리, 식초, 레몬즙	생선 튀김 새우 튀김

3

빵

1) 빵의 특징

빵(Bread)은 밀가루를 주원료로 물과 소금, 이스트(Yeast), 르뱅(Levain) 등을 균일하게 혼합하여 반죽한 뒤 발효시켜 성형하거나 틀에 넣고 모양을 만들어 오븐에 구워낸 것을 지칭한다.

빵은 서양식에서 와인과 같이 식사가 끝날 때까지 식탁 위에 있으며 주로 수프와 함께 주요리가 끝날 때까지 먹는다. 특히 다양한 수프에서 중요한 역할을 하며 각종 요리와 파티세리(Pâtisserie)의 재료로도 활용된다.

빵은 서양식의 각 코스별로 제공되는 음식 고유의 맛을 즐길 수 있도록 혀에 남은

르뱅(Levain)

밀가루, 물, 효모를 혼합해 만든 것으로 빵 반죽의 기본이 되는 발효종이다.

파티세리 (Pâtisserie)

프랑스풍의 장식한 작은 케이크, 디저트용 과자, 빵 등을 총칭하며, 파티세리를 파는 과자점, 제빵점을 뜻하기도 한다.

맛을 깔끔하게 씻어주는 역할을 하므로 코스 사이에 조금씩 먹는다. 따라서 빵은 통상 디저트 코스까지 리필(Refill)된다.

2) 빵의 종류

고대 이집트에서 시작된 빵은 유럽 각지로 전파되었으며 각 나라별 기후와 문화의 영향을 받아 독특하게 변모하게 된다. 국가별 빵의 종류별 특징은 다음과 같다.

프랑스

종류	특징
 바게트(Baguette)	프랑스를 대표하는 빵으로 밀가루, 물, 이스트, 소금으로 만든, 가늘고 길쭉하며 단단한 식감이 특징이다.
 브리오슈(Brioche)	한입 크기의 작은 빵인 브리오슈는 주로 아침 식사에 제공되며 달걀과 버터가 많이 들어가 고소하고 부드럽다.
 캄파뉴(Campagne)	밀가루, 호밀가루, 르뱅 등을 섞어 구워낸 시골풍의 프랑스 빵이다.
 팽 오 쇼콜라 (Pain au Chocolat)	납작한 네모 모양의 퍼프 페이스트리 안에 초콜릿 조각을 첨가하여 오븐에 구워내며 프랑스에서는 크루아상과 함께 아침이나 간식으로 즐겨 먹는 빵이다.

영국

종류	특징
 스콘(Scone)	영국의 대표적인 빵으로 영국인들인 잼이나 크림 등을 곁들여 티 브레이크(Tea Break)를 가질 때 즐겨 먹는다. 밀가루에 베이킹소다나 베이킹파우더, 버터, 설탕, 우유 등을 넣어 만든 반죽에 속을 넣지 않고 가볍게 부풀려 구운 빵이다.
 잉글리시 머핀 (English Muffin)	컵케이크의 일종인 미국의 머핀과는 다르게 단맛을 내지 않고 우유와 버터로 맛을 진하게 내고 모양이 납작한 빵이다. 겉은 바삭하고 속은 부드러우며 이스트 향이 물씬 나는 것이 특징이다.

이탈리아

종류	특징
 치아바타(Ciabatta)	이탈리아어로 '슬리퍼'라는 의미로 통밀가루, 맥아, 물, 소금 등을 사용해 만들며 겉면은 상당히 딱딱하지만 속은 쫄깃쫄깃하여 식감이 좋은 이탈리아식 바게트 빵이다.
 포카치아(Focaccia)	밀가루에 이스트, 올리브유, 소금, 허브 등을 넣어 구운 이탈리아의 대표적인 플랫 브레드(Flat Bread)이다.
 그리시니(Grissini)	가늘고 긴 연필 모양의 호밀빵(Rye Roll)이다.

독일

종류	특징
 카이저 젬멜(Kaisersemmel)	독일과 오스트리아 등 동유럽에서 즐겨 먹는 하드록과 같은 빵으로 '황제의 빵'이라는 의미에서 이름이 유래되었다. 미국에서는 '카이저 롤'이라 부르며 왕관 같은 물결 모양이 특징이다.
 브레첼(Bretzel)	가루 반죽을 둥글게 리본 모양으로 구워내며 소금이 박혀있기 때문에 짠맛이 인상적인 독일을 대표하는 빵이다.
 폴콘 브로트 (Vollkorn Brot)	독일인들이 주식으로 즐겨 먹는 호밀빵으로 호밀과 밀을 9:1의 비율로 만들어 신맛이 난다. 호박씨나 깨와 같은 다양한 종류의 견과류를 붙여 만드는 것이 특징이다.
 품퍼니켈(Pumpernickel)	품퍼니켈은 독일의 통호밀 빵으로 색깔이 어둡고 거칠게 간 호밀가루와 호밀쌀로 만들어 쪄서 만들기 때문에 질감은 딱딱하면서도 속은 부드럽다. 캐비아나 훈제 연어 등의 전채요리와 잘 어울린다.

헝가리

종류	특징
 크루아상(Croissant)	밀가루와 버터로 반죽을 빚어 켜켜이 층을 낸 초승달 모양의 빵으로, 속이 비어 있어 가볍고 지방분이 많아 아침에 즐겨 먹는 빵이다.

폴란드

종류	특징
 베이글(Bagel)	밀가루, 이스트, 소금, 물로 만든 반죽을 고리 모양으로 만들어 발효시킨 후 끓는 물에 익혀 오븐에 한 번 더 구워낸 빵이다.

덴마크

종류	특징
 데니시 페이스트리 (Danish Pastry)	밀가루, 우유, 달걀, 버터로 반죽하여 얇게 펴 여러 번 접어서 겹을 만든 페이스트리에 초콜릿, 설탕, 잼, 커스터드 크림으로 속을 채운 덴마크의 대표적인 아침 빵이다.

미국

종류	특징
 머핀(Muffin)	컵케이크의 일종으로 컵케익과 달리 크림이 없고 바나나, 라즈베리, 블루베리, 바나나 같은 과일이나 당근 등의 채소를 넣어 만든다.

중국

종류	특징
 꽃빵(Chinese Flower Bun)	밀가루에 물, 설탕, 이스트, 설탕, 휘핑크림(Wipping Cream), 우유를 넣고 반죽하여 상온에서 발효 후 성형하여 쪄서 만들며 다른 요리와 함께 싸 먹는다. 기내식으로 중국식 주요리가 제공되는 경우 함께 낸다.

4

수프

1) 수프의 기원과 특성

가스파초(Gazpacho)

에스파냐 남부 안달루시아의 전통 요리로 토마토, 피망, 오이, 빵, 올리브오일, 식초 등을 함께 갈아 차갑게 먹는 스페인의 수프이다.

크루통(Croûton)

명사 빵을 주사위 모양으로 썰어 기름에 튀기거나 오븐으로 구운 것. 수프 위에 띄워 먹는다.

수프(Soup)는 서양식에서는 유일하게 국물이 있는 요리로 주요리를 먹기 전 식욕을 돋우고, 다음 요리의 소화를 도와주는 코스이다. 위벽을 보호하여 알코올에 대해 저항력을 강하게 한다. '브루에(Brouet)'라고 불리기도 했으며 일반적으로 포타주(Potage), 국물 요리, 콩소메(Consomme), 가스파초(Gazpacho), 또는 경우에 따라 스튜 종류까지 포함하여 부르는 총칭이다.

'Soup'라는 단어는 빵을 찍어서 먹던 스튜와 수프의 일종을 아우르던 단어인 'Sop'에서 유래했다. 로마 시대부터 8~9세기 무렵까지 냄비에 재료와 물을 넣어 푹 끓인 뒤 재료가 부드러워지면 국물의 맛이 우러날 때 먹었으며, 18세기에는 고기, 채소와 즙을 별도로 먹게 되었는데 이렇게 끓인 국물이 '포타주'가 되었다고 전해진다.

전통적으로 수프는 맑은 수프(Clear Soups)와 걸쭉한 수프(Thick Soups)로 분류되며 맑은 수프는 육류 요리에 알맞고, 진한 수프는 담백한 생선 요리와 잘 어울린다.

수프와 함께 곁들이는 가니시로는 베이컨(Bacon), 크루통(Croûton), 토스트, 크래커, 줄리엔느(Julienne), 요거트, 그래놀라, 견과류, 포치드 에그(Poached Eggs) 등이 있다.

2) 수프의 종류

맑은 수프

초기의 수프는 건더기가 많고 걸쭉한 국물 요리를 의미했으나, 13~14세기에 이르러 콩소메와 같이 맑고 진한 국물의 수프가 생겨나기 시작한 것으로 보인다. 맑은 스톡을 베이스로 만든 수프를 '콩소메'라고 하고, 주재료의 종류에 따라 여러 가지 종류로 나뉜다.

■ 콩소메(Consomme)

프랑스 요리의 기본이라 불리며 오랜 시간과 숙련된 기술을 요하는 콩소메는 격식 있는 행사의 메뉴로 즐겨 사용된다. 진한 스톡이나 부용(Bouillon)을 더 정제하여 만든 수프로 부용을 졸인 것이 아니라 맑게 만든 것으로 주재료에 따라 여러 가지 종류로 나눌 수 있다.

■ 브로스(Broth) 또는 부용(Bouillon)

다른 가니시를 사용하지 않으며 일반 스톡보다 맛이 풍부하고 정제된 수프로 뼈를 사용하지 않고 여러 가지 재료로 스톡을 뽑아 다시 끓여 정제한다. 국물의 진하기는 스톡과 콩소메의 중간 정도이며 다른 요리의 기본(Base)으로 사용하나 브로스 자체를 가벼운 수프로 제공하기도 한다.

■ 채소 수프(Vegetable Soup)

브로스에 채소 또는 고기, 양파류를 첨가하여 만든 수프로 대표적으로는 이탈리아의 채소 수프인 미네스트로네(Minestrone)가 있다.

걸쭉한 수프

걸쭉한 수프를 일반적으로 '포타주'라 하며, 그 종류로는 크림수프(Cream Soup)와 퓌레 수프(Puree Soup)가 있다. 크림수프는 루(Roux)나 다른 전분 또는 브로스를 기본으로 하여 걸쭉하게 만들지만, 퓌레 수프는 주재료의 퓌레로 농도를 맞춘다.

■ 크림수프(Cream Soup)

루(Roux), 뵈르 마니에(Beurre Manie) 등의 농밀제나 우유, 버터, 크림을 첨가하여 걸쭉하게 끓인 수프이다. 베샤멜 소스(Bechamel Sauce)로 각종 크림수프를 만드는 데 사용한다.

■ 퓌레 수프(Purée Soup)

프랑스어의 동사 'purer(정제하다)'에서 유래하였으며 각종 채소에 스톡을 넣어 푹 끓인 후 체에 걸러 걸쭉하게 만든 수프로, 일반적으로 크림을 사용하지 않고 주재료만으로 끓여낸다. 수분이 많은 채소를 재료로 퓌레를 만들 경우, 농후제 역할을 하는 베샤멜 소스나 감자 퓌레, 곡물 플레이크, 전분 등을 첨가하기도 한다.

미네스트로네 (Minestrone)

이탈리아에서는 미네스트로네로 식사를 시작하는 것을 즐기는데 토스카나 지방에서는 흰 강낭콩, 주키니, 리크(Leek. 양파의 한 품종), 양파, 토마토, 당근, 케일 등의 재료로 맛을 낸 채소 수프에 신선한 엑스트라 버진 올리브유와 마늘 향을 입힌 빵을 곁들여 먹는다.

루(Roux)

소스나 수프를 걸쭉하게 하기 위해 밀가루를 버터로 볶은 것으로, 볶은 정도에 따라 하얀색, 노란색, 갈색으로 구분한다. 밀가루와 버터의 비율은 1:1로 하는 것이 적당하며 정제된 버터를 사용하면 보다 고소한 맛을 얻을 수 있다.

뵈르 마니에 (Beurre Manie)

버터와 밀가루를 동량으로 섞은 것으로 소스의 농도를 조절할 때 사용한다.

베샤멜 소스 (Bechamel Sauce)

우리나라에서 크림소스로 알려진 소스로 뜨거운 화이트 루에 차가운 우유를 넣어가며 볶아주다가 소금, 통후추 등을 넣고 걸러낸 소스이다. 베샤멜 소스에서 파생된 대표적인 소스는 벨루테 소스(Velute Sauce)이다. 베샤멜이 루에 우유로 마무리했다면 벨루테는 루에 육수를 넣어 마무리한 것이다.

비스크(Bisque)

갑각류 해산물의 껍데기와 자투리에 양념 재료를 넣고 익힌 뒤 화이트 와인과 코냑을 넣어 향을 내고 생크림을 넣어 만든 프랑스식의 진하고 부드러운 크림수프를 말한다.

차우더(Chowder)

채소, 생선, 갑각류 등을 이용하여 만든 미국의 대표적인 수프로 주로 우유와 감자를 첨가하여 농도를 진하게 만든 것이 특징이다. 클램 차우더(Clam Chowder)가 가장 대표적으로 들어가는 재료에 따라 다양한 종류가 있으며, 뉴잉글랜드 클램 차우더(New England Clam Chowder), 맨해튼 클램 차우더(Manhattan Clam Chowder) 등이 있다.

■ 검보(Gumbo)

가금류, 육가공품, 갑각류에 오크라(Okra) 또는 사사프라스(Sassafras Albidum) 잎을 말려 가루로 만든 필레 파우더(Filé Powder), 루를 이용하여 만든 미국 남부의 대표적인 수프로 케이준 스타일 검보, 크리올 스타일 검보 등이 있다.

필레 파우더 (Filé Powder)

사사프라스(Sassafras Albidum)의 잎을 갈아 만든 향신료로 요리에 독특한 풍미를 주고 농도를 짙게 하기 위한 용도로 쓰이지만 요리 중에 첨가하면 맛이 없어지고 지나치게 걸쭉해지므로 수프나 스튜의 마지막 단계에서 첨가한다.

3) 수프에 곁들이는 가니시

맑은 수프에 곁들이는 가니시

- 줄리엔느(Julienne): 가늘고 길게 채 썬 채소를 말하며, 볶거나 끓는 물에 데쳐서 수프에 곁들인다.

- 베르미첼리(Vermicelli): 이탈리아의 파스타로 맑은 육수를 곁들여 수프와 함께 즐긴다.
- 셀레스틴(Celestine): 달걀과 밀가루를 반죽하여 밀전병으로 만든 후 가늘고 길게 썬 조각으로 콩소메에 곁들인다.

Julienne	Vermicelli	Celestine

걸쭉한 수프에 곁들이는 가니시

- 크루통(Croûton): 빵을 주사위 모양으로 잘라 버터를 묻혀 튀겨 낸 것이다.
- 크래커(Cracker): 밀가루를 비스킷같이 딱딱하고 얇게 구운 과자이다.
- Chopped Bacon: 잘게 다진 베이컨을 말한다.
- Diced Sausage: 주사위 모양으로 자른 소시지이다.

Crouton	Cracker

Chopped Bacon	Diced Sausage

5

샐러드

1) 샐러드의 유래와 특징

샐러드의 어원은 라틴어의 'Herba Salate'이며 소금을 뿌린 허브라는 뜻으로 신선한 채소나 허브 등에 소금으로 간을 맞추어 먹었던 것에서 유래된다. 채소 중에 소화 흡수와 신진대사를 활발하게 하는 소위 약초에 해당하는 마늘, 파슬리, 셀러리 등을 육류 요리와 함께 섭취했던 것에서 유래했다. 샐러드는 채소, 과일, 육류, 가금류 생선, 파스타, 해산물 등을 주재료로 하여 여러 가지 특성의 드레싱(Dressing)과 곁들여서 먹는다. 샐러드에는 필수 비타민과 미네랄이 함유되어 있어 건강의 균형을 유지시켜 준다. 또한 알카리성 식품으로 육식을 중화시켜 주는 역할을 하며 영양상 균형이 잡히며 흡수에 효과적이므로 산성 식품에 대한 필수식품으로 널리 애용된다. 정통 서양식에서 샐러드는 주요리 다음에 제공되는 것이 원칙이었으나 요즘에는 주요리 전이나 주요리와 함께 제공되기도 한다. 샐러드는 주요리와의 조화를 고려한 재료를 사용하며 다음의 4C를 살려 구성해야 한다.

샐러드의 4C

- Clean: 깨끗하고 신선한 재료를 사용한다.
- Cool: 차갑게 보관한다.
- Crispy: 바삭한 상태로 제공한다.
- Colorful: 다양한 색상으로 배열한다.

2) 샐러드의 구성

샐러드는 바탕(Base), 본체(Body), 드레싱, 가니시라는 4가지 기본 요소로 구성되며 바탕과 본체가 되는 채소로 색 대비를 고려하여 그릇을 채우고 드레싱과 가니시를 곁들여 시각을 자극하고 맛을 돋운다.

바탕

바탕(Base)은 잎상추나 로메인과 같은 채소류를 말하며 그릇을 채워 주는 역할과 본체(Body)가 되는 재료와의 색상 조화를 고려하여 사용한다.

바탕의 종류별 특징

종류	특징
 © Getty Images Bank Iceburg Lettuce	여러 겹으로 겹쳐서 둥글게 속에 들어있다고 해서 결구상추라 불리는 이 양상추는 전형적인 미국 품종으로 외엽은 밝은 초록색 혹은 어두운 초록색이며 안쪽 잎들은 거의 흰색부터 크림색에 가까운 노랑에 이르기까지 다양하다.
 Butterhead Lettuce	살라다나(Saladana)라고도 불리며 이파리는 담녹색이나 녹색이고 엽육은 얇고 부드럽다. 봄이 제철이고 유럽과 남미에서 많이 재배된다. Iceburg Lettuce에 비해 외엽이 엷은 빛을 띠고 잎들의 포합 정도가 덜한 편이다. 보스턴(Boston)형은 구가 크고 밝은색을 띠며 연한 잎을 갖고 있다. 반면 비브(Bibb)형은 구가 작고 진한 초록색을 띤다.
 Romaine Lettuce	'로마인의 상추'라는 뜻으로 코스(Cos)라고도 하며 여름이 제철이다. 잎이 매끄럽고 광택이 있으며 잎줄기는 두텁고 넓으며 아삭하고 담백한 맛이 있고 기존 상추들과 달리 단맛이 있고 쓴맛이 적게 난다. 비타민 A,C,E가 풍부하여 항산화 작용으로 피부 노화를 억제해 주며 살리실산 성분은 염증을 완화시킨다.

본체

본체(Body)는 샐러드의 중요한 구성 요소이며 샐러드의 종류는 사용된 재료의 종류에 따라 결정된다.

■ 본체(Body)의 종류별 특징

종류	특징
 엔다이브(Endive)	벨기에의 대표적인 채소이며 곧고 뾰족한 모양의 단단한 겨울 채소로 10월부터 5월까지가 제철이다. 식감이 좋고 은은한 쓴맛이 나며 로메인, 물냉이(Watercress), 파프리카와 함께 Combined Salad로 많이 먹는다. 카로틴, 칼륨, 셀레늄, 비타민 C, B_1, B_2, B_3(니아신)이 함유되어 있다.
 에스카롤(Escarole)	가장자리가 가리비 모양으로 생긴 결구를 가진 꽃상추(Endive)의 일종으로 잎이 넓은 편이다. 주로 그린 샐러드에 넣어 생으로 먹으며 맛은 상추와 비슷한데, 이눌린(Inulin)이 들어 있어 약간 쓴맛이 나며 잎은 다소 두껍다. 비타민 A와 카로틴, 철분이 풍부하게 함유되어 있다.
 © Getty Images Bank 치커리(Chicory)	잎이 가늘고 길게 갈라져 있으며 잎끝이 모두 오글거린다. 은은한 쓴맛은 입맛을 돋우어 주며 식이섬유소, 카로틴, 철분, 비타민 B_2, 비타민 C, 칼륨, 석이섬유소가 풍부하여 건강에 좋으며 변비 예방에 좋다. 특히 치커리에는 쓴맛이 나는 '인티빈'이라는 성분이 들어 있어 소화를 촉진하고 혈관계를 강화시키는 효과가 있다.
 라디치오(Radiccio)	라디치오는 치커리의 일종으로 이탈리안 치커리라고도 한다. 레드치커리가 결구(結球)된 것을 일컬으며, 백색의 잎줄기와 붉은색의 잎이 조화를 이룬다. 쓴맛이 적고 영양가가 풍부하고 색감이 좋아서 고급 샐러드로 인기가 높을 뿐만 아니라 닭고기 볶음 요리나 버터, 레몬주스, 크림 등과 함께 고기 볶음 요리에 자주 이용된다.
 적겨자(Red Mustard Leaf)	겨자채의 하나로, 잎이 둥글고 백색의 잎줄기와 적색 잎이 조화를 이루어 아름답게 보여 눈요깃감이 되는 채소이다. 톡 쏘는 매운맛과 향기가 특징이며 우리나라에서는 주로 쌈채소나 샐러드로 먹고, 김치를 담그는 데도 이용된다. 칼슘, 인, 나트륨, 칼륨 함량이 많고 인터빈이 들어있어 소화를 촉진하고 혈관계를 강화한다. 또한 눈과 귀를 밝게 하고, 마음을 안정시켜 주는 효능이 있다.

종류	특징
 © Getty Images Bank 서양민들레 잎(Dandelion Leaf)	서양민들레로 유럽에서는 잎을 샐러드로 먹거나 나물로 무쳐 먹는데 은은한 쓴맛이 특징이다. 채소로 재배하는 것은 야생 민들레보다 잎이 두텁다. 서양민들레의 잎에는 실리마린이 들어있어 간 해독에 좋고 이눌린이 풍부해서 혈당 조절에 도움이 된다. 또한, 비타민 A가 들어있어 눈 건강, 신경 기능 회복에 좋다.
 루콜라(Arugula)	루콜라는 이탈리아 요리에 다양하게 사용되는 채소로 프랑스어로 로케트(Roquette), 영어로는 아루굴라(Arugula) 등 다양한 이름으로 불린다. 루콜라는 잎과 꽃을 모두 식용한다. 고소하고 쌉쌀한 맛이 특징이다. 루콜라는 샐러드로 루콜라보다 향이나 맛이 순한 채소와 섞거나 파르메산 치즈를 곁들여 먹는다. 또는 올리브유에 가볍게 볶아 먹거나 육류 요리에 곁들여 먹어도 좋다. 또한 비타민 A, C, 미네랄, 철분, 엽산이 풍부하다.
 소렐(Sorrel)	신맛이 특징으로 식욕이 없을 때 입맛을 돋워 주며 오렌지나 레몬이 필요한 요리에 대용으로 사용된다. 어린 새잎을 수프, 샐러드, 쌈채로 먹는다. 비타민 C가 풍부하고 이뇨작용 성분으로 인해 담석에 효과가 있다고 전해진다.
 물냉이(Watercress)	프랑스 이름인 '크레송(Cresson)'으로도 알려져 있는 물냉이는 녹색 잎을 생으로 또는 익혀서 먹는다. 향긋하면서 톡 쏘는 매운맛과 쌉쌀한 상쾌한 맛이 일품이다. 유럽에서는 후추 값이 매우 비싸던 시절에 '가난한 자의 후추'라 불리며 후추 대용으로 많이 사용했다고 전해진다. 물냉이는 칼슘, 철분, 비타민 A, B_1, B_2, C, E 등이 다량 함유되어 영양가가 높고 요오드화합물이 함유되어 해독, 해열, 이뇨, 소화작용을 돕고 당뇨병, 신경통, 통풍에도 효과가 있다.
 새싹채소(Sprouts)	새싹채소는 비타민과 칼슘이 풍부하고 주로 익히지 않고 날것으로 바로 먹을 수 있다. 무순, 적무순, 유채, 청경채 싹, 알파파 싹, 홍빛열무 싹, 브로콜리 싹, 메밀 싹 등 다양한 새싹채소가 있다. 다 자란 채소 못지않은 새싹채소의 효능이 알려지면서 비빔밥, 샐러드를 중심으로 활용되기 시작했다. 새싹은 성장을 위해 영양소를 많이 갖고 있으며 특히 비타민과 미네랄은 다 자란 채소보다 3~4배 더 많이 함유되어 있다.

종류	특징
 셀러리(Celery)	서양 요리에서 빠지지 않는 중요한 식재료로 요리의 향을 돋우는 데 사용되며, 샐러드나 채식 요리에 다양하게 사용된다. 본래 야생 셀러리는 쓴맛이 강하여 질병을 예방할 수 있는 천연 해독제로 활용되다가, 17세기 이후 이탈리아 사람들이 품종을 개량하여 식용으로 쓰이기 시작하였다. 셀러리는 두 종류로 나뉘는데, 줄기 셀러리는 잎 꼭지를 키운 것이고, 셀러리악은 뿌리를 비대하게 기른 것이다. 자라서 올라올 때마다 잘라서 쓰는 잎 셀러리는 잎맥 줄기가 가늘고 아주 연하며 향신 허브처럼 사용된다. 셀러리는 열량이 아주 낮고 무기질(칼슘, 칼륨), 섬유소, 비타민 C가 풍부하다.
 다채(Vitamin)	양배추와 순무를 교배시켜 만든 다채는 비타민 A의 성분인 카로틴이 시금치의 2배 정도 함유되어 있을 정도로 비타민 함유량이 많아 비타민이라고도 부른다. 숟가락 모양의 잎은 담백하고 단맛도 있어 쌈 채소뿐 아니라 샐러드 및 기타 조리용으로 다양하게 활용된다. 비타민뿐만 아니라 단백질, 지질, 인, 철분, 칼슘 등 무기질 글루코시놀레이트 등도 함유된 건강 채소이다.
 Avalon_Studio / Getty Images 래디시(Radish)	시각적으로 즐거움을 주는 래디시는 주로 얇게 저며서 샐러드 등의 요리에 사용하거나 모양내어 썰어서 장식용으로 사용하기도 한다. 섬유질, 비타민, 칼슘 등이 다량 함유되어 있으며 녹말을 분해하는 디아스타제(Diastase) 성분이 들어있고 소화를 돕고 해독작용을 한다.
 콘샐러드 (Corn Salad, Valerianella Locusta)	허브의 한 종류인 콘샐러드는 부드럽고, 떫은맛이나 쓴맛이 없으며 먹기 쉽고 순한 단맛을 가지고 있어 샐러드용 채소로 대중화되어 있다. 16세기경부터 샐러드용 채소로 재배했으며 옥수수밭에서 스스로 잘 자라기 때문에 이런 이름이 붙었다고 전해진다. 주로 꽃과 잎을 사용하며 모두 날것으로 샐러드와 쌈의 재료로 쓰인다. 소화를 촉진시키고 해독작용에 효과가 있는 것으로 알려져 있다.
 청경채(Pakchoi)	청경채는 중국 배추의 일종으로 특유의 아삭아삭한 식감으로 다양한 요리에 활용된다. 잎과 잎줄기가 붙어 자라고 떫은맛이 거의 없어서 겉절이, 국거리, 생식에 좋다. 칼슘, 나트륨 등 각종 미네랄과 비타민 C와 베타카로틴이 많아 신진대사 기능을 촉진시키고 세포조직을 튼튼하게 한다.

드레싱

드레싱(Dressin)은 'Dressing(옷을 입다)'에서 유래하여 '재료에 조미료를 입히다, 무친다.'라는 의미로, 채소에 끼얹어 더욱 부드럽고 신선한 맛을 돋우는 소스를 말한다. 일반적으로 모든 샐러드에 곁들여 내며 요리의 맛을 증가시키고 가치를 돋보이게 하며 소화를 도와줄 뿐만 아니라 몇몇 경우에 있어서는 곁들임의 역할도 한다. 대체로 마요네즈 타입과 프렌치 타입으로 2가지로 나뉜다. 마요네즈 타입은 드레싱의 재료와 기름이 항상 유화되어 있는 종류이고, 프렌치 타입은 식초와 기름이 분리되어 있는 것으로, 사용할 때 섞어서 쓴다.

드레싱의 분류

- 마요네즈 타입: 마요네즈 바탕으로 크리미한 것이 특징이다.
  - Thousand Island Dressing, Ranch dressing, Honey Mustard Dressing, Caesar Dressing
- 프렌치 타입: 식초와 오일 바탕으로 묽은 형태이며 신맛이 특징이다.
  - Italian Dressing, Balsamic Dressing, French Dressing, Oriental Dressing

드레싱 종류별 특징

종류	특징
 사우전드 아일랜드 드레싱 (Thousand Island Dressing)	마요네즈에 달콤한 피클과 향미 채소(셀러리, 양파, 파슬리)를 다져 넣은 소스로 우리나라에서 선호도가 높은 드레싱이다. 19세기 말, 독일에서 미국으로 이주한 조지 볼트(George Boldt)라는 사람이 음식을 잘 먹지 못하는 아내를 위해 월도프 아스토리아 호텔(Waldorf-Astoria Hotel)의 지배인 오스카(Oscar Tschirky)에게 요구해 만든 드레싱으로 신맛, 단맛, 새콤한 맛 등 하나의 드레싱 안에서 여러 가지 맛을 느낄 수 있다. 이 맛이 마치 천섬(Thousand Islands)의 다양함과 같다 하여 그 이름을 'Thousand Islands Dressing'이라 명명했다고 전해진다.
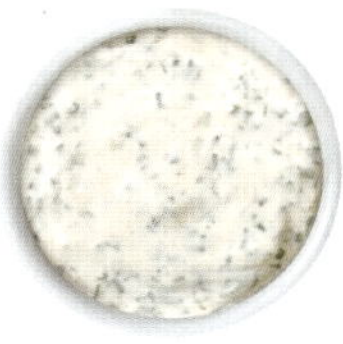 랜치 드레싱 (Ranch Dressing)	마요네즈, 버터밀크(Butter Milk), 양파, 잘게 썬 설롯, 갈릭 파우더, 소금, 머스터드 외의 조미료나 향신료로 만든다. 1950년대 초 미국의 농부 스티브 헨슨(Steve Henson)이 손님 접대용으로 개발했다고 전해진다. 샐러드용 드레싱뿐만 아니라 샌드위치 소스 또는 채소나 튀긴 음식의 딥(Dip)용으로도 쓰인다.

종류	특징
 허니 머스터드 드레싱 (Honey Mustard Dressing)	겨자의 열매나 씨로 만들어 매운맛이 나는 향신료인 머스터드에 꿀을 첨가하여 만든 연한 노란색을 띤 서양 드레싱이다. 겨자의 톡 쏘는 맛과 달콤한 꿀이 함께 어우러져 음식의 느끼함을 덜어주는 효과가 있다. 허니머스터드의 기본적인 조리법은 꿀과 머스터드를 1:1 비율로 섞은 것으로 튀김이나 육류 요리에 활용이 가능하며, 올리브유나 식초를 첨가하여 샐러드 드레싱으로도 사용한다.
 시저 드레싱 (Caesar Dressing)	마요네즈, 달걀노른자, 디종 머스터드, 다진 마늘, 케이퍼, 안초비, 우스터소스, 파슬리를 넣고 식초, 레몬즙을 첨가한 후 파르메산 치즈를 섞어 만드는 드레싱이다. 로메인 상추(Romaine Lettuce), 크루통에 시저 드레싱을 버무려 시저 샐러드로 즐긴다.
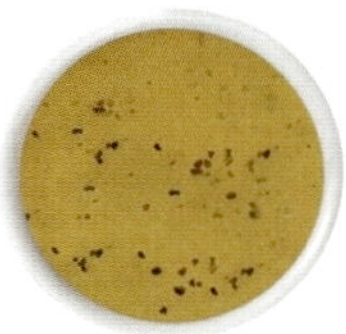 이탈리안 드레싱 (Italian Dressing)	올리브유와 식초, 레몬주스, 오레가노(Oregano), 바질(Basil), 딜(Dill) 등으로 만들어 바질, 로즈메리 등의 허브나 다진 오이, 피클, 양파 등을 첨가한 드레싱이다. 올리브유 대신 다른 식물성 오일을 사용하기도 하며 소금, 후추, 양파즙, 레몬즙 등으로 간을 맞춘다.
 발사믹 드레싱 (Balsamic Dressing)	올리브유와 발사믹 식초를 3:1 비율로 만들어 전채요리, 샐러드 등에 다양하게 쓰이는 드레싱이다. 다진 마늘, 양파, 사과에 머스터드를 넣은 뒤 올리브유와 발사믹 식초를 번갈아 넣으며 거품기로 저어주고 마지막에 소금과 후추, 와인을 넣어 맛을 낸다.
 프렌치 드레싱 (French Dressing)	올리브유와 식초를 주재료로 다진 양파, 다진 마늘, 디종 머스터드, 소금, 후추로 간을 하여 만든 드레싱이다. 프랑스에서는 비네그레트(Vinaigrette)라고도 부르는데, 이는 식초를 의미하는 프랑스어인 '비네그르(Vinaigre)'에서 온 것이다. 과거 19세기에는 비네그레트 소스를 프렌치드레싱(French Dressing)이라고 칭한 것으로 전해진다.

오레가노 (Oregano)

토마토를 이용한 허브 향신료이다.

딜(Dill)

유럽 전역에서 양념 재료로 사용하며 지중해 연안에서 재배되는 오랜 역사를 가진 허브의 일종이다.

종류	특징
 오리엔탈 드레싱 (Oriental Dressing)	올리브유와 식초, 간장을 주재료로, 다진 마늘을 첨가하고 레몬즙, 설탕, 후추 등으로 간을 한 동양적인 드레싱이다. 새콤달콤한 맛이 특징으로 두부나 생선을 이용한 한식 샐러드에 잘 어울린다.

곁들임(Garnish)

곁들임은 완성된 샐러드를 아름답게 보이도록 하고 시각적인 색을 보완하며 형태와 질감을 향상시키고 맛을 증가시키는 역할을 한다. 곁들임은 기본 샐러드 재료의 일부분이거나 본체(Body)와 혼합되는 첨가 재료일 수도 있다. 곁들임은 바탕(Base)과 본체(Body)의 채소류와 맛과 색의 조화 및 대비가 잘되어야 하며 항상 단순해야 하고 식욕을 자극하는 데 도움을 주어야 한다. 주요 곁들임 종류는 Vegetable Garnish, Anchovy Fillet, Dried Garnish 등이 있다.

Vegetable Garnish (Black Olive, Green Olive, Baby Corn, Cherry Tomato, Cucumber)	Anchovy Fillet	Dried Garnish (Sun Flower Seed, Walnut, Crouton, Chopped Bacon)

3) 샐러드의 향신료

소금

소금(Salt)은 채소에 쓰이는 기본적인 향신료 중 하나이며, 샐러드에는 적당량의 바닷소금이나 자연적으로 가공된 정제 소금을 사용한다. 소금은 굵거나 가늘게 나오며, 소금 분쇄기로 필요에 따라 굵은 소금을 가늘게 볶거나 빻아서 사용할 수 있다.

후추

후추(Black Pepper)는 소금과 같이 모든 재료에 쓰이는 마무리 향신료이다. 후추는 샐러드의 향을 살려주고 강한 맛을 내기 위해서 갈아서 제공하여 요리의 풍미를 더한다.

- 흑후추: 아직 익지 않은 초록색의 과일을 이틀 정도 햇빛에 말린 다음 발로 껍데기를 벗긴 것으로 스테이크나 샐러드에 주로 사용한다.
- 백후추: 완전히 익은 열매를 냇물에 씻은 뒤 건조시킨 다음 껍질과 살을 벗겨내고 씨앗만을 가지고 만든 것으로 생선 요리에 주로 사용한다. 흑후추에 비해 매운맛이 강하고 독특한 향을 갖고 있다.
- 적후추 & 녹후추: 우리나라에서 주로 사용하는 것으로 열매가 다 익은 것을 적후추, 덜 익은 것을 녹후추로 구분한다.

보리지

보리지(Borage)는 지칫과의 한해살이 또는 두해살이풀로 지중해 연안이 원산지이다. 오이와 비슷한 향이 있어 샐러드나 생선 요리에 이용되며 잎이 부드러울 때는 샐러드 장식용으로 쓰이며, 보리지 잎은 샐러드로 먹기도 하고 마늘과 함께 삶거나 볶아서 감자 요리로 활용하기도 한다. 보리지 꽃잎은 샐러드를 장식하는 데 많이 사용되며 잎과 꽃은 허브차나 약재, 입욕제로도 이용한다. 또한 보리지 종자에서 오일을 채취하여 마사지 오일, 화장품의 재료로도 널리 이용되고 있다. 리큐어와 비슷한 코디얼(Cordial)의 풍미를 더할 때 꽃이나 잎을 사용하며 음료에 띄우면 분위기를 한층 돋보이게 해 준다.

타라곤

타라곤(Tarragon)은 프랑스에서 향신료의 여왕으로 불리는 식물이다. 달콤한 향, 매콤하고 쌉쌀한 맛의 향신료로 예전에는 왕궁의 정원에서만 재배해 상류사회의 귀중한 약초로 쓰였다고 전해진다. 요리에는 주로 잎을 사용하며 강장제의 효과가 있어 머리, 심장, 간장에 좋고 피로 회복을 도운다. 요오드, 미네랄, 소금, 그리고 비타민 C도 풍부하여 비타민 결핍의 치료에도 효과가 있다. 전채요리로 사용하기도 하며 입맛과 원기를 돋우고 소화를 촉진하는 역할을 한다. 타라곤 식초는 타라곤을 식초에 담가 몇 주간 숙성한 것으로 샐러드드레싱으로 사용하기도 한다. 주로 샐러드드레싱에 넣어서 사용하는 만큼 양 조절에 유의해야 하며 많이 넣으면 향이 강해 주재료의 맛을 살리지 못한다.

6

주요리

1) 주요리의 특징과 구성

주요리(Main Dish)는 앙트레(Entrée), 곡물류(Starch), 조리된 채소(Vegetable) 3가지로 구성된다.

앙트레(Entrée)란 서양 요리의 정찬에서 식단의 중심이 되는 요리이다. 뜻은 영어로 'Entrance'의 뜻을 지니며 'Middle Course'를 의미한다. 정통 서양식 코스에서 로스트 고기류(Rôti) 바로 전에 제공되는 요리를 말한다. 고대에서는 정찬에서 찜구이로 준비한 조류 고기를 식사의 처음 코스로 제공하였다고 한다. 이때 '처음의 요리'라 하여 입구(Entry)가 'Entrée'의 의미로 쓰이게 되었고, 오늘날 서양식에서 중심 요리가 된 것이다. 정통 서양식의 디너에서는 앙트레 뒤에 입가심의 역할로 셔벗(Sherbet)을 내기도 한다.

셔벗(Sherbet)

과즙과 리큐어를 사용하여 만든 빙과를 말한다. 정통 서양식 정찬 코스에서 입맛을 새롭게 하기 위하여 앙트레(중심이 되는 요리)와 로스트 요리의 중간에 제공된다.

여러 종류의 앙트레를 함께 제공하는 경우에는 재료나 조리법이 겹치지 않도록 각각 다른 종류로 준비해야 한다. 육류의 경우, 살의 색에 따라 붉은색 육류(Dark Meat)와 흰색 육류(White Meat)로 구분한다. 붉은색 육류에는 소고기, 양고기, 말고기 등이 있고, 흰색 육류에는 돼지고기, 송아지 고기, 토끼 고기, 가금류가 있다. 해산물의 경우 생선류, 왕새우 등이 주요리로 제공된다.

2) 소고기

소고기(Beef)는 가축인 소의 고기를 말하며 부위별로 다양한 요리의 재료로 이용된다. 소고기는 좋은 질의 동물성 단백질과 비타민 A, B_1, B_2, 무기질 등을 함유하고 있어 영양가가 높다. 조리법은 문화에 따라, 육질과 조리할 부위에 따라 다르게 나타난다.

표. 소고기 살코기 부위별 명칭과 종류

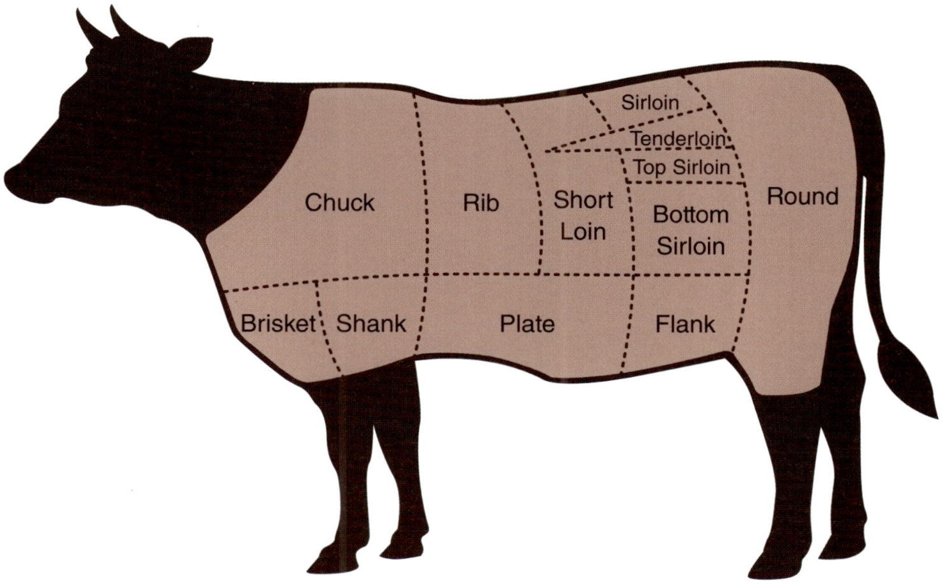

- 윗허리 등심(Short Loin)
  - 뉴욕 스트립 (New York Strip)
  - 포터하우스 (Porterhouse)
  - 티본(T-bone)
  - 엘본(L-bone)
- 안심(Tenderloin)
  - 필레 미뇽(Filet Mignon)
  - 샤토브리앙 (Chateaubriand)
  - 투르네도(Tournedos)
- 아래 허리 등심(Sirloin)
- 아래 허리 윗등심 (Top Sirloin)
  - 탑 설로인(Top Sirloin)
- 아래 허리 아랫등심 (Bottom Sirloin)
  - 캘리포니아 트라이팁 (Tri-tip)
- 갈비(Rip)
  - 립아이(Ripeye)
  - 백 립(Back Ribs)
  - 토마호크(Tomahawk)
- 목, 어깨살(Chuck)
  - 척 아이 롤 (Chuck Eye Roll)
  - 플랫 아이언(Flat Iron)
- 윗가슴살(Brisket)
- 정강이 살(Shank)
- 아래 가슴살(Plate)
- 옆구리살(Flank)
- 사태(Round)

등심

등심(Sirloin / Loin)은 채끝살, 등심, 살치살 등을 포함한 등골뼈 쪽에 붙은 부위이다. 영국 왕 찰스 2세가 허릿살(Loin)에 'Sir'를 붙여 고기에 직위를 줄 만큼 맛이 좋은 부위이다.

등심 스테이크(Sirloin Steak)

등심은 갈비 아래쪽에 붙어 근육이 적고 지방이 적절히 섞여 있어 부드럽고 씹는 맛과 풍미가 좋다. 안심보다는 육질이 질기고 고소한 맛을 지니며 스테이크로 즐긴다.

트라이 팁 스테이크(Tri-Tip Steak)

트라이 팁(Tri-Tip)은 등심의 하단인 서브 프라이멀 컷(Subprimal Cut)에서 떼어낸 설도하 부분인 삼각살(Triangular Cut)을 말한다. 영어로 'Bottom Sirloin'이라고 하며 오븐에 굽는 것보다는 샌드위치나 다른 요리 활용에 사용한다. 캘리포니아 센트럴 코스트에서 유명하다 하여 캘리포니아 트라이 팁(California Tri-Tip)이라고도 불린다.

ahirao_photo / iStock / Getty Images Plus

티본 스테이크(T-bone Steak)

뼈가 T자 모양을 하고 있어 '티본 스테이크(T-bone Steak)'라고 불리며 소의 안심과 등심 사이에 T자형의 뼈 부분을 말한다. 뒤쪽보다 앞쪽이 더 가늘고 뾰족한 안심의 특성상 안심보다 채끝의 면적이 더 넓다. 350g 정도의 크기로 요리되어 안심과 등심을 한꺼번에 맛볼 수 있는 부위이다. 적당한 마블링과 탄력 있는 살코기가 섞여 있어 식감이 좋은 채끝과 안심을 동시에 맛볼 수 있는 스테이크이다.

포터하우스 스테이크(Porterhouse Steak)

티본(T-bone)은 T자 모양의 뼈 양옆으로 안심(Tenderloin)과 채끝 등심(Striploin)이 붙어 있는 부위를 말한다. 티본 스테이크와 포터하우스 스테이크 모두 이 부위를 사용한다. 1814년 포터(Porter)라는 뉴욕 맨해튼의 식당에서 포터비어와 스테이크를 제공하면서 유래되었다고 한다. 포터하우스의 경우 등심의 끝부분을 자른 것으로 T자 뼈에 붙은 안심의 크기가 등심의 중간 부분을 자른 티본에 비해 비교적 크다. 즉, 티본 스테이크에 비해 안심의 비중이 크다는 차이가 있으며 더 큼직한 안심을 맛볼 수 있다.

티본(T-bone)을 기준으로 고기의 크기에 따라

등심 > 안심 - 티본 스테이크

안심 > 등심 - 포터하우스 스테이크

■ 뉴욕 스테이크(New York Steak)

우리나라에서 채끝 부위로 알려져 있으며 지역에 따라 뉴욕 스트립 스테이크(New York Strip Steak) 또는 셸 스테이크(Shell Steak), 델모니코(Delmonico), 캔자스시티 스트립(Kansas City Strip), 설로인 클럽 스테이크(Sirloin Club Steak)라 불린다. 스트립 스테이크(Strip Steak) 중 가장 대표적인 메뉴이며 고기 모양이 뉴욕주나 캔자스시티를 닮았다 하여 유래되었다고 전해진다. 뉴욕 스테이크는 등심 윗부분의 뼈 없는 부분을 사용하며 이는 포터하우스 스테이크에서 안심과 뼈를 발라낸 것과 비슷하다. 안심에 비해 마블링이 많아 풍부한 육즙과 향미를 느낄 수 있다.

안심

안심(Tenderloin)은 등심 안쪽에 위치한 부분으로 지방이 적고 담백하여 맛이 좋으며 소 한 마리에서 2~3%밖에 얻을 수 없는 최고급 부위이다. 안심은 다시 머리 쪽에 가까운 얇은 부위부터 프티 필레(Petit Filet), 필레 미뇽(Filet Mignon), 투르네도(Tournedos), 필레(Filet), 샤토브리앙(Chateaubriand), 테트(Tete)로 나뉜다. 일반적으로는 이 6가지 부위 전체를 구분하기보다는 샤토브리앙, 투르네도, 필레 미뇽 3가지 부위로 구분한다.

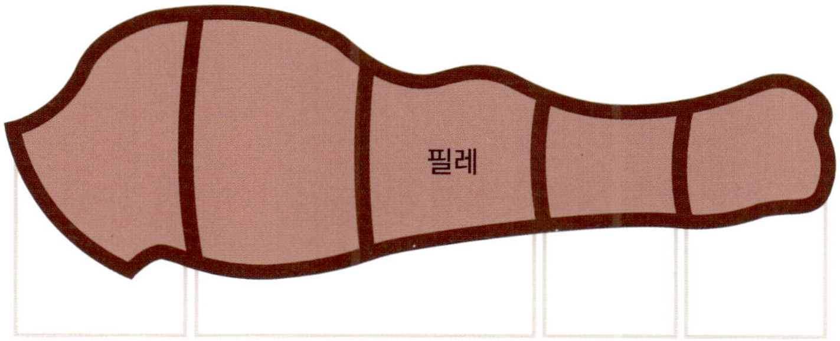

샤토브리앙(Chateaubriand)

프랑스 문학의 낭만주의를 이끈 유명 작가이자 정치가였던 프랑수와 르네 드 샤토브리앙(François-René de Chateaubriand)의 요리사였던 몽미레이유(Montmireil)에 의해 개발된 프랑스식 소고기 스테이크이다. 소 한 마리에 4인분 정도밖에 나오지 않는 소의 머리 바로 아래인 안심 윗부분에서부터 중간까지의 연한 부분, 즉 안심의 가장 중앙 부분을 크게 썰어낸 것을 말하며 부위에 따라 더 두꺼운 두께로 잘라 구운 뒤 2인분으로 나누어 제공하기도 한다. 최고급 스테이크로 주로 베어네이즈(Béarnaise) 소스를 곁들여 먹는다.

베어네이즈(Béarnaise)

달걀노른자, 양파, 타라곤(Tarragon), 식초, 화이트 와인, 타라곤, 샬롯(Shallot) 등을 넣어 졸인 다음, 버터로 마무리하고 소금, 통후추, 레몬즙으로 간을 낸 프랑스 전통 소스이다.

투르네도(Tournedos)

투르네도는 안심의 가운데 토막으로 안심 필레의 중앙 토막을 잘라 라드(Lard)로 감싼 후 실로 묶는다. 지방 함량이 매우 적기 때문에 약 150g 정도로 잘라 굽기 전 돼

라드(Lard)

돼지의 비계를 식용으로 활용하기 위해 정제하여 가공한 반고체의 기름이다.

소테(Saute)

팬에 기름을 두르고 고기를 강한 불로 빠르게 지지는 조리법이다.

그릴(Grill)

굵은 석쇠를 이용해서 불에 직접 굽는 요리 방법이다.

팬프라이 (Pan-fry)

프라이팬에 적은 양의 기름을 두르고 지지는 것으로 소테와 동일하나 조리 시작 때의 표면 온도는 소테보다 비교적 낮으며 조리 시간도 길다.

지비계나 베이컨 등으로 감아 조리용 실로 묶어 모양을 동그랗게 잡아 균일하게 익도록 요리한다. 투르네도는 소테(Saute), 그릴(Grill), 팬프라이(Pan-fry) 방식으로 조리하며 다른 부위도 이 같은 방식으로 조리할 수 있지만, 그 경우 투르네도라는 이름을 붙일 수 없다. 투르네도는 반드시 소의 안심을 뜻하며 스테이크는 프라이한 동그란 빵 위에 놓여서 제공한다.

필레 미뇽(Filet Mignon)

필레 미뇽은 안심 거의 끝부분, 척추뼈의 시작 부분을 따라 위치하는 작은 부위를 말한다. 이는 안심을 뜻하는 필레(Filet)와 끝부분을 뜻하는 미뇽(Mignon)이란 단어에도 의미가 들어있다. 고기가 연하고 최고급 스테이크로 사용되며 오븐에 살짝 굽거나 팬프라이(Pan-fry) 방식으로 조리한다.

갈비(Rib)

■ 립아이(Ribeye)

립아이는 소의 갈빗살 부위를 말하며 우리나라에서는 흔히 꽃등심으로 불리는 부위이다. 근내지방이 많아 풍미가 좋고 살코기의 육즙도 진하고 풍부하여 소고기 특유의 감칠맛을 느끼기에 최적의 부위라 할 수 있다.

■ 백 립(Back Rib)

우리나라에서 탕 갈비로 쓰는 부위로 등갈비 7대 정도를 커트하여 바비큐 소스를 고기에 먹거나 장작불이나 가스, 전기를 사용해 훈연하여 즐기며 부드럽고 고소하다.

■ 토마호크(Tomahawk Steak)

과거 인디언들이 사용하던 묵직한 손도끼 이름인 토마호크(Tomahawk)와 모양이 비슷하여 이름이 유래되었다고 한다. 소 갈비뼈를 따라 뼈와 고기를 길게 도려내 갈비뼈가 망치 손잡이와 비슷하다 하여 '망치 스테이크'라고도 불린다. 립아이와 달리 뼈를 제거하지 않고 긴 뼈를 손잡이로 사용하여 뜯어 먹도록 제공하는 스테이크이다. 소 한 마리당 7대만 나오는 최고급 부위로 알려져 있으며 꽃등심과 새우살, 늑간살 3가지 부위를 한꺼번에 맛볼 수 있다.

목살(Chuck)

■ 척 아이 롤 스테이크(Chuck Eye Roll Steak)

척롤(목심+윗등심)에서 살치살과 목살이 포함된 부위로 지방이 적절히 있어 담백하고 부드럽다. 단위 무게당 가성비가 좋은 편으로 구이용으로 많이 먹는다.

■ 플랫 아이언 스테이크(Flat Iron Steak)

소의 어깨 아랫부분 심장 근처의 부채살 부위로 세로로 썰어 가운데 힘줄을 잘라낸 후 조리한다. 탑블레이드 스테이크(Top Blade Steak), 버틀러 스테이크(Butler Steak) 등으로 불리기도 한다.

그 외 조리법에 따른 스테이크의 종류

■ 비프 웰링턴(Beef Wellington)

비프 웰링턴은 소테(Saute)로 조리한 안심(Fillet)에 푸아그라와 버섯 페이스트(Paste)인 덕셀(Duxelle)을 바른 후 페이스트리(Pastry) 반죽으로 고기를 얇게 감싸고 구워낸 영국의 소고기 요리이다. 웰링턴 공작으로 알려진 영국의 군인 아서 웰즐리(Arthur Wellesley)와 연관되어 유래된 것으로 1815년 이후에 먹기 시작했을 것으로 전해진다. 비프 웰링턴은 고기의 표면을 페이스트리 반죽으로 감싸고 미디엄(Medium) 또는 미디엄레어(Medium-Rare)로 굽기 때문에 육즙이 가득 배는 것이 특징이다.

페이스트(Paste)

갈거나 개어서 풀처럼 만든 식품이다. 육류, 토마토 따위를 으깨어 조미한 식품으로, 샌드위치나 카나페에 바르거나 소스를 만드는 데 쓴다.

덕셀(Duxelle)

버섯을 볶아서 만드는 소스이다.

■ 비프 스트로가노프(Beef Stroganov)

비프 스트로가노프는 러시아가 본고장인 요리로 소고기를 가늘게 썰어 약간 소테로 조리한 다음 러시아식 사워크림(Sour Cream)인 스메타나(Smetana) 소스를 곁들인 요리이다. 러시아 제국의 유명한 귀족 가문이었던 스트로가노프(Stroganov)가와 관

스메타나(Smetana)

러시아식 사워크림으로 흰빛을 띠며 크림이나 요거트 같은 질감을 갖고 있다. 일반적인 사워크림과 달리 조리 과정 중 덩어리로 뭉치지 않아 수프, 드레싱, 소스, 디저트 등에 다양하게 활용된다.

련해 19세기에 탄생한 것으로 알려져 있다. 비프 스트로가노프는 오늘날 러시아를 대표하는 요리 중 하나이며 미국, 영국 등에서는 소스에 토마토 페이스트를 추가하거나 완성된 요리를 파스타 면이나 밥에 얹어 먹는 등 변형된 레시피를 흔히 발견할 수 있다. 기름기가 적은 소고기 부위 살(안심, 채끝, 우둔살 등)을 얇게 썰어 소금, 후추, 파프리카 가루로 밑간을 한 후 센 불에서 볶는다. 이 팬에 화이트 와인을 부어 디글레이즈(Deglaze) 하고 크림과 송아지 스톡을 리에종(Liaison) 하여 소스를 만든 다음 고기에 끼얹어 필라프 라이스, 볶은 버섯 등을 곁들여 제공한다.

리에종(Liaison)

수프, 소스, 스튜 등에 밀가루, 달걀노른자와 같은 농후제를 사용하여 농도를 맞추는 것이다.

서프 앤드 터프(Surf and Turf)

육류와 해산물 요리를 함께 내는 것을 말하며 스테이크와 해산물의 조합으로 각각 고유의 맛을 이끌어 내고 서로의 단점을 보완하여 풍성하고 조화롭게 즐길 수 있다.

소고기 조리법

소고기 조리법은 크게 스테이크(Steak)와 로스트(Roast)로 나눌 수 있다. 스테이크는 일정한 크기로 잘라 소테(Saute) 또는 그릴(Grill) 또는 팬프라이(Pan-fry)로 조리하며, 로스트는 스테이크와 같은 부위를 큰 고깃덩어리째로 모양이 변하지 않도록 실에 감아 오븐에서 굽는다.

스테이크

- 소테: 팬에 기름을 두르고 고기를 강한 불로 빠르게 지지는 조리법이다.
- 그릴: 굵은 석쇠를 이용해서 불에 직접 굽는 요리 방법이다.
- 팬프라이: 프라이팬에 적은 양의 기름을 두르고 지지는 것으로 소테와 동일하나 조리 시작 때의 표면 온도는 소테보다 비교적 낮으며 조리 시간도 길다.

소테(Saute)	그릴(Grill)	팬프라이(Pan-fry)

로스트

소고기를 큰 덩어리째로 오븐에서 구운 것으로, 형태가 흐트러지지 않게 면사로 감아, 기름을 칠하며 굽는다. 구울 때는 오븐에서 균일하게 구운 색이 될 때까지 고기의 상태를 보면서 온도를 조절하며 굽는다. 소고기의 맛을 완전히 보존할 수 있는 조리법 중 가장 우수한 방법이다.

© Getty Images Bank

소고기 스테이크 익힘 정도

소고기 스테이크는 기호에 따라 굽는 정도를 달리한다. 겉만 누렇게 익혀 썰었을 때 피가 흐르게 익힌 정도를 레어(Rare)라고 하고, 겉은 익었으나 속에 약간 붉은색이 남아 있는 정도를 미디엄(Medium), 그리고 속까지 완전히 익힌 것을 웰던(Well-done)이라고 한다. 소고기 스테이크는 익힘 정도에 따라 맛과 식감이 달라진다.

표. 소고기 스테이크의 익힘 정도

구분	익힘 시간*	내용
 레어(Rare)	5~7분	가운데 75%가 붉은 고기로 겉 부분 위주로 익어서 풍부한 육즙으로 아주 부드럽고 쫄깃하다.
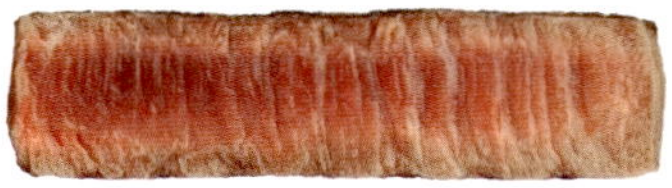 미디엄 레어(Medium Rare)	10분	겉은 회갈색이며 중앙 50%가 붉은색을 띠고 겉면의 탄력과 육즙이 조화를 이루는 단계이다.
 미디엄(Medium)	15분	겉은 완전히 익었지만, 안쪽은 약 25% 분홍색을 띠며, 특유의 고소함과 씹는 맛을 느낄 수 있는 단계이다.
 미디엄 웰(Medium Well)	18분	속이 분홍색과 회색의 중간색을 띠며, 한국인이 가장 선호하는 굽기 정도이다.
 웰던(Well-done)	22분	촉감이 뜨겁고 딱딱하며 속까지 100% 익은, 다 익은 상태이다.

* 익힘 시간의 경우, 기내 Oven 기준 Pre-heating 15분 후에 적용한다. Pre-heating이란 예열시간을 말하며, 내용물이 들어있지 않은 상태에서의 가열시간을 의미한다. Oven이 Pre-heating 되지 않은 경우, Heating Time에 5분을 추가하여 Heating 할 수 있으며 수시로 Heating 상태를 Check 해야 한다.

소고기 스테이크의 단면을 자르지 않은 상태에서 익힘 정도를 확인하기 위해서는 다음과 같이 손가락으로 손바닥의 탄력을 느껴 그 느낌을 적용하기도 하기도 한다.

표. 손바닥 탄력으로 알아보는 스테이크 익힘 테스트(The Hand Steak Doneness Test)

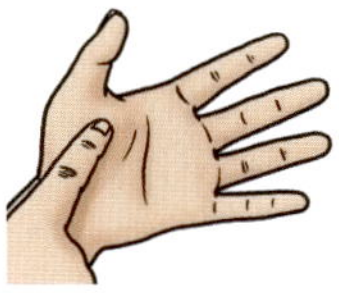	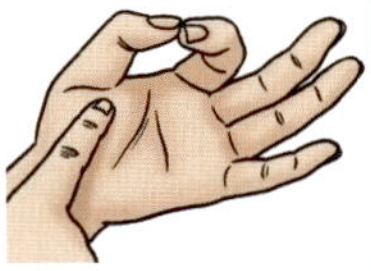	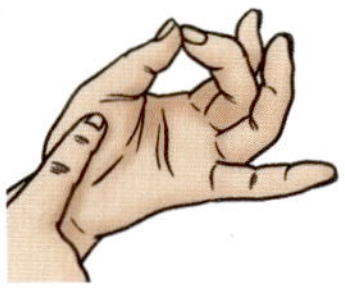	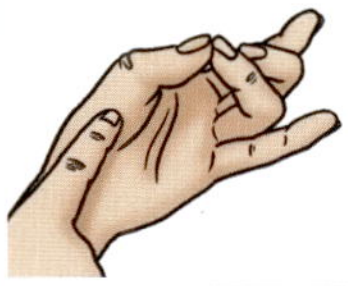	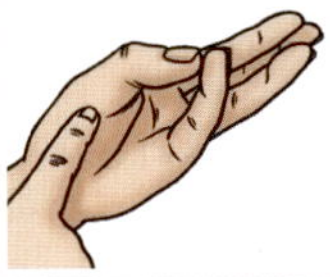
레어 (Rare)	미디엄 레어 (Medium Rare)	미디엄 (Medium)	미디엄 웰 (Medium Well)	웰던 (Well-done)

- 레어: 손바닥을 다 편 상태에서의 손바닥 탄력
- 미디엄 레어: 엄지와 검지를 잡은 상태에서 손바닥 탄력
- 미디엄: 엄지와 중지를 잡은 상태에서 손바닥 탄력
- 미디엄 웰던: 엄지와 약지를 잡은 상태에서 손바닥 탄력
- 웰던: 엄지와 새끼손가락을 잡은 상태에서 손바닥 탄력

3) 송아지고기

송아지고기(Veal)는 어미 소의 젖으로만 길러 지방층이 적고 수분을 많이 함유하여 지방분이 적고 부드럽다. 주로 후두육(Sweet Bread)과 다리 부위 살(Leg)을 이용하여 로스트(Roast), 프라이(Fry), 그리고 프라이한 고기를 물이나 육수에 넣고 오래 끓이는 브레이즈(Braise)로 조리한다.

브레이즈(Braise)

푹 삶아 찌개처럼 만드는 조리법이다.

■ 스캘로핀(Scaloppine)

얇게 썬 송아지고기를 기름에 튀긴 이탈리아 요리로, 소금, 후추로 양념하여 밀가루를 뿌린 후 소테로 조리한 후 마드리아 소스(Madere Sauce)를 곁들인다.

마드리아 소스(Madere Sauce)

그래비에 마데이주와 양파를 넣어 만든 소스이다.

■ 슈니첼(Schnitzel)

송아지고기, 돼지고기, 양고기, 닭고기 등을 연육제 등을 이용해 고기를 연하게 한 뒤 빵가루, 밀가루, 달걀 등에 묻혀 기름에 튀겨 완성한다. 독일과 오스트리아에서 즐겨 먹는다. 이때 슈니첼(Schnitzel)은 독일어로 '음식을 얇게 썬 조각'을 뜻한다.

일본의 돈가스, 이탈리아의 코톨레타(Cotoletta), 프랑스의 에스칼로프(Escalope)와 같은 브레디드 커틀릿(Breaded Cutlet)과 유사한 형태이다.

4) 양고기

양고기(Lamb)는 일 년 미만의 어린 양고기를 말하며, 육질이 부드럽고 지방과 수분 함량이 적기 때문에 조금만 익혀야 한다. 특유의 향을 약화시키기 위하여 조리 시 민트(박하)나 로즈메리를 많이 이용한다. 생후 6~10주가 된 양고기는 베이비램(Baby Lamb), 생후 5~6개월이 된 고기는 스프링램(Spring Lamb), 생후 1년 미만인 어린 양의 고기는 새끼 양고기(Lamb)라고 하며, 생후 12~20개월의 고기는 이얼링 머턴(Yearling Mutton)이라고 한다. 우유를 먹고 자란 양고기는 다른 양고기에 비해 풍미가 은은하며 양고기의 특성상 근섬유가 가늘고 조직이 약하기 때문에 소화가 잘 된다. 주로 소테, 로스트, 프라이의 방법으로 조리한다.

5) 돼지고기

돼지고기(Pork)는 소고기 다음으로 많이 쓰이는 육류 앙트레이며, 고기 색이 선홍빛이 없는 Gray White 빛이 될 정도로 속살을 완전히 익혀야 한다. 로스트, 햄(Ham), 베이컨(Bacon) 등의 방법을 이용하여 요리하며, 돼지고기를 로스트할 때에는 허리와 어깨 부위를 주로 사용하고, 햄은 엉덩이 부위 살, 베이컨은 배, 목 부위를 사용한다.

돼지고기 요리에는 과일이나 채소 퓌레를 곁들이기도 하며, 푸아브라드 소스(Poivrade Sauce), 마늘, 홀스래디시 소스(Horseradish Sauce) 등을 넣어 맛을 돋우기도 한다. 로스트나 그릴 구이 등에는 세이지(Sage)와 같은 향신 허브를 더해 향을 내기도 한다.

푸아브라드 소스 (Poivrade Sauce)

후추를 친 프렌치 드레싱 소스이다.

홀스래디시 소스 (Horseradish Sauce)

고추냉이와 식초, 빵가루를 혼합하고 설탕, 소금, 후추로 양념하여 휘핑크림과 잘 섞어서 만든 소스이다.

포크립(Pork Rib)

돼지 갈비 뼈에 고기가 붙은 그대로 조리한 돼지고기 요리로 갈비를 양념 소스에 발라 바비큐처럼 구운 요리이다. 주로 불에 직화로 구워 먹는 바비큐식 조리법이 보편적이지만 훈연 방식의 조리법도 있다. 정형하는 종류에 따라 베이비 백 립(Baby Back Rib), 스페어 립(Spare Rib)으로 구분된다.

Baby Back Rib

Spare Rib

포크커틀릿(Pork Cutlet)

포크커틀릿(Pork Cutlet)은 돼지고기를 두툼하게 썰어 소금과 후춧가루를 뿌려 간을 한 후 빵가루, 밀가루를 씌워 기름으로 지지거나 튀겨내는 음식을 말한다. 서양의 커틀릿은 소량의 기름으로 지져내는 방식이지만 일반적으로 알려진 포크커틀릿은 재료를 기름에 충분히 잠기게 한 다음 바삭바삭하게 튀겨내는 방법으로 일본에서 변형된 조리법이다.

6) 가금류

가금류(Poultry)는 고기 또는 알을 식용으로 소비하기 위해 사육하는 조류(닭, 칠면조, 오리, 거위, 비둘기, 꿩 등)를 총칭하며 섬세하고 가벼운 맛이 특징이다. 조리도 간단하여 대중적으로 즐기며 로즈메리, 파프리카, 주니퍼(Juniper), 타임(Thyme), 마늘, 마저럼(Marjoram)과 같은 향신료가 잘 어울린다. 가금류는 로스트로 가장 많이 조리하며 소테, 포치(Poach), 브레이즈(Braise)로 조리하기도 하며 증기에 찌거나 그릴에 굽기도 한다.

포치(Poach)

뜨거운 물에 삶거나 끓기 직전 액체에 삶아 익히는 조리법이다. 또는 육즙이나 생선즙, 포도주로 천천히 끓여 익힌다. 77쪽 참고

브레이즈(Braise)

77쪽 참고

■ 로스트 치킨(Roast Chicken)

10개월가량 된 닭의 몸통과 속 안을 비워내어 깨끗이 씻고 실로 묶거나 쇠꼬챙이로 꿰어 고정시킨다. 닭고기 표면에 소금과 후추를 뿌리고 버터를 녹여 골고루 발라 철

판에 담아 놓는다. 오븐에서 50분~3시간 구워낸 후 실을 풀어 접시에 담고 채소 요리를 곁들여 낸다.

프리카세(Fricassee)

닭고기 또는 송아지고기, 양고기, 생선 등을 소테로 조리한 뒤, 졸이다가 베샤멜 소스 등을 넣어 만드는 프랑스 음식이다. 방울 양파 글라세(Glacer)와 데친 버섯 등을 넣고 국물을 자작하게 잡아 익힌 음식으로 익힌 국물을 졸여 크림으로 리에종(Liaison)하여 소스로 곁들여 제공한다.

코코뱅(Coq Au Vin)

'코크(Coq)'는 프랑스어로 '수탉(Rooster 또는 Cock)', '뱅(Vin)'은 '와인'을 뜻하므로, 코코뱅은 글자 그대로 '와인에 넣은 수탉(Rooster in Wine)'을 말한다. 닭고기와 채소에 와인을 부어 조린 프랑스 전통 요리이며 담백한 닭고기와 와인의 풍미가 잘 어우러진 음식이다. 코코뱅은 와인의 고장인 부르고뉴 지방의 농부들이 수명을 다한 장닭을 버리지 않고 와인을 비롯해 쉽게 구할 수 있는 식재료를 이용해 조리해

먹으면서 발전한 것으로 전해진다.

코코뱅은 사용되는 와인에 따라 구분하기도 한다. 주로 부르고뉴 지방의 피노누아 품종으로 만든 레드 와인이 사용되나 프랑스 각 지역별 고유 와인을 사용하기도 한다. 알자스(Alsace) 지방의 리슬링(Riesling) 품종으로 만든 화이트 와인을 넣어 만든 코코뱅을 코크 오 리슬링(Coq Au Riesling), 샹파뉴(Champagne) 지방의 샴페인을 넣어 만든 코코뱅을 '코크 오 샹파뉴(Coq Au Champagne)'라고도 한다.

7) 생선

생선(Fish) 요리는 수프 다음에 제공되는 정식 디너의 두 번째 코스로서 알려져 왔으나 약식으로 제공되는 서양식에서는 앙트레의 한 종류로 주요리 코스에서 제공된다. 생선 요리는 지방 성분이 적고 결합조직이 없으며 비타민과 칼슘이 매우 풍부하여 건강식으로 즐기며 종교적인 이유로 육류 대신 많이 찾기도 한다. 생선은 단백질뿐만 아니라 인, 마그네슘, 구리, 철분, 요오드, 비타민 B가 풍부하며 특히 기름진 생선의 경우는 비타민 A와 비타민 D 함량이 높다. 일반적으로 어패류는 바다생선류(Sea Fish), 민물고기류(Fresh Water Fish), 조개류(Shell Fish), 연체류(Crustacean) 등으로 나뉜다.

생선 조리법

생선은 종류와 조리 방법에 따라 요리 이름이 결정되며, 개성 있는 맛과 풍미를 지닌다. 각 생선의 조리법은 생선 종류의 구조와 조직, 그 밖에 요소에 의해서 결정된다. 일반적으로 생선의 지방 함유량(Fat Content)에 의해서 생선에 가장 적합한 조리법을 결정한다. 지방이 적은 생선은 건열 조리법(Dry Heat Method)을 사용하고, 지방이 많은 생선은 브로일링(Broiling), 오븐에 넣어 굽는 베이크(Bake)를 사용하고, 습열 조리법(Moisture Heat Method)은 거의 모든 생선 종류에 적용된다. 조리 중 생선이 마르는 것을 방지하기 위해 소스를 바르거나 액체를 넣어 요리하는 스팀(Steam)과 그라탱(Gratin)도 있다.

표. 생선 조리법

종류	사진	조리법
보일 (Boil)		재료를 육수에 넣어 끓이는 요리 방법이다.
브레이즈 (Braise)		재료를 기름에 넣고 약간 지진 후 육수를 넣고 끓여서 졸이는 요리 방법이다.
프라이 (Fry)		재료를 밀가루 반죽, 또는 빵가루에 버무려 기름에 튀긴다. · Oven-fried: 재료에 반죽을 입혀 오븐에서 굽는 방법 · Pan-fried: 뚜껑을 덮지 않은 상태에서 소량의 기름으로 팬에 넣어 익히는 것 · Deep-fried: 재료에 반죽을 입혀 기름에 잠기도록 깊은 팬에서 튀기는 방법
그릴 (Grill)		재료를 석쇠에 구운 뒤 프라이팬으로 익히는 요리 방법이다.
뫼니에르 (Meuniere)		어패류에 소금과 후주를 뿌리고 밀가루를 묻혀 버터에 굽는 방법이다.
포치 (Poach)	 LauriPatterson / Getty Images	재료를 육수에 넣어 팔팔 끓이진 않으면서 온도를 유지하여 익힌다.
시얼 (Sear)		재료의 표면을 강한 불에 갈색으로 굽고 오븐에 구워 속까지 익힌다.

종류	사진	조리법
스팀 (Steam)		물을 끓인 수증기의 열기가 재료에 옮겨져 조리된다.
그라탱 (Gratin)		조미한 소스로 무친 생선이나 육류, 채소 따위에 치즈와 빵가루를 뿌린 뒤 오븐에서 겉이 누릇누릇하게 구워 낸다.

표. 기내식으로 제공되는 어패류의 종류 및 영문 명칭

영문명	한글명	영문명	한글명
Abalone	전복	Ling	몰바대구
Ahi Tuna	황다랑어	Lobster	바닷가재
Anchovy	멸치	Mackerel	고등어
Angler	아귀	Mullet	숭어
Barramundi	호주산 흰살생선	Marlin	청새치
Basa Fish	베트남산 메기과 흰살생선	Mussel	홍합
Bay Shrimp	태평양 연안의 새우	Mahi Mahi	만새기(하와이 지역 생선)
Bay Top Shell	골뱅이	Orange Roughy	농어과 생선
Brill	가자미, 넙치과의 일종	Oyster	굴
Cat Fish	메기과의 일종	Pangasius Fish	메기의 일종
Clam	대합, 백합	Parro Fish	비늘돔, 돌돔
Cod	대구	Perch	농어
Crab	게	Pirarucu	피라루쿠(남미 북부의 담수어)
Crawfish	가재	Plaice	(유럽산)가자미
Crayfish	민물가재의 총칭	Pollack	명태
Croaker	농어목, 황강달이	Pomfret	북태평양산 병어
Dory / John Dory	달고기	Pompano	병어
Eel	장어	Rock Fish	볼락

영문명	한글명	영문명	한글명
Flat Fish	넙치	Salmon	연어
Fletan	광어	Sand Dab	작은 가자미
Flounder	가자미, 흘림도다리	Scallop	관자
Gem Fish	돔의 일종	Scampi	스캠피(가시발 새우)
Haddock	북대서양산 명태의 일종	Sea Bass	농어
Hake	메를루사(민대구의 일종)	Sea Bream	도미
Halibut	큰 광어	Small Turban Fish	소라
Hapuka Fish	하푸카(돔의 일종)	Snapper	도미
Herring	청어	Sole	혀가자미
Homard	앞집게발이 큰 바닷가재	Squid	오징어
Kahuku Shrimp	하와이 특산 새우	Sword Fish	황새치
King Fish	민어	Trout	송어
King Prawn	큰 새우(다리 길이 10cm 이상)	Tuna	참치
Langoustine	가시발새우	Turbot	가자미

8) 주요리에 사용되는 소스

소스(Sauce)의 어원은 라틴어의 'Sal(소금)'에서 나온 것으로 요리에 곁들이거나 조리를 위해 사용되는 다양한 농도의 차갑거나 더운 액체 상태의 양념을 뜻한다. 음식에 소스를 첨가함으로써 아름다운 색의 조화를 맞춰 내며 산미와 수분을 더해 주어 식욕을 촉진시키고 소화를 용이하게 도와주는 역할도 한다. 소스는 5가지의 모체소스, 베샤멜(Bechamel), 데미글라스(Demi-glace), 벨루테(Velute), 홀란데이즈(Hollandaise), 토마토로 나눌 수 있으며 근래로 접어들면서부터 다양한 종류로 파생되었다.

표. 모체 소스(Mother Sauce)에 따른 분류

모체 소스		파생 소스
구분	역할	종류
화이트소스 (White Sauce)	화이트 루(Roux)에 우유를 주재료로 한 소스로 생선, 채소 요리에 사용한다.	베샤멜(Bechamel) 소스, 모네이(Mornay) 소스, 크림(Cream) 소스, 낭투아(Nantua) 소스, 베르시(Bercy) 소스, 노르망디(Normand) 소스, 굴(Oyster) 소스, 리치(Riche) 소스
브라운소스 (Brown Sauce)	브라운 스톡을 주재료로 한 소스로 육류 요리에 사용한다.	보르드레즈(Bordelaise) 소스, 데미글라스(Demi-glace) 소스, 비가라드(Bigarade) 소스, 샤토브리앙(Chateaubriand) 소스, 레드 와인 소스
블론드 소스 (Blond Sauce)	화이트 스톡을 이용한 소스로 닭고기, 생선 요리에 사용한다.	벨루테(Velute) 소스, 홀스래디시(Horseradish) 소스, 알망드(Allemande) 소스, 슈프림(Supreme) 소스, 알브페라(Allbufera) 소스, 빌레르와(Villeroi) 소스
옐로 소스 (Yellow Sauce)	달걀노른자, 기름, 버터를 주재료로 한 소스로 생선, 채소 요리에 사용한다.	홀란데이즈(Hollandaise) 소스, 베어네이즈(Béar-naise) 소스, 무슬린(Mousseline) 소스, 라헬(Rachel) 소스, 쇼롱(Choron) 소스
레드 소스 (Red Sauce)	토마토를 주재료로 한 소스로 이탈리아 요리에 많이 사용한다.	이탈리안(Italian) 소스, 미트(Meat) 소스, 볼로네즈(Bolonaise) 소스

용도에 따른 소스의 분류

앙트레 소스

앙트레 소스(Entrée Sauce)는 뜨거운 앙트레 위에 끼얹으며 요리의 풍미를 더해 주고 요리의 맛과 외형, 그리고 수분을 보완해 주어 요리를 한층 돋보이게 하는 역할을 한다.

테이블 소스

테이블 소스(Table Sauce)는 조리된 요리에 얹어진 소스가 아닌 인스턴트로, 차가운 소스로 뜨거운 음식 위에 끼얹지 않고 한쪽에 덜어놓고 찍어 먹는다.

 Laurin Rinder / Shutterstock.com	 Alastair Wallace / Shutterstock.com	 AlenKadr / Shutterstock.com	 AlenKadr / Shutterstock.com	 Studio Dagdagaz / Shutterstock.com
에이원 소스 (A1 Sauce)	홀스래디시 소스 (Horseradish Sauce)	머스터드 소스 (Mustard Sauce)	핫 소스 (Hot Sauce)	우스터셔소스 (Worcestershire Sauce)

테이블 소스에 어울리는 요리

- 에이원 소스(A1 Sauce): 갈색을 띠며 비프스테이크(Beef Steak)와 잘 어울린다.
- 홀스래디시 소스(Horseradish Sauce): 흰색을 띠며 훈제 연어와 잘 어울린다.
- 머스터드 소스(Mustard Sauce): 송아지고기와 소시지에 잘 어울린다.
- 핫 소스(Hot Sauce): 생선, 채소 요리에 잘 어울린다.
- 우스터소스(Worcestershire Sauce): 갈색으로 비프스테이크와 잘 어울린다.

9) 주요리에 사용되는 곡물류와 채소

곡물류

곡물류(Starch)는 밥, 감자, 파스타, 고구마, 콩, 옥수수 등 탄수화물이 함유되어 있는 재료를 말하며 주요리의 구성요소 중 하나로 앙트레와 곁들여 낸다.

■ 쌀(Rice)

스팀드 라이스

사프란 라이스 *

프라이드 라이스

필라프 **

* Eddy Buttarelli / REDA&CO / Universal Images Group via Getty Images
** © Getty Images Bank

- 스팀드 라이스(Steamed Rice): 수증기의 압력으로 지은 한국식 쌀밥이다.
- 프라이드 라이스(Fried Rice): 달걀, 채소, 해산물, 고기 등 다른 재료와 함께 웍(Wok)이나 프라이팬에 볶아낸 밥이다.
- 사프란 라이스(Saffraan Rice): 착색 향료인 사프란을 넣어 노란색이 나게 한 밥이다.
- 필라프(Pilaf): 쌀에 양파를 넣고 기름이나 버터에 볶다가 육수와 향신료를 넣고 반쯤 익힌 뒤 고기, 생선 또는 채소 등을 넣어 조리한 밥이다.

감자(Potato)

- 베이크드 포테이토(Baked Potato): 감자를 껍질째 오븐에 구운 감자 요리로 십자 형태로 칼집을 내고 벌려 사워크림, 차이브(Chive) 다진 것, 베이컨 볶은 것을 올려 제공한다.

차이브(Chive)

백합과의 여러해살이풀로 허브의 한 종류이다. 파의 일종으로 높이 20~30cm를 가진 향신료이며 향이 톡 쏘면서도 향긋하여 식욕을 돋운다.

- 매시드 포테이토(Mashed Potato): 감자의 껍질을 벗기고 삶은 뒤 버터, 우유, 향신료 따위를 넣고 곱게 다져서 으깬 요리이다.
- 샤토 포테이토(Chateau Potato): 감자를 원통형으로 만들어 버터에 노랗게 구운 것이다.
- 해시드 포테이토(Hashed Potato): 삶은 감자를 거칠게 다져서 양파, 베이컨, 소금, 후추, 파슬리를 넣고 튀긴 음식이다.
- 파리지엔 포테이토(Parisienne Potato): 껍질 벗긴 감자를 볼커터(Ball Cutter/Parisian Scoop)를 이용하여 공 모양으로 잘라 버터에 오븐에서 굽거나 기름에 튀긴 것이다.
- 마케르 포테이토(Macaire Potato): 익힌 감자에 버터를 넣어 으깬 후 갈레트(Galette) 형태로 만들어 팬케이크와 같이 프라이팬에 볶은 요리이다.

갈레트(Galette)

프랑스 브르타뉴 지방에서 유래한 팬케이크 형태의 식사 후 디저트나 간식으로 먹는 빵 과자이다.

- 뒤셰스 포테이토(Duchesse Potato): 삶은 감자를 으깨어 달걀노른자, 버터를 넣고 페이스트리 튜브에 통과시켜 작은 케이크 모양으로 만들어 구운 요리이다.
- 리오네즈 포테이토(Lyonnaise Potato): 감자를 잘게 잘라서 양파의 맛이 강하게 나도록 버터를 넣고 볶은 것이다.
- 안나 포테이토(Anna Potato): 감자를 동그란 모양(지름 약 2.5~3cm 정도, 두께 약 0.2cm)으로 잘라 몰드에 넣은 후 오븐에서 구운 요리이다.
- 베르니 포테이토(Berny Potato): 감자를 삶아 으깬 후 지름 3cm 정도로 둥글게 만들어 달걀과 아몬드 다진 것을 입혀 튀겨낸 요리이다.

베이크드 포테이토	매시드 포테이토	샤토 포테이토	해시드 포테이토	파리지엔 포테이토

마케르 포테이토	뒤세스 포테이토	리오네즈 포테이토	안나 포테이토	베르니 포테이토

* DeAgostini / Getty Images

파스타(Pasta)

종류	사진	특징
스피니치 누들 (Spinach Noodle)	 © Getty Images Bank	시금치로 색을 낸 국수이다.
에그 누들 (Egg Noodle)		달걀을 넣고 가늘게 만든 국수이다.
마카로니 (Macaroni)		밀가루를 써서 가느다란 대롱같이 가운데가 구멍이 나게 만들어 말린 이탈리아식 국수이다.
토르텔리니 (Tortellini)		작은 초승달 모양으로 잘게 다진 고기류와 파마산 치즈를 섞어 속을 채운 파스타이다.

종류	사진	특징
라비올리 (Ravioli)		치즈나 채소, 고기, 생선 등으로 속을 채워 만든 네모 또는 반달 모양의 이탈리안 파스타이다. 두 층으로 나눈 반죽에 다양한 재료로 속을 채워 만든 만두와 비슷한 형태이다.
라자냐 (Lasagna)		반죽을 얇게 밀어 넓적한 직사각형 모양으로 자른 파스타를 속 재료와 함께 층층이 쌓아 오븐에 구워 만든 요리이다.
카넬로니 (Canelloni)		튜브 모양의 이탈리아 파스타로 고기나 채소, 치즈 등으로 속을 채우고 치즈를 곁들여 오븐에 구워낸 음식이다.
루오테 (Ruote)		6개의 구멍이 나 있어 차바퀴와 비슷한 모양으로 9~12분 정도 삶는 파스타이다.

채소류

주요리를 구성하는 요소 중 하나인 채소(Vegetable)는 익혀서 조리한 것을 사용하며 소금, 설탕 혹은 그 외 양념을 넣은 물에 삶아 살짝 볶거나 구워 제공한다.

주요리를 구성하는 대표적인 채소

종류	사진	특징
아스파라거스 (Asparagus)		피로 회복과 자양강장의 효과가 뛰어나며 4, 6월이 제철인 고급 채소이다.

종류	사진	특징
아티초크 (Artichoke)		엉겅퀴과 꽃식물인 아티초크는 요리의 묘미가 있으며 적색이나 청갈색 종은 녹색 종보다 품질이 우수하고 꽃의 밑부분과 그 밑의 두꺼운 잎 부분이 신선하고 풍미가 있다.
브로콜리 (Broccoli)		비타민 C와 베타카로틴 등 항산화물질과 다량의 칼슘을 함유한 채소로 골다공증, 암, 심장병 등을 예방한다.
당근 (Carrot)		많은 용도로 쓰이는 채소이며 다른 식품과 요리하거나 단독으로 쓰고, 날것, 익힌 것 등 어떠한 형태로든 제공이 가능하다. 비타민 A가 특히 풍부하고 많은 당분을 함유하고 있다.
콜리플라워 (Cauliflower)		꽃양배추라 불리는 콜리플라워는 지중해 연안이 원산지이며 우리나라에는 1926년 무렵 도입, 양배추보다 연하고 소화가 잘되는 채소이다.
청경채 (Pak-choi)		청경채는 배추의 일종으로 특유의 아삭아삭한 식감으로 볶음 등 다양한 요리에 활용되며 비타민 C와 식이섬유가 풍부하다.
샐서피 (Salsify)		서양의 우엉이라 불리며 화이트 아스파라거스와 비슷한 맛과 식감이 특징이다.
주키니 (Zucchini)		서양 호박은 엽산, 칼륨, 마스네슘 등의 함유량이 높으며 이탈리아어로 'zucca'는 '박'을 의미하고 '주키니'는 '작은 박'을 의미한다.

7

치즈

1) 치즈의 정의

지구상에서 가장 오래된 발효 유제품인 치즈(Cheese)는 서구인들의 식단에서 빼놓을 수 없는 중요한 메뉴 중 하나이다. 치즈는 지역과 제조 방법에 따라 다양한 모습과 맛을 내며 현재 100여 종 이상이 존재하는 것으로 알려져 있다.

치즈는 소와 양의 전유(Whole Milk)를 주원료로 하며 응유 효소(Rennet)를 가하여 응고시킨 후 유청(Whey)을 제거한 다음, 가열 또는 가압 등의 처리에 의해 만들어진 식품을 말한다. 치즈는 만드는 지역에 따라 다양한 종류로 나뉘는데, 보통 가공 치즈는 자연 치즈(Natural Cheese)에 유제품을 혼합하고 첨가물을 더한 뒤 유화(Emulsification)한 것을 말한다.

응유 효소(Rennet)

레닛, 렌넷이라고도 불리며 송아지, 어린 양, 새끼 염소의 위장에서 얻어지는 효소제이다.

유청(Whey)

우유가 엉겨서 응고된 뒤 남은 액체를 말하며 웨이 또는 유장이라고도 한다.

2) 치즈의 역사

치즈가 처음 등장한 시점은 목축이 시작된 시점이며, 남은 우유를 오래 보관하기 위한 방법으로 활용하게 되었다. 응고시킨 우유를 눌러 수분을 짜낸 다음, 소금을 뿌리고 돌에 얹어 햇볕에 건조한 것이다.

BC 3000년경의 스위스의 코르테이요(Cortaillod) 문화나 크레타의 미노아 문명 지역에서 출토된 구멍 뚫린 그릇은 치즈 제조에 쓰였던 것으로 추정되며 메소포타미아의 수메르인들이 점토판에 남긴 설형 문자들의 일부는 치즈의 생산량에 관한 것으로 해석되고 있다.

이렇게 치즈는 아시아에서 발견되어 유럽으로 전해진 것으로, 로마 제국 시대에 유럽과 중동 지역에서 광범위하게 퍼져 나가고, 율리우스 카이사르(Julius Caesar) 시대에는 다양한 종류의 치즈가 생산되어 거대한 로마 제국 전역에서 생산되었다고 전해진다. 부유한 로마인들은 치즈를 만들기 위해 별도의 부엌을 가지고 있었으며 치즈를 숙성시키고 훈제할 수 있었다고 한다. 영국으로는 로마인들이 전파하였는데 고대 잉글랜드나 스코틀랜드에는 다량의 카세인을 함유한 버터를 작은 통에 채워 땅

속에 묻고 숙성시킨 것을 좋아했다고 전해지는데, 이는 버터보다 치즈에 가까운 것으로 보인다.

중세에는 교회가 치즈의 제조기술을 잘 보전하였으며 치즈 제조 비결은 수도원의 재산이 되기도 하였다.

중세에 와서는 수도원이 위치한 곳을 중심으로 치즈의 종류가 다양해졌다. 고르곤졸라(Gorgonzola)는 879년 10세기 유럽의 치즈 제조의 중심지였던 이탈리아 북부 포 밸리(Po Valley)에서 제조되었고 로크포르(Roquefort)는 1070년 프랑스 콩크(Conques)의 수도원에서 유래되었다. 대부분의 치즈는 중세 후기에 처음 등장한 것으로 알려진다. 체더(Cheddar)는 1500년경, 파르메산(Parmesan)은 1597년, 고다(Gouda)는 1791년, 카망베르(Camembert)는 1791년에 처음 제조되었다고 전해진다.

근대에 치즈의 제조가 기계화되면서 1815년 미국의 윌리엄스가 소규모 체더(Cheddar) 공장을 설립하여 치즈를 생산하기 시작하였으며, 1870년경 응유 효소(Rennet)가 생산 및 시판되면서 대량으로 보급되었다.

우리나라에서는 1964년 벨기에 출신 디디에세스테벤스(Didier t'Serstevens, 한국명: 지정환) 신부가 산양 두 마리를 가난한 농민들에게 보급한 것으로 임실 치즈의 역사가 시작되었으며 점차 한국형 치즈로 거듭나게 되었다.

디디에세스테벤스(Didier t'Serstevens)

벨기에 태생 대한민국 천주교 전주교구 소속 신부이다.

3) 치즈 제조 과정

치즈의 제조는 액체 상태의 우유를 응유 효소(Rennet)와 응유소를 첨가하여 고체로 만드는 응고 과정을 시작으로 이 과정을 통해 얻어진 덩어리인 커드(Curd)로부터 유청을 분리시킨다. 유청을 분리해 제거한 후 압력을 가하거나 나무나 스테인리스 틀에 넣어 치즈의 모양을 만든다. 가염과 세척 과정을 통해 치즈의 맛과 수분, 질감이 달라지게 되며 이는 미생물의 번식을 억제하는 효과를 가진다. 온도와 습도가 꾸준히 유지되는 환경에서 숙성하는 과정을 통해 치즈 고유의 맛과 향이 결정된다.

커드(Curd)

우유에 산이나 응유효소에 의해 응고된 덩어리이다.

응고(커드화)

우유를 고체로 만드는 과정으로 레닛을 첨가하는 레닛 응고법과 배양 스타터(Starter Culture)라는 세균을 넣는 유산균 사용 응고법이 있다.

교반(Agitation)

두 종류 이상의 물질을 섞어 균일한 혼합 상태로 만드는 것을 말한다.

가온(Thermization)

커드 내 유청 배출을 촉진하여 최종 치즈의 수분 함량을 조절하여 숙성 중 치즈 고유의 맛과 향을 갖게 하기 위한 열처리를 말한다.

① 원유
↓
② 살균
↓
③ 표준화 및 이물질 제거
↓
④ 응고(커드화)
↓
⑤ 커드 절단
→
⑥ 교반 및 가온
↓
⑦ 유청 분리(유청 제거)
↓
⑧ 가염 및 성형
↓
⑨ 압착
↓
⑩ 숙성 ※생치즈 제외

원유

살균 (Pasteurization)

레닛 첨가 (Adding Rennet)

응고 (Curding the Milk)

커드 절단 (Cutting the Curd)

유청 분리 (Draining Whey)

가염 (Salting)

성형 (Shaping)

압착 (Pressing)

숙성 (Ripening)

* Natali_Mis / iStock / Getty Images Plus
** OVKNHR / Shutterstock.com

4) 치즈의 페이스트에 따른 분류

치즈는 페이스트(Paste)의 수분 함량에 따라 초경성 치즈, 반연성 치즈, 연성 치즈로 분류된다. 수분 함량이 낮으면 치즈의 질감이 단단하며 수분 함량이 높으면 외형이 무르고 부드러운 특징을 가진다.

표. 치즈의 수분 함량과 숙성 방법에 따른 분류

수분 함량	80% 이상	55~70%	45~55%	30~45%	25~30%
수분 함량에 따른 유형	생치즈	연성 치즈	반경성 치즈	경성 치즈	초경성 치즈
사진					
종류	코티지, 리코타, 모차렐라	카망베르, 브리	로크포르, 고다, 포르 뒤 살뤼, 고르곤졸라	에멘탈, 에담, 체더	파르메산
숙성 방법에 따른 유형	비숙성 치즈	숙성 치즈			

5) 치즈의 제조 공정에 따른 분류

자연 치즈는 치즈를 숙성시킨 미생물이 온도 또는 습도의 영향으로 숙성을 계속하게 되므로 같은 치즈라도 먹는 시점에 따라 맛이나 향이 다르다. 자연 치즈는 다시 숙성 기간에 따라 생치즈(Fresh Cheese)와 숙성 치즈로 나뉜다. 가공 치즈는 자연 치즈를 우리의 기호에 맞게 가공한 것으로 독특하고 강한 향을 약하게 유화시킨 것이다. 가공 치즈(Process Cheese)는 품질이 안정되어 있기 때문에 보존성이 좋으며 소비자가 용도에 알맞은 제품을 선택할 수 있는 장점이 있다.

생치즈

생치즈는 숙성되지 않은 신선한 치즈이다. 응고 후 유청만 분리해 낸 치즈로 보존 처리를 하지 않은 치즈이다. 대표적으로 코티지치즈(Cottage Cheese), 뇌샤텔(Neufchatel)과 염소젖으로 만든 쉐브르(Chevre)가 있다. 연하고, 빵에 발라 먹을 수 있으며 순한 맛이 특징이다. 유청 치즈도 생치즈에 속하는데 이탈리아의 리코타(Ricotta)가 대표적이다. 모차렐라(Mozzarella)와 같이 늘어나는 성질을 가진 치즈도 생치즈의 일종이다. 모차렐라 치즈는 소금물에 담가서 운송, 저장하여 피자에 사용한다. 그 외에도 페타(Feta), 마스카포네(Mascarpone), 부르생(Boursin), 람볼(Rambol)이 있다.

표. 생치즈의 종류 및 특성

종류	사진	내용
뇌샤텔 (Neufchatel)		프랑스 북노르망디 지역을 대표하는 치즈로 우유를 20시간 정도 응고시켜 얻은 커드를 가볍게 압착한 뒤 통상 3주간 숙성시켜 만든 치즈다. 아주 연한 조직과 부드러운 맛을 가지고 있으며 지방 함량은 약 45% 정도이다.
쉐브르 (Chevre)		프랑스어로 '산양'을 뜻하며 염소젖만을 사용해 만든 치즈를 총칭한다. 산양유 특유의 향기와 푸슬푸슬한 질감이 특징이며, 우유에 들어있는 노란색 카로틴 성분이 산양유에는 없기 때문에 뽀얀 백색을 띤다.
리코타 (Ricotta)		리코타는 소나 양의 젖으로 치즈 제조 시 남은 유청을 활용하여 만든 이탈리아의 생치즈이다. 우유의 단백질인 카세인을 응고시켜 만드는 것이 아니기 때문에 치즈라기보다는 유제품에 가깝다. 샌드위치나 카나페에 얹어 먹거나 샐러드, 크레페 안에 채워 넣거나 파스타 소스를 만들 때 넣기도 한다.
모차렐라 (Mozzarella)		열을 가해 녹여 먹기보다는, 만든 직후의 신선한 맛을 즐기는 이탈리아의 생치즈로, 첨가물을 넣지 않고 만드는 전통적인 모차렐라 치즈의 경우 유통기한이 이틀 정도로 치즈 중에서도 가장 유통기한이 짧은 축에 속한다.
페타 (Feta)		양젖이나 염소젖으로 만들어 소금물에 담가 숙성시킨 그리스의 대표적인 치즈다. 비교적 쉽게 부서지며 소금물에서 숙성시켜 만들므로 겉에 마른 껍질이 없고 안쪽에 작은 구멍들이 있으며 오래 보관하고 먹을 수 있다.
마스카포네 (Mascarpone)		이탈리아의 크림치즈이며 신선한 크림을 가열하여 남은 응유의 물을 빼고 거품이 나게 휘저어서 만든다. 다른 종류의 치즈들과 달리 단맛을 내며 유통기한이 짧다. 티라미수를 만들거나, 빵에 발라 먹는다.
부르생 (Boursin)		프랑스산 치즈로 마늘 맛과 향신료 맛이 가미되어 짭짤하게 간이 된 매우 부드러운 치즈이다. 아이보리색의 신선 치즈에 마늘 및 허브가 고르게 분산되어 있어 두 가지 맛이 적절히 조화를 이룬다. 크림 같아서 빵에 발라 먹기 좋다.
람볼 (Rambol)		크림 같은 치즈에 호두를 첨가한 것으로 짭조름하며 크림 같은 치즈에 견과류 특유의 나무 향 같은 고소함이 조화를 이룬다.

코티지 치즈와 리코타 치즈의 차이점

영국 코티지치즈와 이탈리아 리코타 치즈는 모두 우유 부산물을 재활용해서 만든다는 공통점이 있다. 둘의 가장 큰 차이는 주재료인데, 코티지치즈는 우유를 사용하고, 리코타 치즈는 치즈를 만들고 남은 액체, 즉 유청을 다시 끓여 만든다. 또한 코티지치즈는 짭조름하고 몽글몽글한 알갱이와 수분감이 많으며 리코타는 살짝 퍽퍽한 크림치즈 같은 제형과 미묘한 단맛을 가진다.

숙성 치즈

숙성이 진행되는 동안 치즈는 주변에 존재하거나 치즈 내에 침투한 미생물의 활동으로 변화를 겪는다. 대다수의 치즈는 외피에서 중심부 쪽으로 숙성이 진행되지만, 블루치즈의 경우는 대부분 반대로 중심에서 바깥쪽으로 이루어진다. 치즈는 종류에 따라 각각 외피 솔질이나 세척, 침용, 규칙적으로 뒤집어 주기, 목탄 재 혹은 허브로 표면 씌우기 등의 특별한 관리를 받는다. 몇 개월 이상 소요되는 숙성 기간이 끝나면 치즈는 딱 알맞은 상태로 완성되며, 너무 오래 숙성하면 좋지 않은 풍미가 난다.

생치즈를 제외한 자연 치즈는 숙성을 거치게 되는데 제조 공정에 따라 다음과 같이 나뉜다. 흰 곰팡이 연성 치즈, 껍질을 닦은 연성 치즈, 비가열 압착 치즈, 가열 압착 치즈, 블루치즈, 쉐브르 타입 치즈가 있다.

■ 흰 곰팡이 연성 치즈(Soft and Bloomy Rind Cheese / White Mold Type Cheese)

치즈 표면에 흰 곰팡이를 생육시킨 연질계 치즈이며 응유 효소(Rennet)로 우유를 응고시킨 후 표면의 흰 곰팡이를 얻기 위해 숙성 초기에 페니실륨 칸디둠(Penicillium Candidum) 균을 뿌려 통풍이 잘되는 곳에 4~7일간 놓아둔다. 숙성 기간은 일반적으로 2~3주 정도다. 치즈 제조 과정에서 첨가된 페니실륨 균은 숙성을 거치면서 흰색의 뽀얀 털과 같은 곰팡이로 덮인 외피를 만들어낸다.

> 페니실륨 칸디둠 (Penicillium Candidum)
>
> 페니실륨 카망베르티(Penicillium Camemberti)의 변종으로 전형적인 흰 곰팡인 연성 치즈용 곰팡이다.

곰팡이에 의해 숙성하기 때문에 숙성이 진행되면 내부는 크림과 같은 질감을 나타내며 녹진한 맛을 내는 특징이 있다. 효소가 단백질을 분해하기 때문에 껍질부터 내부 쪽으로 발표가 진행된다. 흰 곰팡이 연성 치즈는 주로 원반형이 많으며 페이스트는 매우 부드럽고 탄력이 있다. 구멍은 거의 없는 편이고 먹었을 때 버터, 버섯 및 견과류의 맛이 느껴진다. 대표적인 것으로는 카망베르 치즈와 브리(Brie), 생앙드레(Saint André), 샤우르스(Chaourc)가 있다.

■ 껍질을 닦은 연성 치즈(Soft and Washed Rind Cheese)

워시 타입의 연성 치즈는 표면을 소금물 등으로 여러 번 씻어내어 숙성한 치즈이다. 주로 소금물로 표면을 닦는데, 이는 부드러운 껍질을 형성해 주고 표면에 자라나는 유해 곰팡이를 제거해 준다. 지역에 따라 와인, 맥주, 브랜디 등과 같은 알코올을 이용하여 표면을 씻어내는데, 이는 치즈를 세균으로부터 보호하며 독특한 맛과 향을 지니면서 숙성이 될 수 있도록 도와주는 역할을 한다. 숙성 기간은 일반적으로 2~4주 정도다.

대부분 원반형 또는 사각형의 모양을 하고 있으며 껍질은 오렌지색을 띤다. 습기가 있고 끈적끈적하며 페이스트는 아이보리색을 띤다. 이 치즈는 껍질에서 코를 자극하는 고약한 냄새가 나기로 유명하다. 반면에 페이스트의 향은 껍질에서 느껴지는 향에 비해 약한 편으로 견과류와 건초의 풍미가 느껴진다. 대표적인 것으로는 프랑스의 문스터(Munster), 에푸아스(Ëpoisses), 숌(Chaume), 랑그르(Langres), 라 바게트(La Baguette), 르 브랭(Le Brin) 등이 있다.

■ 비가열 압착 치즈(Uncooked Pressed Cheese / Semi-hard Type Cheese)

커드를 틀에 넣어 일정한 무게로 눌러 수분을 제거하고 종류에 따라 2개월에서 2년 이상 숙성한다. 숙성하는 동안 표면을 닦아주기 때문에 자연적으로 껍질이 생성되기도 하며 고다(Gouda)나 에담(Edam)과 같이 코팅제를 입혀 인공적으로 껍질을 만들기도 한다. 보통 두꺼운 원반형 또는 사각형 모양이며 페이스트는 숙성이 진행됨에 따라 연한 아이보리색에서 오렌지색으로 변한다. 고다, 에담, 체더(Cheddar), 에멘탈(Emmental), 미몰레트(Mimolette), 그뤼에르(Gruyere), 라클렛(Raclette) 등이 있다.

■ 가열 압착 치즈(Cooked Pressed Cheese / Hard Type Cheese)

커드의 수분을 제거할 때 40℃ 이상에서 가열 후 수분을 제거하고 응고된 덩어리를 틀에 넣고 일정한 무게로 압착하여 또 한 번 수분을 제거한다. 틀에서 꺼낸 치즈는 농도 높은 소금물에 일정 기간 담근 후 꺼내어 수개월에서 수년까지의 숙성 시간을 갖는다. 숙성 과정 동안 정기적으로 표면을 닦아 주는데, 이로 인해 금색에서 다갈색으로 자연스럽게 껍질이 형성된다. 이때 껍질의 두께는 숙성 정도와 비례하며 페이스트는 노란색을 띠며 구멍 또는 균열이 나타나기도 한다. 과일 및 견과류의 향이 지배적이며, 페이스트는 비가열 압착 치즈보다 더 단단한 편이다. 그러나 파다노

(Grana Padano), 파르미지아노 레지아노(Parmigiano Reggiano), 페코리노 로마노(Pecorino Romano), 테트 드 무안(Tete de Moine) 등이 있다.

블루치즈(Blue Cheese)

푸른곰팡이를 번식시켜 숙성한 치즈로 성형하기 전 푸른곰팡이를 섞어 넣기 때문에 외피부터 숙성하는 흰 곰팡이 타입 연성 치즈와는 달리 내피부터 숙성되는 특징이 있다. 페이스트에 청록색의 곰팡이가 존재한다면 제조법에 상관없이 블루치즈로 분류한다. 특히 연질 치즈 및 비가열 압착 치즈에 블루치즈가 많다. 양의 우유로 만든 로크포르 치즈(Roquefort Cheese)를 제외하면 블루치즈는 대부분 우유로 만드는데, 치즈를 만들 때 우유에 페니실륨 로크포르티(Penicillium Roqueforti) 균을 넣어 준다. 또한 소금을 첨가한 다음 페이스트에 구멍을 뚫는데 이는 블루치즈에만 있는 과정이다. 구멍을 뚫으면 공기 중의 산소가 페이스트 내부에 있는 페니실륨 로크포르티 균과 반응하여 페이스트에 대리석의 무늬를 형성하게 된다. 숙성 기간은 보통 2~6개월이다.

블루치즈는 실린더형이 대부분이며 원반형도 볼 수 있다. 페이스트는 흰색에서 아이보리색을 띠며 청록색의 곰팡이가 균일하게 분산되어 있다. 껍질의 유무는 종류에 따라 다르다. 무엇보다 코를 톡 쏘는 자극적인 향이 특징인데 이는 페이스트에 있는 푸른곰팡이 때문이다. 고르곤졸라(Gorgonzola), 로크포르(Roquefort), 포르 뒤 샬뤼(Port de Salut), 엠보그 다나블루(Emborg Danablu), 블루 도베르뉴(Bleu d'Auvergne), 생트 아귀르(Saint Agur) 등이 있다.

쉐브르 타입 치즈(Chevre Type Cheese)

염소의 우유를 이용하여 만드는 치즈로 염소 우유의 독특한 향이 난다. 염소 우유로는 다양한 치즈(생치즈, 흰 곰팡이 연성 치즈, 껍질을 닦은 연성 치즈, 비가열 및 가열 압착 치즈 등)를 만들 수 있다. 염소유를 응고시키는 방법은 생치즈의 경우 유산균을 사용하며 그 밖의 숙성 치즈들은 레닛(Rennet)에 의해 이루어진다. 조직이 부드러워 잘 부서지며 농후하고 크림과 같은 맛을 낸다. 생 모르 카브리핀(Sainte-Maure Cabrifin), 뷔쉐트 쉐브르 몬시르(Buchette de Chevre Mosire), 샤브루(Chavroux), 쉐브르(Chèvre) 등이 있다.

가공 치즈

가공 치즈(Processed Cheese)는 영어로는 '프로세스드 치즈(Processed Cheese)', 프랑스어로는 '프로마주 퐁뒤(Fromages Fondus)'라고도 불리며, '녹인 치즈'라는 뜻으로 가공 치즈의 제조 방법을 사용한 치즈이다. 가공 치즈는 1908년 스위스에서 처음 개발되었다고 전해진다. 스위스는 에멘탈, 그뤼에르 치즈와 같이 물레방아 또는 바퀴(Wheel) 모양의 가열 압착 치즈를 많이 생산하는 나라로도 유명하다. 가공 치즈는 치즈의 수요보다 공급량이 더 많아져 남는 치즈가 생기기 시작하고 먹을 수는 있지만 숙성의 문제로 판매가 부적합한 치즈들도 많아지게 되면서 만들어지게 되었다. 이와 같이 남는 치즈를 재활용하여 만든 것이 가공 치즈로 이 같은 이유로 '오래된 치즈를 위한 치즈'라고 부르기도 한다.

치즈의 종류 중 유일하게 'AOC(Appellation d'Orgine Contrôlée)'나 'AOP(Appellation d'Orgine Protegée)'와 같은 원산지 명칭 보호를 받지 않는다. 별도의 숙성 기간은 없으며 가공 치즈의 모양은 세모꼴, 정육면체, 원형 등 다양하다. 또한 가공 치즈는 껍질이 없는 것이 특징이며 페이스트는 주로 아이보리색으로 매끈하고 반들거리며 구멍은 없다. 주로 크림이나 견과류의 향이 느껴지며 가공 치즈의 맛은 숙성 치즈들에 비해 강하지 않은 편으로 재료에 따라 다양하다. 자연 치즈보다 보존성이 높고 품질이 균일한 특징이 있다.

프랑스 치즈의 AOC 마크

AOC(Appellation d'Orgine Contrôlée, 원산지 호칭 통제) 마크는 프랑스의 농산품과 식료품 분야에서 법규로 통제하는 원산지 명칭이다.

프랑스 와인의 라벨을 살펴보면 표시되어 있는 AOC는 프랑스의 치즈와 버터에도 사용된다. AOC는 와인과 치즈의 원료가 되는 농산물의 원산지를 증명하는 제도로 프랑스 정부는 AOC로 원산지의 명칭과 지리적 한계는 물론 생산 방법까지 규제한다. 이를 통해 각 제품의 특성을 살리고 유명한 지역의 농산물이 다른 곳으로 흘러 들어가거나 유명한 지역에서 다른 곳의 농산물을 구입하여 제품을 만드는 행위를 금지하여 각 지역별로 독특한 고급 제품을 유지할 수 있게 하는 중요한 제도이다. AOC 관리 품목은 와인, 생수, 올리브유, 과일, 채소, 꿀 등이 해당되며 치즈의 경우 1990년부터 AOC를 통해 관리하고 있다.

표. 치즈의 제조 공정에 따른 분류 및 차이점

구분	자연 치즈	가공 치즈
제조 방법	우유를 자연상태 또는 열처리를 하여 젖산 세균, 레닛 등으로 응고한 후 발효 · 숙성시켜 만든 치즈이다.	자연 치즈를 재살균하고 보존제, 첨가물을 넣어 가공하여 만든 치즈이다.
특징	균과 효소가 활성화된 자연 상태로 숙성 기간에 따라 풍미가 다양하고 좋다.	균과 효소를 사멸시켰기 때문에 발효 숙성이 진행되지 않는다.
보관의 용이성	보존 기간이 짧고 유통 관리가 까다롭다.	보관이 용이하고 보존 기간이 길다.
종류	생치즈, 숙성 치즈	슬라이스 치즈, 스트링 치즈, 과일 치즈 등

6) 치즈의 생산지에 따른 분류

프랑스 치즈

■ 카망베르(Camembert)

카망베르는 프랑스의 노르망디 지방 카망베르 마을에서 생산되는 부드러운 연성 치즈이다. 18세기 프랑스 노르망디 마을의 부인들이 나폴레옹에게 대접한 치즈로 유명한 카망베르는 북서부 페이 드 오주(Pays d'Auge)의 작은 마을인 카망베르 지역에서 프랑스 혁명 때 마리 아렐(Marie Harel)에 의해 만들어졌다. 18세기 말 프랑스 혁명의 여파를 피해 도망을 치던 성직자 아베 고베르(Abbé Gobert)가 카망베르 마을에 머물면서 자신을 도와준 마리 아렐에게 답례의 의미로 치즈의 비법을 전수해 준 것이 그 기원으로 알려져 있다.

카망베르는 신선할 때는 부서지기 쉬운 성질을 가지고 있지만 오래될수록 더욱 물렁해지며 맛이 강해지는 특징이 있다. 제조 과정에 가열이나 압착이 없이 흰 곰팡이에 의해 숙성된 치즈로 천연 외피의 연질 치즈로 분류된다. 제조 후 건조되는 과정에서 흰색 페니실린(Penicillin)으로 인해 생겨난 곰팡이를 지니고 있으며 약 3~6주 정도의 숙성 기간을 거친다. 비스킷이나 카나페 등과 잘 어울린다.

브리(Brie)

브리는 일 드 프랑스(Ill-de-france) 지방의 브리 마을에서 우유를 이용하여 생산되는, 견과류, 과일 향이 풍부한 크림처럼 부드러운 연성 치즈이다. 가장 품질이 뛰어난 브리 드 모(Brie de Meaux)와 브리 드 믈룅(Brie de Melun)은 1980년 AOC(원산지 호칭 통제) 제품으로 인증을 받았다. 과일과 견과류, 빵을 곁들여 먹으며 샴페인과 잘 어울린다. 브리치즈의 종류로는 AOC 인증을 받은 브리 드 모와 브리 드 믈룅이 있고 그 밖에 몽트로(Montereau), 쿨로미에(Coulommiers), 낭지스(Nangis)가 있다.

브리와 카망베르의 차이점

브리와 카망베르는 멸균하지 않은 우유를 이용한 생산 방식이 거의 유사하기 때문에 그 맛과 향을 구별하기 어렵다. 두 치즈의 대표적인 차이는 생산 지역, 치즈의 크기와 모양이다.

생산 지역

브리는 일 드 프랑스(Ill de France)의 브리 지역, 카망베르는 노르망디의 카망베르 지역에서 생산된다.

크기 및 모양

브리는 큰 휠(Wheel) 모양으로 생산되지만, 카망베르는 작은 휠 모양으로 생산된다. 크기가 작은 카망베르는 숙성이 빠르게 진행되지만 크기가 큰 브리는 카망베르에 비해 숙성이 다소 더딘 편이다. 따라서 브리의 맛과 향은 카망베르보다 은은한 편이다. 또한 카망베르는 작은 휠 모양 그대로를 나무상자에 통째로 담아 팔지만, 브리는 큰 휠 모양 그대로 팔기보다는 다양한 크기의 웨지 모양으로 잘라 포장하는 경우가 많다. 그러나 오늘날에는 프티 브리(Petit Brie)라 하여 카망베르만큼 작은 크기로 만들어 팔기도 한다.

콩테(Comte)

프랑스 동부 지역인 알프스산맥 콩테 지방에서 생산되기 시작한 콩테 치즈는 생우유를 써서 가열 압착 방식의 경성 치즈이다. 프랑스인들에게 가장 친숙한 치즈로 알려져 있으며 AOC 치즈 중 생산량이 최대이다. 엄격한 품질 관리로 매년 생산량의 일정 비율을 실격시킨 후 통과된 것만 판매한다. 53°C 이하로 가열해 얻은 커드를 압착하여 소금물 세척 과정을 거쳐 숙성시킨다. 온도와 습도가 일정하게 유지되는 창고에서 6개월 정도 숙성하는 과정을 거치고 나면 특유의 향을 갖게 된다. 이후 지하 창고로 옮겨 발효를 거쳐 완성되며 보통 구멍은 2cm로 구멍이 적을수록 더 좋은 치즈로 평가받는다. 고소하고 밝은 호두 향 때문에 대중적으로 인기 있는 치즈로 4~5개월의 숙성한 것을 최고로 친다.

숌(Chaume)

프랑스의 베아른(Béarn) 지방에서 살균 우유를 압착 및 세척한 후 숙성시킨 치즈이다. 페리고르(Perigord)에서 전통적인 방식을 이용하여 만들며 가열하지 않고 커드를 압착한 후 숙성 과정에서 소금물로 세척을 하여 만든 반경성 치즈이다. 보송한 곰팡이가 쌓인 오렌지색 외피를 가지고 있으며 외피에서 쿰쿰한 향이 나지만 페이스트의 맛은 까다롭지 않고 냄새도 절제되어 있고 유연하며 크림과 같은 질감을 가지고 있다. 감자 요리에 사용하거나 오렌지 같은 감귤류와 함께 먹어도 좋으며 과일 향의 레드 와인과 잘 어울린다.

■ 로크포르(Roquefort)

세계 3대 블루치즈 중 하나인 로크포르는 프랑스 남부 로크포르-쉬르-술존(Roquefort-sur-Soulzon) 마을에서 생산되는 블루치즈이다. 만들 때에는 가열한 양유에 레닛을 넣고 응고시킨 후 커드를 잘게 부수고 유청을 분리시킨다. 분리된 덩어리를 치즈 틀(Mold)에 넣고 모양을 잡은 후 주기적으로 틀을 뒤집으며 물기를 빼준다. 10°C 정도로 온도를 유지하며 치즈 표면에 소금을 발라 약 5일 동안 소금 통에 담가 둔다. 이후 치즈 표면에 붙어 있는 소금을 제거하고 바늘을 이용해 치즈의 윗면에서 아랫면까지 40개 정도의 구멍을 내는데 이는 치즈에 공기 Aisle을 만들어 곰팡이가 잘 자랄 수 있는 환경을 만들어 주기 위해서이다.

로크포르 치즈 생산에 이용되는 곰팡이 균은 페니실륨 로크포르티로 치즈가 숙성되는 콩발루(Combalou) 동굴 안 토양에서 자연적으로 서식한다. 이 과정을 거친 치즈는 콩발루 동굴에서 숙성되며 동굴 안은 1년 내내 7~9°C의 온도, 95%의 습도가 유지되는 등 숙성을 위한 최적의 조건을 갖추고 있다. 치즈에 곰팡이가 충분히 피어나면 포일로 감싼 후 숙성을 더욱 촉진시킬 수 있도록 보다 높은 온도에서 저장한다. 숙성에는 최소 3~9개월이 걸리며 숙성이 완전히 끝나면 품질 검사를 거쳐 치즈 표면에 원산지명을 스탬프로 찍고 최종 포장을 한다. 콩발루 동굴에서 숙성된 치즈만을 로크포르라 명명할 수 있도록 규정되어 있다.

1925년에는 그 품질의 우수성을 인정받아 프랑스 최초의 AOC 제품으로 지정되었다. 프랑스에서 로크포르는 콩테 치즈 다음으로 소비량이 많으며 전 세계 90개국으로 수출되고 있다. 푸른곰팡이가 마치 실핏줄처럼 퍼져 있는 모양으로 크림처럼 부드럽고 작은 덩어리로 잘 부서지며 블루치즈 특유의 짭조름하고 톡 쏘는 맛이 특징이다. 견과류나 달콤한 과일, 그리고 소테른 와인처럼 달콤한 와인과 잘 어울린다.

■ 포르 뒤 살뤼(Port du Salut)

프랑스 로렌(Lorraine) 지방에서 생산되는 우유로 만든 세미소프트 치즈이다. 포르 살뤼라는 명칭은 치즈가 개발된 수도원의 명칭에서 따온 것으로 우유를 약하게 압착하여 만든 반연성 치즈로 프랑스 혁명 기간 동안 수도사 일부가 마이엔느 지방의 앙트람므(Entrammes) 수도원에 자리를 잡은 후 마이엔느 부근의 목초지에서 생산된 우유로 치즈를 만들기 시작하였다. 일반적으로 원반형 모양이며 내부는 진한 크림색으로 결이 섬세하고 탄력이 있으며 독특한 맛을 갖고 있다.

스위스 치즈

■ 에멘탈(Emmental)

'스위스 치즈의 제왕'이라 불릴 만큼 스위스 치즈를 대표하는 치즈로 생우유를 가열 압착해 숙성시킨 하드 치즈이다. 15, 16세기부터 에멘탈 계곡에서 가열하고 압착해 만들어온 것으로 사람들의 애호 속에 지금은 여러 나라에서 제조되며 껍질에 'Switzerland'라고 압인된 것이 본고장 스위스 제품이다. 애니메이션『톰과 제리』에 등장하는 치즈가 이 에멘탈로 탄력 있는 조직과 숙성이 진행되면서 '치즈 눈(Cheese Eye)'이라 불리는 특유의 가스 구멍이 특징이다. 발효할 때 3종의 박테리아가 사용되는데 이 중 프로피온산(Propionic Acid)이 온도가 오를 때 탄산가스를 발생시켜 구멍을 만든다. 숙성 과정에 따라 치즈의 맛을 구분할 수 있는데 숙성 기간은 일반적으로 4~12개월까지이며 숙성 기간이 길어질수록 품질이 좋아져 높은 가격에 거래된다.

어떠한 요리에도 잘 어울려 많은 요리에 다양하게 활용되는데, 특히 그뤼에르 치즈와 함께 퐁뒤(Fondue) 요리의 주요한 재료로 쓰이기도 한다. 미묘한 견과류의 향과 함께 약간의 산미를 느낄 수 있으며 향긋한 과일 향의 화이트 와인과 잘 어울린다.

그뤼에르(Gruyere)

스위스 서부 프리부르(Fribourg)의 그뤼에르(Gruyere)를 중심으로 거의 1000년 전부터 생산된 무살균 우유를 사용해 가열 압착하여 숙성시킨 경질 치즈이다. 에멘탈 치즈와 비교했을 때 제조 과정이 조금 더 까다롭다고 알려져 있는데, 소금을 더 사용하고 응고 과정에서 얻어진 커드를 더 크게 토막 내고 더 뜨겁게 데우고 더 세게 압착하며 보다 낮은 온도에서 천천히 숙성시키는 차이가 있다. 에멘탈보다 더 진한 풍미를 갖고 있으며 치즈 눈이 훨씬 작으므로 쉽게 구별된다. 미묘하면서도 세련된 맛이 특징이며 에멘탈에 비해 맛과 향이 강하다. 디저트용으로 애용되며 특히 퐁뒤 요리에 많이 사용된다.

■ 스브린츠(Sbrinz)

스위스의 중앙 지역에서 생우유를 가열 압착해 오랫동안 숙성시킨 하드 치즈이다. 베른주의 고지에 위치한 브리엔츠(Brienz) 마을에서 탄생하여 그 이름이 유래되었다. 유럽에서 가열과 압착의 과정을 거치는 하드 치즈 중 가장 오래된 역사를 가지고 있다. 수레바퀴 모양으로 표면은 매끄럽고 건조한 편이며 질감이 매우 단단하다. 일반적으로 18개월~3년 정도 장기간 숙성하는 과정을 거친다. 치즈 전용 그라인더(Grinder)를 이용하여 종이처럼 얇게 깎아내거나 가루를 내어 파스타에 치는 등 요리에 많이 쓴다.

아펜젤러(Appenzeller)

스위스 동북부 알프슈타인 산맥의 기슭에 있는 아펜젤(Appenzell) 지방에서 생산되는 비가열 압착 치즈로 스위스를 대표하는 고급 치즈 중 하나이다. 브리와 함께 샤를마뉴(Charlemagne) 대제의 식탁에 올랐다고 전해질 만큼 역사가 깊으며 지금까지도 여전히 전통적인 방식으로 생산되고 있다. 태운 버터와 비슷한 향을 지닌 아펜젤러는 세미하드 치즈이지만 질감은 크림과 비슷하다. 산지에서 풍성히 자라는 허브를 먹고 자란 소에서 얻은 우유로 커드를 만들고, 이를 숙성하기 전에 와인, 이스트, 소금에 향신료를 섞은 술츠(Sulz)에 세척하고 그 액으로 반복해서 닦으면서 숙성시킨다. 숙성 초기에는 시원한 맛이, 숙성 후에는 알싸한 맛이 난다고 알려져 있으며, 에멘탈에 비해 겉면의 구멍이 더 작고 적다. 아펜젤러는 짜릿한 향미와 탱탱한 질감 덕분에 퐁뒤를 만들어 먹기에 좋다.

이탈리아 치즈

고르곤졸라(Gorgonzola)

고르곤졸라는 롬바르디아(Lombardia)와 피에몬테(Piemonte) 지역에서 생산되는, 이탈리아를 대표하는 블루치즈이다. 우유에 젖산균, 레닛, 푸른곰팡이 균을 접종하고 우유를 응고시켜 커드를 얻는다. 커드에서 유청을 분리하고 건조시키는 과정에서 소금으로 치즈의 표면을 문질러 준다. 고르곤졸라에 사용되는 곰팡이 균은 페니실륨 글라우쿰(Penicillium Glaucum)이라는 종으로 곰팡이의 증식이 활발해지도록 커다란 금속 바늘로 치즈 곳곳에 구멍을 내준다. 이렇게 치즈에 구멍을 내주면 공기가 통하게 되어 곰팡이가 더 잘 자라게 되며 최소 50일 이상 숙성한다.

고르곤졸라는 냉장 온도에 두면 맛이 강해지는 특징이 있어 먹기 전 30분 정도 상온에 꺼내 둔다. 회색이나 분홍색이 도는 외피는 먹지 않으며, 산화되어 푸른곰팡이가 노랗게 변한 부분은 잘라내고 먹어도 된다. 또한 고르곤졸라를 불에 녹이면 특유의 톡 쏘는 맛이 약해져 강한 맛에 익숙하지 않은 사람들도 먹기 편해진다. 고르곤졸라는 1996년 EU에 의해 DOP(Denominazione di Origine Protetta, 원산지 명칭 보호) 제품으로 인증을 받았으며 롬바르디아와 피에몬테 지방에서만 생산된다. 고르곤졸라는 조리해도 좋으며 특히 호두, 파스타, 시금치와 루콜라 잎과 잘 어울린다.

■ 벨 파에제(Bel Paese)

이탈리아어로 '아름다운 나라'를 뜻하는 이름으로 이탈리아 롬바르디아 지방에서 우유를 압착해 숙성시킨 세미하드 치즈이다. 가열하지 않고 27°C에서 5~7시간 압착해 얻은 커드를 짧은 기간 동안 숙성하여 만든 비가열 압착 치즈로 테이블 치즈로 많이 사용되고, '버터 치즈' 등의 이름으로도 불린다. 부드럽지만 약간 기름지고, 단맛이 나며 크림과 비슷한 질감이 특징이다.

이탈리아의 DOP

프랑스에 치즈의 품질을 보증하는 AOC 제도가 있는 것처럼 이탈리아에도 치즈의 품질을 보장하는 DOC(Denominazione di Origine Protetta) 제도가 있다. 프랑스와 마찬가지로 원산지에서부터 생산 단계까지를 검증하여 국가에서 치즈의 품질을 보장하는 것으로 정부 차원에서 치즈의 엄격한 품질 관리를 하고 있다는 것을 알 수 있다. DOP로 인증받은 식품은 지정된 지역 / 지방(그 식품이 기원이 된 지역)에서 재배된 원료로 만들어지고 그곳에서 포장까지 완성된 제품임을 증명한다. 또한 DOP 인증 제품은 그 지역의 농부, 식품 장인들의 의해 전통방식으로만 만들어졌다는 것을 보장한다.

네덜란드 치즈

에담(Edam)

에담은 네덜란드 북부의 항구도시인 에담(Edam)에서 생산되며 공 모양의 붉은색 왁스 코팅이 된 사과처럼 보이는 비가열 압착 치즈이다. 수출할 때에는 치즈의 보존성을 높이고 동시에 시선을 사로잡기 위해 빨간색으로 코팅을 한다. 간혹 검은색으로 코팅된 에담 치즈를 볼 수도 있으며, 이는 17주~10개월 동안 숙성시킨 것이다. 에담 치즈는 PDO(Protected Designation of Origin, 원산지 명칭의 보호)를 받으며, 이렇게 만들어진 에담 치즈는 '노르트 홀란트 에다머(Noord-Hollandse Edammer)'라고 부르며 다른 에담 치즈에 비해 소금 함량이 적은 것이 특징이다.

에담은 식후 치즈 코스에 제공될 뿐 아니라 다양한 요리에도 활용된다. 크래커나 빵에 잘 어울리며 특히 지방 함량이 낮고 질감이 부드러워 다양한 샌드위치에 활용된다. 숙성 기간이 2~3개월 정도로 짧거나 6개월가량 숙성된 에담은 샌드위치, 카나페, 크로크 무슈(Croque Monsieur), 샐러드용으로, 6개월 이상 오래 숙성된 경우 주로 그라탱, 수플레(Soufflé), 타르트에 많이 사용한다.

크로크 무슈(Croque Monsieur)

흰 빵 사이에 햄과 치즈를 넣고 구워낸 프랑스식 샌드위치이다.

수플레(Soufflé)

머랭과 다양한 재료를 섞어 오븐에서 구워낸 프랑스 요리이다.

고다(Gouda)

고다는 네덜란드 남부 도시 고다(Gouda)에서 이름이 유래되었으며, 버터 빛깔을 띠는 큰 원반형 모양의 비가열 압착 치즈이다. '고다'의 이름은 원산지 명칭의 보호를 받지 못하지만, 네덜란드 북부에서 생산되는 고다 치즈인 '노르트 홀란트 하우다(Noord-Hollandse Gouda)'는 EU의 PGI(Protected Geographical Indication)로 지정되어 있다.

에담과 같은 이유로 치즈에 잡균이 번식하거나 수분이 증발되는 것을 방지하기 위해 왁스 코팅을 하며 일반적으로 노란색 또는 빨간색을 코팅하고 오래 숙성된 고다 치즈에는 검은색 코팅을 입힌다. 숙성 기간이 짧은 고다 치즈에는 맥주가 잘 어울리고 숙성된 고다 치즈는 과일 향이 강한 리슬링 품종의 화이트 와인과 잘 어울린다.

유럽연합의 PDO

유럽연합의 원산지 보호 명칭이며 출처와 품질이 보장되는 PDO(Protected Designation of Origin) 또는 PGI(Protected Geographical Indication)는 안정성, 투명성, 진정성, 레이블링, 보증된 품질 등 엄격한 요구 조건을 통과한 지역들에 부과되는 것으로 유럽의 와인과 치즈를 비롯한 다양한 식품의 지역과 품질을 보증한다.

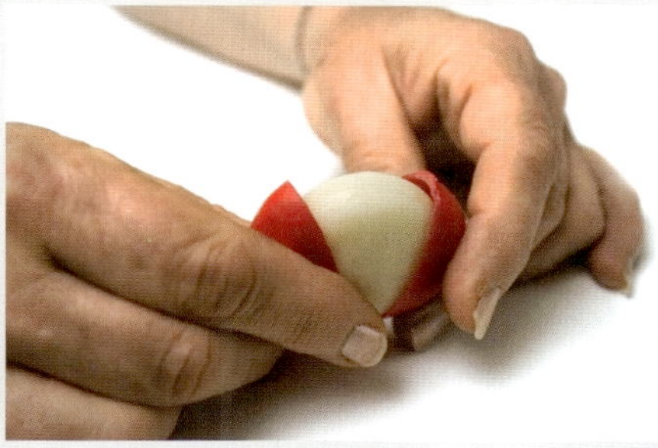

영국 치즈

■ 체더(Cheddar)

영국의 서머싯(Somerset) 지방의 체더(Cheddar) 마을이 원산지로 영국에서 생산이 시작되었지만 미국, 캐나다, 오스트레일리아, 뉴질랜드 등 여러 나라에서도 체더를 생산하고 있다. 제조 도중의 거치는 체더링(Cheddaring)이라는 공정이 특징이며, 숙성 기간은 3~6개월, 때로는 1년 이상 거치는 경우도 있다. 전통적인 체더는 현재 웨스트 컨트리 팜하우스 체더(West Country Farmhouse Cheddar)라는 이름으로 유럽연합의 원산지 보호 명칭인 PDO 목록에 올라있다. 이는 특정 지역의 재료와 전통적인 제조 기법의 기준을 충족하는 체더에만 허용되며 영국의 남서부 지역인 서머싯, 도싯(Dorset), 데번(Devon), 콘월(Cornwall)로 제한된다. 체더는 회색빛이 도는 갈색의 딱딱한 외피를 가지고 있고 내부는 매끄럽고 단단하며 금빛의 노란색을 띠고 있다. 쉽게 녹아 요리에도 많이 활용되며 디저트 와인(Dessert Wine)과 잘 어울린다.

체더링(Cheddaring)

우유에 응유 효소를 첨가하여 응고시켜 얻은 커드를 벽돌 모양으로 잘라 통 안에 차곡차곡 쌓아 뒤집으며 유청를 분리시키고 하나의 치즈로 응착시키는 과정을 말한다.

■ 스틸턴(Stilton)

영국 더비셔(Darbyshire), 노팅엄셔(Nottinghamshire), 레스터셔(Leicestershire) 등지에서 생산되는 스틸턴은 프랑스의 로크포르, 이탈리아의 고르곤졸라와 함께 세계 3대 블루치즈 중 하나이다. 1700년대 레스터셔주 비버(Belvoir)의 목장 책임자인 스틸턴 부인에 의해 만들어졌다고 전해진다. 스틸턴은 체더와 마찬가지로 유럽연합의 PDO 목록에 올라 있으며 PDO에 따라 스틸턴의 생산지역은 더비셔, 노팅엄셔, 레스터셔 3개의 카운티로 제한된다. 저온살균한 우유로 9주간 숙성시켜 만들며 페니실륨 글라우쿰(Penicillium Glaucum)으로 인해 푸른 빛이 대리석 모양으로 퍼져 있는 것이 특징이다. 겹질은 약간 딱딱하고 압착을 거치지 않아 속살은 크리미하고 촉촉하며 로크포르나 고르곤졸라에 비해 짠맛이 덜하고 자극적인 맛이 약하다. 단맛이 있는 디저트 와인, 주정강화 와인, 바디감이 풍부한 와인과 잘 어울리며 세리와인이나 포트와인과 함께 제공되기도 한다.

7) 치즈와 잘 어울리는 빵

Rye Crispbread	Baguette	Matzos	Pumpernickel
	 © Getty Images Bank		
Corn Tortillas	Vollkornbrot	Pretzels	Grissini

8) 치즈 자르는 법

치즈는 미리 잘라 놓으면 치즈 고유의 향을 100% 즐길 수 없기 때문에 먹기 직전에 자른다. 자를 때는 톱질하듯이 여러 번에 걸쳐 자르게 되면 치즈의 잘린 단면이 매끄럽지 못하고 균열이 생길 수 있으므로 힘을 주어 한꺼번에 자르도록 한다. 또한 치즈는 각각의 고유의 향이 있는 섬세한 음식이므로 하나의 나이프를 계속 사용할 경우 치즈 고유의 향이 섞이게 되므로 하나의 나이프로 여러 종류의 치즈를 자르지 않도록 유의한다.

- 카망베르, 에담, 고다 등의 둥근형 치즈는 중심에서 바깥쪽으로 부채꼴로 자른다.
- 체더, 에멘탈, 그뤼에르, 콩테 등 각진 치즈는 3mm 정도로 얇게 썰며 양 끝부분은 대체로 딱딱하게 굳어 있으므로 제공하지 않는다.
- 브리, 숌, 포르 뒤 살뤼 등의 삼각형 치즈는 가로와 세로 방향으로 자른다.
- 블루치즈는 부채꼴 원형대로 잘라 푸른곰팡이 부분을 골고루 제공한다.
- 부르생과 같이 부드럽고 크리미한 유형의 생치즈는 티스푼을 이용하여 뜨듯이 접시에 담아 낸다.

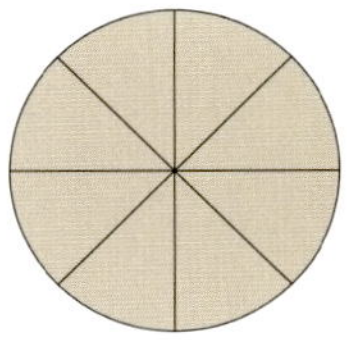		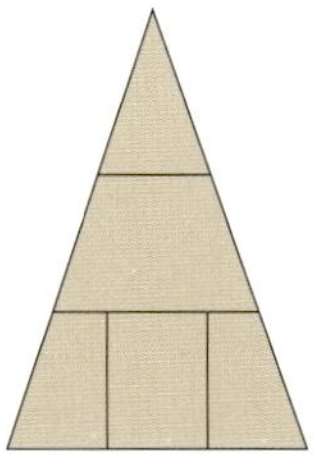	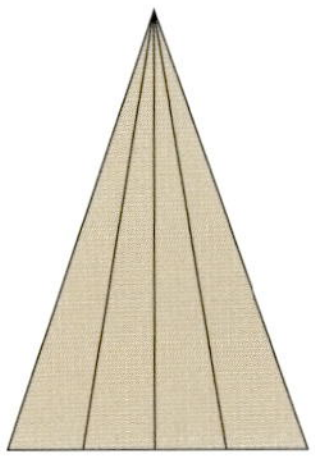	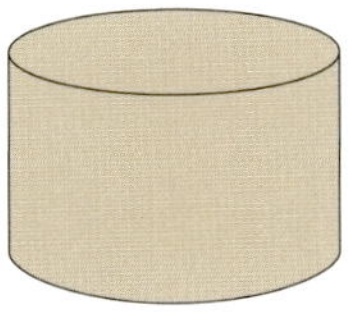
에담, 고다, 카망베르	체더, 에멘탈, 그뤼에르, 콩테	브리, 숌, 포르 뒤 살뤼	블루치즈	부르생

9) 치즈 보관법

건냉한 곳에서 보관한다

치즈는 살아 있는 생명체를 함유하고 있고 영양가가 높은 만큼 미생물의 좋은 배양지가 되어 부패될 우려가 높다. 지방 함량이 많아 높은 온도에서 보관하면 지방이 쉽게 분리되고 공기 중에 오래 방치하면 쉽게 산화·분해되므로 직사광선을 피하고 통풍이 잘되는 건냉한 곳에 보관해야 한다. 치즈의 보관 온도는 3~5℃가 가장 이상적이며 0.5℃ 이하에서는 냉동되어 조직이 푸석푸석해지고 부서지게 되므로 얼지 않도록 보관에 유의한다.

밀착 포장하여 보관한다

자연 치즈는 젖산균 등의 발효 미생물이 그대로 살아 있으므로 오래 보관할 경우 지나치게 숙성되어 품질이 저하된다. 공기와 접촉한 치즈는 표면이 건조하여 단단해지거나 곰팡이가 생기기 쉬우므로 밀폐된 용기에 넣거나 포일이나 랩으로 밀착 포장하여 냉장고에 보관한다. 치즈는 표면에 곰팡이가 생겼더라도 표면의 일부일 경우 그 부분을 잘라내고 사용하면 된다. 치즈의 고유한 맛과 부드러움을 되살리기 위하여 한 시간 전에 실온에 보관했다가 먹는 것이 좋지만 생치즈나 연성 치즈는 저온 상태로 먹어야 맛과 질감이 좋다.

물기가 닿지 않도록 한다

치즈는 서늘하고 건조한 환경에서 보관하더라도 온도나 습도가 일정하게 유지되지 않을 경우 외관에 물방울이 생겨 곰팡이가 쉽게 생길 수 있으므로 물기가 닿지 않도록 유의한다.

10) 치즈 먹는 방법

- 치즈는 단맛의 요리가 나오기 전에 먹는다.
- 대부분의 치즈는 향과 맛을 제대로 즐기기 위해 실온으로 먹는다.
- 냉장 보관한 치즈는 먹기 1시간 전에 미리 꺼내어 두는 것이 좋다.
- 생치즈의 경우 차갑게 먹는 것이 좋다.
- 숙성된 자연 치즈는 작은 조각으로 잘라서 소량으로 즐긴다.
- 자연 치즈는 제조 시 숙성 기간을 오래 거치므로 작은 조각으로 잘라 최대한 치즈 내면이 공기와의 접촉으로 맛과 향이 살아나도록 한다.
- 치즈는 각 종류마다 맛과 향이 독특하므로 자를 때 나이프를 각각 따로 사용하여 서로의 맛과 향이 섞이지 않도록 해야 한다.
- 치즈는 와인과 절대적 조화를 이루는 좋은 식품으로 와인에 따라 어울리는 치즈를 선택하도록 한다.

8

디저트

식사의 마지막을 장식하는 '디저트(Dessert)'의 어원은 '데세르비르(Desservir, 서빙되었던 것을 치우다)'에서 온 것으로, 결과적으로 이전까지 식탁에 제공되었던 음식과 그에 관련된 커틀러리들을 모두 거두어들인 뒤 제공하는 모든 음식을 지칭한다. 디저트는 식사를 화려하게 장식해 주는 역할을 하며, 시각적인 측면이 고려되어 색깔, 장식 등에 섬세하게 주목하여 만들어진 요리이다. 또한 요리의 재료나 양이 이전에 제공된 요리와 조화를 이루어야 한다.

앙트르메 (Entremets)

서양식 정식 코스에서 로스트(Rôti) 다음에 제공되는, 디저트 중 단맛이 나는 과자를 의미한다.

프랑스 요리에서 말하는 앙트르메(Entremets)는 원래 정식 식사에서 요리 사이에 내는 음식이었으나 현재는 식사 후의 후식을 의미한다. 앙트르메는 이미 끝마친 요리의 맛을 효과적으로 돋우기 위한 것으로, 그 종류가 많다. 주로 달걀·설탕·우유·크림·양주·과일·너트·향료 등을 사용하여 만드는데, 뜨거운 것과 찬 것으로 나뉜다. 뜨거운 것을 '앙트르메 쇼(Entremets Chaud / Hot Dessert)'라고 하는데, 수플레, 푸딩 등이 있다. 그리고 차가운 것은 '앙트르메 프루아(Entremets Froid / Cold Dessert)'라고 하며, 냉과와 아이스크림이 있다. 뜨거운 디저트와 차가운 디저트 모두, 제공할 때는 더운 것을 먼저 내고 찬 것을 후에 제공하는 것이 순서이다.

1) 과일

디저트 중 과일은 풍성함과 신선함을 가져다주며 80~89% 수분으로 구성되고 비타민, 칼륨, 섬유소 등의 영양소를 함유하고 있다. 일반적으로 생으로 먹고 샐러드에 사용되기도 하는데, 제철 과일이 당도가 높고 맛이 좋다. 전채요리, 샐러드의 곁들임, 스위트 디저트(Sweet Dessert) 등의 조리 재료로도 많이 쓰인다.

열대 과일(Tropical Fruit)은 열대 지역과 아열대 지역에서 나는 과일 작물로 냉해에 대한 저항성이 약하여 10℃ 이하에서는 생육이 어려운 과일 작물을 의미한다.

주로 열대 과일 작물은 20℃ 이하에서는 생육이 멈추고 생존을 위한 평균 최저 기온이 10℃ 이상이 되어야 하며 망고스틴, 두리안, 람부탄 등이 있다.

아열대 과일 작물은 찬 아열대 지역에서 자라며 겨울에는 성장을 멈추고 봄이 되면 다시 성장하는 작물로 귤류가 대표적이다.

멜론

갈증 해소에 좋은 멜론(Melon)에는 다양한 종류가 있다. 향이 강한 머스크(Musk Melon) 외에도 캔털루프(Cantaloupe), 허니듀(Honeydew), 카사바(Casaba) 등이 있다. 이 중 허니듀는 단맛이 가장 강하기로, 카사바는 향이 없기로, 캔털루프는 미국에서 가장 즐기는 멜론으로 유명하다. 수박에 비해 단백질이 2~3배, 비타민은 2배, 식이섬유는 9배 정도 많이 들어 있으며, 과육 성분의 약 90%가 수분이므로 갈증을 해소하는 데 좋다. 또한 칼륨이 풍부하여 이뇨 작용, 항산화 작용을 하며 나트륨 배출을 돕는다.

- 캔털루프(Cantaloupe): 대표적인 미국산 멜론의 일종으로 멜론 겉에 그물눈이 없고 혹 모양의 돌기가 있다. 일반 멜론에 비해 항산화 물질인 베타카로틴이 더 많이 함유되어 있으며 과육은 오렌지색이다.
- 네트 멜론(Netted Melon): 가장 대표적인 멜론으로 향기가 강하며 열매의 겉이 그물처럼 갈라져 있는 형태이다. 과육은 녹색이거나 노란빛이 도는 분홍색을 띤다.
- 허니듀(Honeydew): 감로멜론이라고도 하며 초록빛이 도는 크림색을 띠는 매끈한 껍질과 두껍고 녹색인 과육이 특징이다.
- 머스크멜론(Musk Melon): 네트 멜론의 일종으로 강한 향기를 가지고 있다. 과육에 사향 냄새가 나며 두꺼운 껍질과 오렌지색 과육이 특징이다.
- 카사바 멜론(Casaba Melon): 천천히 후숙하여 즐기는 겨울 멜론이며 후숙이 진행되면서 껍질이 노랗게 변하는 것이 특징이다. 다른 멜론에 비하여 향이 강하지 않고 많이 달지 않지만 후숙을 하는 동안 과육이 부드러워진다.

파파야

파파야(Papaya)는 아메리카 열대지역이 원산지이며 열량이 낮고 비타민 C, 카로티노이드가 풍부하다. 녹색을 띨 때는 채소처럼 사용되며 후숙하여 과일로 먹는다. 유럽에서는 잼이나 주스, 열대과일 샐러드의 재료로 많이 사용되며, 잘 익은 파파야는 멜론과 같이 전채요리로 제공되기도 한다. 또한 위장의 부담을 덜어주는 효능이 있어 식후 디저트용으로 좋으며, 일부 지역에서는 익지 않아 녹색을 띠는 파파야 열매를 채소 대용으로 볶음 요리에 사용하기도 한다. 파이, 셔벗, 샐러드, 주스 등의 재료가 되기도 하며 즙이 많고 상큼한 과육에 럼(Rum)을 약간 더하면 풍미를 더욱 높일 수 있다.

포멜로

중국 자몽(Chinese Grapefruit)이라 불리기도 하는 포멜로(Pomelo)는 자몽(Grapefruit)과 생김새가 유사한 만다린(Mandarin), 시트론(Citron), 파페다(Papeda)와 같은 감귤과의 원종 중 하나이다. 포멜로는 품종 개량 시에 자주 이용되는데, 만다린과 포멜로의 자연 교배종이 오렌지(Orange)이며 오렌지가 포멜로와 역교배된 것이 자몽이다. 포멜로는 자몽과 향과 맛이 비슷하지만 감귤류가 가진 특징인 강한 신맛이 아닌 약한 신맛과 단맛을 갖고 있으며 과육의 조직이 연하다. 과육의 알맹이가 샐러드, 음료, 마멀레이드, 잼 등의 재료로 쓰이거나 요리의 장식용으로 활용된다.

람부탄

말레이시아가 원산지인 람부탄(Rambutan)은 동남아시아 전역에서 주로 재배된다. 말레이시아어로 '털이 있는 열매'라는 의미인 람부탄은 돌기로 덮인 모양 때문에 지어진 이름이다. 두껍고 붉은 껍데기에는 돌기 모양의 털이 나 있으며, 반투명한 살은 달콤하지만 리치보다 향은 덜한 편이다.

키위

중국이 원산지로 1900년대 초 중국으로부터 뉴질랜드에 전해졌으며 개량을 거듭하여 오늘날 키위(Kiwi)가 되었다. 열매 형태가 갈색 털로 덮여 있어 뉴질랜드에 서식하는 '키위'라는 새와 닮아 키위라는 이름이 붙여졌다고 전해진다. 우리나라에서도 1970년대 후반 뉴질랜드에서 묘목을 수입한 후 개량하였으며 참다래(양다래)라는 이름으로 불리고 있다.

키위는 혈당지수인 GI 수치가 매우 낮은 식품으로 칼로리에 비해 GI 지수가 낮아 천천히 흡수되는 장점이 있다. 골드키위에는 오렌지의 2배에 달하는 비타민 C, 사과의 6배나 되는 비타민 E, 풍부한 엽산 그리고 칼륨, 칼슘, 인 등 무기질이 다량 함유되어 있다.

오렌지

오렌지(Orange)는 밝은 적황색의 껍질과 둥근 열매를 갖고 있으며 스위트오렌지(Sweet Orange, Citrus Sinensis), 사워 오렌지(Sour Orange)가 있다. 스위트오렌지가 가장 대중적이며 네이블오렌지, 발렌시아 오렌지가 있다. 발렌시아 오렌지는 세계에서 가장 많이 재배하는 품종으로 즙이 풍부하여 주스로 가공하고, 네이블오렌지는 캘리포니아에서 재배하며 껍질이 얇고 씨가 없는 것이 특징이다. 스위트오렌지는 다과용과 주스용으로 이용되기도 하며 샐러드의 곁들임, 디저트의 재료로 사용된다. 사워 오렌지는 신맛이 강하여 마멀레이드, 향미료 따위로 사용된다. 오렌지는 비타민 C가 풍부하여 항산화 작용이 뛰어나며 면역 기능을 강화시키는 등 감기 예방, 피부 미용에 좋다.

망고스틴

망고스틴(Mangosteen)은 말레이시아가 원산지로서, 귤 크기의 둥근 모양으로 두꺼운 과피 속에 들어 있는 흰색 과육은 맛이 섬세하고 향이 좋으며, 5~6쪽으로 나누어져 있다. 잘 익은 망고스틴의 과피를 반으로 쪼개어 안의 과육을 그대로 먹는다. 또 잼, 셔벗, 샐러드의 곁들임으로 사용하기도 한다.

리치

리치(Litchi)는 중국 대륙 남부가 원산지이며, 동남아시아, 아시아, 인도양 지역 국가에서도 재배된다. 중국어 '리치[荔枝]'를 영어식으로 옮긴 '리치'라는 이름으로 많이 알려져 있으며 하트와 비슷한 모양으로 잘 익은 리치는 선홍색을 띤다. 엄지와 검지로 과일의 껍질을 벌리면 얇은 껍질이 쉽게 제거되고 약간 투명하며 크림색의 과육이 나온다. 생과로 유통되는 기간이 비교적 짧아 과육을 주로 통조림 형태로 유통한다. 우리나라의 경우도 냉동된 과육이 유통되며 중국 요리의 후식으로 자주 등장한다. 달고 신맛이 약간 있으나 단맛에 가려져서 거의 느낄 수 없을 정도이다.

구아바

구아바(Guava)의 원산지는 남아메리카 열대지방인데 아열대 지방(인도, 필리핀, 오키나와)에서도 재배된다. 과육은 즙이 많으며 초록색은 신맛이 강하고 잘익은 노란색은 향긋하고 달다. 생식으로 주로 먹고 주스, 통조림, 젤리, 잼, 차의 재료로도 사용된다. 또한 비타민 C, E, K, 리코펜, 칼륨, 니아신, 엽산 등의 영양소가 풍부하다.

두리안

열대과일의 왕으로 알려진 두리안(Durian)은 말레이시아, 인도네시아, 태국 등 동남아시아가 원산지이다. 달걀형으로 생긴 열매는 표면이 수많은 가시로 덮여 있으며 말레이어로 '가시'를 의미하는 '두리(Duri)'에서 이름이 붙여졌다고 한다. 과육은 포므롤(Pomerol)과 비슷하고 맛이 좋으나, 대중교통이나 호텔에 가지고 들어가는 것이 금지될 정도로 독특하고 자극적인 냄새가 특징이다. 두리안 열매는 섬유질, 비타민, 미네랄이 풍부하며 완숙 후 껍질에 균열이 가기 시작할 때 생과일 그대로 스푼으로 떠먹거나 전채요리, 디저트로 먹는다. 또한 과육을 얼려 아이스크림처럼 먹기도 하고 스무디, 카푸치노, 밀크쉐이크의 재료로도 사용된다.

포므롤(Pomerol)

강인하고 묵직한 입안에 여운이 오래 남는 벨벳(Velvet) 색의 레드 와인(Red Wine)으로 아주 독특한 향이 있다.

망고

망고(Mango)는 인도 및 인근지역에서 수천 년간 재배해 온 것으로 전해지며 기원전 4~5세기에 동아시아로 전파되어 아시아의 열대 지역과 아열대 지역에서 널리 재배한다. 우리나라의 경우, 제주도의 하우스 감귤과 함께 재배한 망고가 유통되고 있다. 크기가 다양하고 둥근 모양, 달걀형 또는 끝이 뾰족한 모양으로 과육은 납작한 씨에 붙어 있으며 주황색으로 즙이 많고 향이 좋다. 비타민, 칼륨, 인, 구리, 철 등이 풍부하며 잘 익은 망고는 생과일로 먹고 샐러드의 곁들임으로 활용하는 등 다양한 요리에도 사용된다. 또한 주스, 셔벗, 아이스크림, 잼, 마멀레이드, 쿠키, 파이, 칩, 생과를 건조한 건조 망고 등 다양한 상품으로 개발되어 유통되고 있다.

체리

체리(Cherry)는 아시아 동부에서 많이 재배되며 벚나무의 열매로 '버찌'라고도 부른다. 체리는 여름이 제철로, 인류가 길러온 가장 오래된 과일 중 하나로 꼽히는 과일이다. 동그란 심장형의 모양으로 열매의 색깔이 노란색, 붉은색, 검은색에 가까운 붉은색 등 다양하다. 체리에는 딸기의 6배, 사과의 20배에 달하는 철분이 풍부하게 함유되어 있을 뿐만 아니라 비타민, 칼슘, 인, 섬유질, 포타슘 등이 다량 들어있어 암을 예방하고 노화를 방지하는 효과가 있다. 체리는 생으로 먹거나 콩포트(Compote),

콩포트(Compote)

과일을 설탕에 조려 만든 프랑스 디저트로 우리나라의 잼과 유사하다.

과일 화채나 샐러드의 곁들임으로 사용되며 알자스나 독일에서는 수프의 재료로 활용되기도 한다.

배

배(Pear)는 시원하고 단맛이 있는, 일찍부터 식용된 과일이다. 유럽, 미국, 호주, 칠레 등에서 재배되는 서양배, 우리나라와 일본에서 주로 재배하는 남방형 동양배, 그리고 중국배로 나뉘며 생김새과 맛이 각각 다르다. 일반적으로 껍질을 깎아 생과일로 즐기는데 깎아놓은 과육 안에 있던 효소가 공기와 만나 색깔이 갈색으로 변하게 되며, 이를 갈변이라 한다. 따라서 기내에서 생과로 제공되는 경우 갈변을 방지하기 위해 설탕물이나 소금물에 담그는 등의 갈변 방지 처리를 하여 준비된다. 배를 이용한 디저트로는 젤라틴을 사용하여 만든 샤를로트(Charlotte), 크루트(Croute), 무스(Mousse), 수플레, 타르트 등이 있고 콩포트, 잼, 아이스크림, 셔벗, 배숙 등으로 즐긴다. 알칼리성 식품으로 탄수화물이 주성분이고 유기산, 비타민 B와 비타민 C, 섬유소, 지방 등이 함유되어 있다.

샤를로트(Charlotte)

123쪽 참고

크루트(Croute)

'Croute'는 프랑스어로 '빵 껍질'을 의미하며, 토스트하거나 튀긴 빵 조각을 도려내어 음식을 채운 것이다.

무스(Mousse)

123쪽 참고

배숙

껍질을 벗겨 자른 배에 통후추를 드문드문 박고 설탕물에 넣어 서서히 끓여 익힌 음료이다.

파인애플

파인애플(Pineapple)은 파인애플과에 속하는 아메리카의 열대 식물로 중앙아메리카와 남아메리카 북부에서 재배된다. 품종은 100여 종이 있으며 가시가 없는 품종으로는 스무스카이엔(Smooth Cayenne), 가시가 있는 품종에는 레드스패니시(Red Spanish)가 있다. 파인애플은 생과로 즐기며 지방이 많은 육류에 넣어 단맛과 짠맛의 조화를 이루게 하는 요리의 재료로도 활용된다. 디저트, 케이크 등에는 통조림 제품을 주로 사용하며 비타민이 풍부하여 피로회복에 도움을 주고 효소 성분이 소화와 연육 작용을 돕는 역할을 한다.

용과

용과(Pitahaya, Dragon Fruit)는 선인장 열매의 한 가지로 원산지는 중앙아메리카 열대지역이며, 우리나라 제주에서도 재배된다. 열매가 열린 모습이 용의 모습, 혹은 용이 여의주를 물고 있는 형상과 비슷하다 하여 드래곤 푸르트라 불리기도 한다. 진한 분홍색인 외피에는 뾰족뾰족 잎 같은 돌기가 나 있고 반으로 쪼개 보면 키위의 씨같이 작고 까만 씨가 알알이 박혀 있다. 우리나라에서는 과육이 하얀 것을 주로 볼 수 있으며 품종에 따라 붉은색과 노란색을 띠는 것들도 있다. 칼륨과 인이 풍부하며 항산화 영양소인 비타민 C도 사과와 배의 2배 정도 들어 있다.

사과

전 세계에서 가장 많이 재배되는 사과(Apple)는 원산지가 서남아시아이며, 유럽에서는 이미 선사시대부터 야생으로 자라고 있었던 것으로 알려진다. 알칼리성 과일로 칼로리가 적고 식이섬유, 칼륨, 수용성 식이섬유인 펙틴(Pectin), 페놀산(Phenolic Acid), 케르세틴(Quercetin), 비타민 C 등이 다량 함유되어 있다. 주로 생과로 즐기며 주스, 잼, 식초, 파이, 타르트, 젤리, 무스, 셔벗 등의 재료로도 활용된다. 또한 칼바도스(Calvados)와 같은 증류주나 시드르(Cidre), 파티세리 등 다양하게 사용된다. 배와 마찬가지로 기내에서 생과로 제공되는 경우 설탕물이나 소금물에 담그는 등의 갈변 방지 처리를 하여 준비된다.

칼바도스(Calvados)

프랑스 칼바도스 데파르트망(Calvados Department)에서 생산한 사과를 원료로 하여 만든 브랜디이다.

시드르(Cidre)

사과로 만든 술로서, 발포성(發泡性)이 있으며, 단맛이 약간 난다.

표. 기내식으로 제공되는 과일의 종류

 *					
Honeydew	Musk Melon	Cantaloupe	Papaya	Pomelo	Rambutan

Kiwi	Orange	Mangosteen	Litchi	Guava	Durian

Mango	Cherry	Pear	Pineapple	Pitahaya	Apple

* Yodaswaj / iStock / Getty Images Plus

2) 스위트 디저트

디저트는 치즈까지 포함하여, 달콤한 음식(케이크, 파티세리, 아이스크림 등)과 치즈 다음에 제공되는 과일을 통칭한다. 고대인들은 식사를 하면서 마지막으로 생과일이나 건과일, 꿀 또는 유제품 등을 곁들였고, 중세 프랑스에서는 주요 스위트 디시(Sweet Dish)들이 육류 요리 사이 제공된 것에서 유래되었다는 설이 전해진다. 프로즌 디저트(Frozen Dessert), 콜드 디저트(Cold Dessert)와 같은 찬 것은 앙트프메 프루아(Entremets Froid)라 하고 하며, 뜨겁게 내는 핫 디저트(Hot Dessert)는 앙트르메 쇼(Entremets Chaud)라고 한다. 콜드 디저트와 핫 디저트를 모두 낼 때는 핫 디저트를 먼저 내는 것이 순서이다.

프로즌 디저트

아이스크림(Ice Cream)

크림에 향료 및 부재료를 혼합하여 얼린 대표적인 디저트로 서양 요리의 디저트로 이용되었으나 오늘날에는 기호품으로도 널리 이용된다. 충분히 동결시킨 것을 하드 아이스크림이라 하며, 제품의 모양과 포장 용기, 가공 원료와 가공법에 따라 종류가 다양하다. 소프트 아이스크림은 충분히 동결시키지 않은 부드러운 형태를 말하며 물의 약 70%가 얼음 결정으로 되어 있고, 나머지 물은 동결되지 않은 채로 만들어지며 형태가 불안정하며 무른 것이 특징이다.

a_namenko / iStock / Getty Images Plus

Yue_ / iStock / Getty Images Plus

젤라토(Gelato)

젤라토는 이탈리아어로 '냉동(Frozen)'이라는 의미를 지니며 일반적인 아이스크림보다 유지방은 적지만 당분이 높은 이탈리아식 아이스크림이다. 공기 함량이 낮게 가공하여 질감이 쫀득하고 맛과 향이 진하다.

표. 아이스크림과 젤라토의 차이

구분	아이스크림	젤라토
난황의 함유	난황이 포함되어 있다. (유지방 10~14%)	난황이 거의 포함되어 있지 않다. (유지방 4~7%)
공기의 함유(Overrun)	약 50% 이상 공기를 함유되어 있다.	약 25~30% 공기를 함유되어 있다.
보관상태	영하 25℃ 이상	영하 14~16℃
당도	25% 이상	18~20%
제조 형태	인공 감미료, 색소, 보존제, 향료 사용	천연 농축 원료
특징	딱딱하고 단단하다.	부드럽고 쫀득하다.

■ 그라니타(Granita)

시칠리아섬에서 유래된 디저트로, 딸기, 라임, 레몬, 수박, 오렌지, 자몽 등의 과일에 설탕, 와인 또는 샴페인을 넣은 혼합물을 얼린 이탈리아식 아이스크림이다. 프랑스에서는 '그라니테(Granité)'라고 부른다. 유사한 디저트인 셔벗의 경우 과일의 당도가 높은 편이라서 입자가 곱지만, 그라니타는 셔벗에 비해 입자가 거칠고 신맛이 나는 것이 특징이다.

세미프레도(Semifredo)

이탈리아어로 '반쯤 차갑다'라는 뜻의 세미프레도는 젤라토와 같은 일반 아이스크림과는 달리 공기를 불어넣지 않은 채로 얼리는 것이 특징이다. 푸딩과 케이크와 비슷한 질감으로 아이스크림 케이크와 같이 시원하면서도 부드러운 이탈리아의 아이스크림이다.

돈두르마(Dondurma)

높은 점성을 가진 터키식 아이스크림으로 아이스크림에 아라비아 고무라 불리는 매스틱(Mastick) 식물 수지를 첨가하는데 이 때문에 아이스크림을 조밀하게 만들어 쫄깃하고 덩어리진 질감을 만들어 낸다.

BGStock72 / Shutterstock.com

아포가토(Affogato)

아이스크림 위에 진한 에스프레소(Espresso)를 얹어 내는 디저트로 일반적으로 바닐라 아이스크림에 뜨거운 에스프레소를 얹어 내는 것을 말한다.

파르페(Parfait)

프랑스어로 파르페는 '완벽하다'라는 뜻으로 아이스크림을 긴 컵에 담아 거품을 낸 생크림과 잘게 썬 과일, 초콜릿 크림 등을 넣고 윗부분을 장식하여 스푼으로 섞어 가며 먹는 빙과류의 디저트이다.

Sarsmis / iStock / Getty Images Plus

■ 선디(Sundae)

한 컵 정도의 아이스크림 위에 시럽 등을 뿌려 먹는 빙과의 한 종류로 설탕 조림한 과일이나 초콜릿을 얹어 먹는다.

TheCrimsonMonkey / iStock / Getty Images Plus

■ 셔벗(Sherbet)

과즙에 설탕, 향이 좋은 양주, 난백, 젤라틴 등을 넣고 잘 섞어서 얼려 굳힌 것으로 서양식 정찬 코스에서 입맛을 새롭게 하기 위하여 앙트레와 로스트 요리의 중간에 내는 것으로, 오늘날에는 디저트로도 이용되며 이는 소화를 돕고 입맛을 상쾌하게 해준다.

■ 소르베(Sorbet)

우유를 첨가하지 않고 과즙과 설탕만으로 얼린 디저트이다.

Nadezhda_Nesterova / iStock / Getty Images Plus

> **셔벗과 소르베의 차이**
>
> 셔벗과 소르베는 동일한 어원에서 나온 단어들이지만 둘은 엄연히 서로 다른 식품이다. 소르베는 우유를 첨가하지 않고 과즙만으로 만든 얼린 디저트를 뜻하고, 셔벗은 우유를 첨가한 아이스크림에 가까운 디저트를 말한다.
>
> 셔벗은 과일, 우유 또는 크림과 같은 유제품으로 단맛을 낸 냉동 디저트이다. 아이스크림의 경우 10%의 유지방을 포함하는 반면, 셔벗은 1~2%의 유지방을 포함한다. 소르베는 과일과 설탕을 이용하여 만들며 우유, 크림, 기타 유제품은 사용하지 않는 차이가 있다.

콜드 디저트

■ 바바루아(Bavarois)

바바루아는 푸딩의 일종으로 차게 즐기는 앙트르메(Entremets)이다. 독일 바이에른 귀족의 집에서 일하던 조리사가 우유, 설탕, 달걀, 젤라틴, 휘핑크림을 이용해 만든 것에서 유래되었다고 전해진다. 거품을 낸 크림과 달걀흰자, 젤라틴을 섞어 차게 식혀 만들며, 무스와 유사하지만 바바루아는 우유나 크림을 먼저 끓인 다음 휘저은 노른자에 부어 만든다는 점에서 차이가 있다.

■ 무스(Mousse)

무스는 프랑스어로 '거품'을 의미하는 말로, 거품 내어 젤라틴과 필요한 재료를 넣어 부드럽게 만든 후 찬 곳에 두어 굳혀서 사용하는 디저트이다. 다양한 재료를 사용하여 여러 가지 메뉴로 만들어 낼 수 있는 계절 디저트이다.

■ 샤를로트(Charlotte)

현대식 파티세리의 일종인 샤를로트는 비스킷이나 케이크로 테두리를 만들고 과일, 무스, 커스터드 크림, 젤리 등을 채운 케이크이다. 프랑스 여성들이 즐겨 쓰던 보닛(Bonnet)풍의 모자인 샤를로트와 비슷하다고 하여 붙여진 이름으로 따뜻한 것과 차가운 것 두 종류로 나뉜다.

아뮈즈 부슈(Amuse Bouche)

한입 크기의 전채를 의미하며 식전에 제공하여 식욕을 돋우는 역할을 하는 메뉴이다. 메뉴에 소개되지 않고 셰프가 정하여 따로 가격을 지불받지 않고 대접하며 셰프의 실력과 스타일을 읽을 수 있다.

에클레르(Eclair)

프랑스를 대표하는 디저트로 슈 페이스트리(Choux Pastry) 반죽을 길쭉한 손가락 모양으로 만들어 오븐에 구워낸 뒤 속을 크림이나 초콜릿 크림으로 채워 초콜릿 아이싱(Chocholet Icing)을 바른 페이스트리이다.

타르틀레트(Tartlet)

작은 타르트로 과일이 들어있는 파이이다.

퐁당 아이싱(Fondant Icing)

케이크 등의 겉면에 쓰이는 설탕 기반의 아이싱이다.

머랭(Meringue)

설탕과 달걀흰자를 2:1 비율로 첨가하여 단단해질 때까지 거품 낸 파티세리 혼합물이다.

프티푸르(Petit Four)

과일을 사용한 냉과로 디저트나 커피를 낼 때 곁들이는 미니 사이즈의 다양한 파티세리의 총칭으로 '프티(Petit)'는 '작다'라는 뜻이 있고, '푸르(Four)'는 '오븐'을 뜻한다. 티타임에서 아뮈즈 부슈(Amuse Bouche)나 디저트로 활용되는 프랑스 전통 요리이다.

- 프티푸르 프레(Petit Four Frai): 크림과 신선한 과일을 재료로 만들며 슈(Choux), 에클레르(Eclair), 타르틀레트(Tartlet) 등이 있다.
- 프티푸르 글라세(Petits Fours Glacés): 밀가루, 설탕, 달걀, 버터로 만든 케이크인 제누와즈(Genoise) 또는 롤케이크 반죽을 구워 초콜릿이나 잼으로 표면을 감싸 만든 후 아기자기한 장식을 올린다.
- 프티푸르 데귀제(Petits Fours Deguise): 과일이나 견과류에 퐁당 아이싱(Fondant Icing)이나 초콜릿을 입혀 만든다.
- 프티푸르 섹(Petits Fours Sec): 작은 쿠키나 비스킷 등의 마른 과자이며 머랭(Meringues), 마카롱(Macaron), 다쿠아즈(Dacquoise), 갈레트(Galette), 튈(Tuile) 등이 있다.

Eclair

Meringue

Macaron	Dacquoise

Galette	Tuile

- 프티푸르 살레(Petits Fours Salé): 작은 크기로 구워 바게트나 크루아상 속을 각종 채소, 앤초비, 치즈, 훈제 연어 등으로 채운 것으로, 소금 맛이 난다.

핫 디저트

수플레(Soufflé)

거품 낸 달걀흰자에 밀가루, 우유, 기타 부재료를 첨가한 뒤 틀에 넣어 오븐에 구워 만드는 부드러운 디저트로 위로 부풀어 오르면 꺼내어 뜨겁게 바로 먹는다.

크레페 수제트(Crepes Suzette)

밀가루, 달걀, 우유를 섞어 얇게 부쳐 낸 크레페를 오렌지 소스를 넣은 후 잠시 끓이다가 그랑 마니에르(Grand Marnier)를 끼얹어 플랑베(Flamber)를 한 프랑스식 디저트이다.

가토(Gateau)

프랑스어로 케이크를 의미하며 달콤한 맛의 파티세리인 케이크류를 총칭한다.

마카롱(Macaron)

머랭으로 만든 크러스트(Crust) 사이에 필링(Filling)을 채워 샌드위치처럼 만든 과자이다.

다쿠아즈(Dacquoise)

머랭의 한 종류로 마카롱과 함께 프랑스 프로방스의 대표적인 과자로, 바삭하고 속이 부드럽고 폭신한 것이 특징이다.

갈레트(Galette)

팬케이크 형태의 둥글넓적한 과자로, 프랑스의 주현절(Épiphanie)에 나눠먹는 전통 페이스트리 케이크인 갈레트 데 루아(Galette Des Rois)를 지칭하기도 한다.

튈(Tuile)

달걀흰자, 설탕, 아몬드 가루, 밀가루, 버터 등을 섞은 반죽을 오븐에 구워 얇게 만든 과자이다.

그랑 마니에르(Grand Marnier)

코냑(Cognac)에 오렌지 향을 가미한 프랑스산 혼성주의 일종이다.

플랑베(Flamber)

요리에 와인이나 리큐어 등을 조금 부어 불을 붙여 향이 배게 하는 조리 방법으로 크레페, 바나나 등을 주로 플랑베를 한다.

Souffle

Crepes Suzette

Gateau

Tarte

■ 타르트(Tarte)

파티세리 중 가장 대표적인 디저트이며 달걀노른자, 우유, 생크림으로 만든 크러스트에 신선한 과일 등으로 필링을 채워서 구운 과자이다. 타르트를 플랑(Flan)이라고 하기도 하는데 재료나 제조법은 같지만 플랑이 원형만으로 만드는 반면 타르트는 원형 이외에도 다른 모양으로도 만든다는 차이가 있다.

9

식후 음료

식후 음료(Digestif)는 식사 후 소화를 돕는 역할을 하며 알코올 농도가 높은 혼성주나 디저트와 잘 어울리는 단맛이 가미된 와인, 커피와 차 등의 기호 음료가 있다.

1) 포트와인

포르투갈의 포트와인(Port Wine)은 와인을 제조하는 과정에 브랜디를 첨가하여 효모가 생장할 수 없는 환경을 만들어 남은 당 성분으로 인해 단맛이 나게 한 것이다. 포르투갈 북부에 위치한 도루(Douro) 계곡에서 생산되는데, 최근 세계 각지에서 포트와인이 많이 생산되므로 이들 제품과 구분하기 위해 '오포르투(Oporto)'라는 이름을 붙이기도 한다.

포트와인은 여러 지역에서 재배되는 포도를 혼합하여 제조하며 브랜트별로 특징

을 살려 토양, 기후, 포도 품종 등 여러 가지 조건을 혼합하여 만든다. 포트와인 또한 셰리와인처럼 혼합과 숙성 과정에 따라 와인의 품질이 결정된다.

2) 브랜디

브랜디(Brandy)는 과일을 발효하여 만든 양조주를 증류하여 만든 도수가 높은 알코올음료이다. 보통 브랜디라고 하면 포도를 발효한 포도주를 증류한 술이라고 여겨지지만 넓은 의미로는 모든 과일류의 발효액을 증류한 알코올 성분이 강한 술을 총칭한다.

원료에 따라서 포도 브랜디(Grape Brandy), 사과 브랜디(Apple Brandy), 체리 브랜디(Cherry Brandy) 등이 있다. 그중에서 포도 브랜디가 질도 우수하고 가장 많이 생산되기 때문에 일반적으로 브랜디 하면 포도를 원료로 한 포도 브랜디를 말한다. 위스키가 맥주를 증류시킨 것이라면, 브랜디는 와인을 증류시킨 것이라고 할 수 있다.

브랜디는 일반적으로 식사 코스가 완전히 끝난 후에 한 잔 정도로 마시며 다른 증류주와는 달리 칵테일용으로도 많이 쓰이지 않는다.

브랜디 글라스는 와인글라스처럼 튤립 모양이지만 입구가 더 좁고 배도 더 부른 모양을 하고 있어 고귀한 향이 글라스 밖으로 빠져나가지 않고 글라스 안에서 서서히 휘감아 돌도록 되어 있다. 마실 때에는 두 손으로 글라스를 감싸듯이 잡으면서 충분히 향을 음미한 후 조심스럽게 입에 넣고 굴리듯이 마신다.

■ 브랜디의 종류

- (제조 원료에 따라) Cognac, Armagnac, Calvados, Apple Jack, Kirschwasser, Mira-bell, Eau-de Vie
- (생산지에 따라) Camus, Hennessy, Remy Martin, Chabot, Lecompte

식전주와 식후주의 차이

식욕을 돋우는 식전주(Aperitif)와 식후 소화를 돕는 식후주(Digestif)를 위한 주류는 개인의 취향에 따라 혼용될 수 있지만, 대개 상대적으로 가벼운 스파클링 와인과 맥주, 칵테일 같은 음료를 식전주로 즐긴다. 도수는 높을지라도 가벼운 스타일이라면 위스키도 식전주로 즐기지만 스모키하거나 무거운 바디의 위스키와 브랜디, 대체로 도수가 높은 증류주는 식후주로 한다.

3) 커피

커피(Coffee)는 커피나무의 생두를 수확하여 커피 제조에 필요한 씨앗인 생두를 얻은 후 볶아 분쇄하고 물을 이용하여 추출하여 음용하는 기호 음료이다.

커피 열매는 품종에 따라 서로 다른 맛과 향을 나타내므로 커피의 특성과 개인의 취향에 맞도록 혼합하는 블렌딩(Blending) 과정을 거친다. 블렌딩은 커피의 선별과 배합을 통칭하는 개념으로 커피의 생산에서 가공, 로스팅(Rosating), 블렌딩 등 커피의 품질을 결정하는 과정을 포함한다. 커피 열매의 특성에 따라 로스팅 방법은 달라질 수 있으며 로스팅의 정도에 따라 색과 맛, 향이 결정된다.

커피의 품종은 크게 아라비카(Aribicas), 로부스타(Robustas), 리베리카(Libericas)의 세 가지로 분류되며, 아라비카종과 로부스타종이 세계적으로 널리 재배된다.

▪ 에스프레소(Espresso)

이탈리아 커피로 커피를 완전히 가루로 만들어 에스프레소 커피 기구에서 여과한 후 크림을 넣지 않고 설탕, 레몬과 같이 마신다.

▪ 아메리카노(Americano)

추출된 에스프레소에 뜨거운 물을 섞어 농도를 연하게 하여 마시는 커피이다.

▪ 카페라테(CaféLatte)

추출된 에스프레소에 따뜻하게 데운 스팀 우유를 넣어 만든 커피로 취향에 따라 시럽, 설탕 등을 첨가하여 즐기기도 한다.

▪ 카푸치노(Capuccino)

에스프레소 커피와 동일한 양의 뜨거운 우유를 넣고 계핏가루를 소량 뿌려낸다.

▪ 에스프레소 마키아토(Espresso Macchiato)

에스프레소 위에 우유 거품을 풍성하게 올린 커피이다. 'Macchiato'는 이탈리아어로 '얼룩지다', '점을 찍다'라는 뜻으로 에스프레소 위에 우유 거품으로 점을 찍은 커피를 뜻한다.

▪ 에스프레소 로마노(Espresso Romano)

에스프레소에 작은 레몬 조각을 넣어 마시는 커피로 에스프레소에 레몬 조각을 얹으면 크레마(Crema)가 약해질 수 있으므로 별도로 내기도 한다.

크레마(Crema)

조밀한 황금빛 갈색의 거품으로, 에스프레소 샷을 덮어 잔에 담긴 커피의 풍미를 유지시켜 주는 효과가 있다. 크레마는 에스프레소 머신의 압력으로 힘을 가할 때 생기는 유상액인데, 커피의 아교질과 지방질 성분 때문에 나타나는 현상으로 특유의 향과 맛이 강하다.

베일리스 커피(Baileys Coffee)

에스프레소에 베일리스(Baileys)를 넣어 만든 커피로 특유의 향이 특징이다. 베일리스는 신선한 아이리시 크림, 위스키, 초콜릿, 그 밖의 다양한 추출물이 부드럽게 섞인 아일랜드에서 개발된 도수 17%의 리큐어이다.

데미타세(Demitasse)

디너 코스 후 마시기 좋은 커피로 보통의 커피보다 강한 맛을 가진다. 우유나 크림을 넣지 않으며 설탕을 넣지 않고 마시기도 한다.

비엔나커피(Vienna Coffee)

커피잔에 거품을 낸 크림과 설탕을 넣고 뜨거운 커피를 부어 낸다.

아이리시(Irish)

뜨거운 커피에 아이리시 위스키(Irish Whisky)와 설탕을 섞어 커피잔에 담고 위에 거품 낸 크림을 얹는다.

4) 차

차나무 잎을 볶거나 발효하거나 실물의 잎이나 꽃 등을 뜨거운 아시아에서는 차(Cha), 서양에서는 티(Tea)라는 명칭을 사용한다. 홍차, 녹차, 캐모마일, 페퍼민트, 자스민, 레몬그래스 등이 있다.

홍차(Black Tea)

주문하면 뜨거운 물을 잔에 담아 티백(Tea Bag)과 함께 손님에게 제공한다. 이때 손님의 취향에 따라 레몬 한쪽, 또는 크림이나 우유를 함께 제공해야 한다. 레몬의 상큼한 맛이 홍차의 떫은 맛을 부드럽게 해주며, 우유 또한 레몬의 맛을 부드럽게 해준다. 레몬은 미국식이고, 우유는 영국식이다.

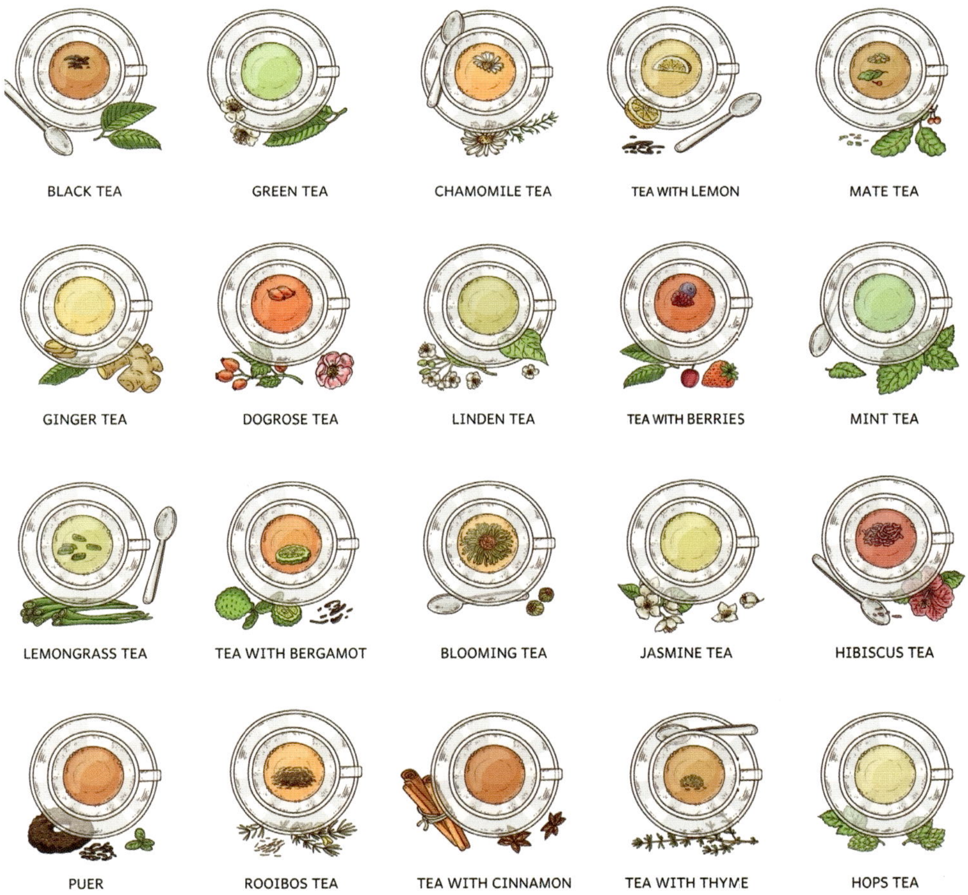

■ 녹차(Green Tea)

커피보다 낮은 온도의 뜨거운 물을 이용해서 마시고 2~3분간 우리면 적당하다.

■ 캐모마일(Chamomile)

국화과에 속하는 약용식물로 대표적인 카페인이 없는 허브차이다.

■ 페퍼민트(Peppermint)

허브의 박하과에 속하며 향기가 후추의 톡 쏘는 성질과 닮았다고 페퍼민트라는 이름이 붙여졌다. 해열, 발한, 소염 등의 작용으로 초기 감기 또는 가벼운 두통이나 치통 완화 및 소화불량 또는 매스꺼움을 완화하고 집중력을 향상시켜 졸음 방지에도 도움이 된다.

CHAPTER

03

서양식 아침 식사

서양에서는 아침 식사(Breakfast)가 하루 식사 중 가장 가벼운 식사 메뉴로 구성되고 크게 두 가지로 나뉜다. 유럽식 아침 식사(Continental Breakfast)는 차갑게 조리된 간소한 음식이고, 미국식 아침 식사(American Breakfast)는 따뜻하게 조리된 음식이다. 나라마다 식문화에 따라 차이가 있다. 예를 들면, 영국에서는 아침 식사로 생선 프라이와 홍차를, 프랑스에서는 카페오레와 빵을, 그리고 미국에서는 과일주스로 시작하여 그릴(Grill) 요리까지 먹는다.

1

아침 식사의 종류

1) 유럽식 아침 식사

유럽식 아침 식사는 영국을 제외한 지중해를 중심으로 한 유럽에서 일반화된 아침 식사의 형태이다. 유럽인들은 너무 무겁고 기름기가 너무 많은 미국식 아침 식사보다는 과일, 빵, 페이스트리와 같은 간단한 아침 식사를 선호하며 세련된 입맛을 만족시키게 만든 것이 유럽식 아침 식사이다.

유럽의 아침 식사는 점심 시간까지의 허기를 달래는 정도의 가벼운 메뉴로, 커피, 우유, 주스 등의 음료에 크루아상, 머핀 등의 빵, 잼과 버터를 곁들인다. 일부 유럽 지역에서는 빵에 곁들이는 살라미(Salami)나 햄, 달걀을 추가하기도 하지만, 유럽식 아침 식사는 한마디로 음료와 빵으로 정의할 수 있다.

살라미(Salami)

이탈리아식 소시지의 하나로, 날고기에 열을 가하지 않고 소금이나 향료 따위를 쳐서 차게 말려 만든 것으로 샐러드나 샌드위치 따위에 쓴다.

2) 미국식 아침 식사

미국식 아침 식사는 영국의 영향을 그대로 전수받았지만, 전 세계적으로 가장 널리 알려진 아침 식사의 전형이 되었다. 미국식 아침 식사는 과일주스를 시작으로 시리얼과 빵을 밥처럼 먹고 다시 커피나 우유, 홍차를 마신다. 그리고 다양한 달걀 요리

미국식 아침 식사	유럽식 아침 식사

미국식 아침 식사에 달걀 요리 등 따뜻한 식사가 추가된 조식(빵, 잼 / 버터, 시리얼, 요거트, 과일주스, 커피 / 차, 과일, 달걀 요리, 베이컨 등)	따뜻한 음식을 제외하는 간단한 유럽식 조식(빵, 잼 / 버터, 시리얼, 요거트, 과일주스, 커피 / 차)

kirin_photo / Getty Images

와 함께 햄, 베이컨, 소시지를 곁들여 부족한 단백질을 보충해 준다. 한 접시에 이 모든 것이 올려지고도 부족해서 홈메이드 감자 볶음을 듬뿍 곁들인다. 이것으로도 부족하면 삼각형으로 자른 토스트에 버터와 과일 잼을 듬뿍 발라 먹는다.

2

아침 식사 메뉴의 구성

보편적인 아침 식사 메뉴로는 공통적으로 빵, 과일, 주스, 시리얼 등을 언급할 수 있고, 미국식 아침 식사에서는 달걀 요리 등의 따뜻한 식사가 추가된다.

1) 아침 식사용 빵

- 토스트 브레드(Toast Bread): 일명 화이트 브레드(White Bread)라고 하며 일반적으로 널리 알려진 토스트 식빵이다.
- 호밀빵(Rye Bread): 보리 또는 귀리 가루로 만든 식빵으로 당뇨 환자나 식단 조절용으로 즐긴다.
- 스위트 롤(Sweet Roll): 달팽이처럼 둥근 모양으로 반죽 사이에 판 앙금이 있고 빵 위에 설탕 시럽을 발라서 희게 보이며 매우 단 것이 특징이다.
- 머핀(Muffin): 밀가루 반죽에 바나나, 건포도 등 과일을 넣고 베이킹 컵에 얇은 종이를 깔고 그 위에 반죽을 부어 구운 빵으로, 어떤 재료를 사용하는지에 따라 머핀의 이름이 붙여진다.
- 크루아상(Croissant): 프랑스어로 초승달이라는 의미로 붙여진 이름으로 버터를 섞어 파이처럼 만든 바삭바삭한 상태로 따뜻하게 먹는 매우 부드러운 빵이다.
- 도넛(Doughnut): 도우(Dough)는 밀가루 반죽을 말하는데, 도넛은 밀가루에 우유, 달걀, 이스트를 넣어 만든 도우 반죽을 고리 모양으로 빚거나 구멍을 뚫어 기름에 튀긴 빵이다.
- 데니시 페이스트리(Danish Pastry): 덴마크의 대표적인 빵으로 페이스트리 반죽에 잼

토스트 브레드

호밀빵

스위트 롤

머핀

크루아상

도넛

데니시 페이스트리

소프트 롤

브리오슈

이나 과일, 커스터드(Custard) 등의 속재료를 채워 만든다.

- 소프트 롤(Soft Roll): 어린아이 주먹 만한 크기의 둥글고 말랑말랑한 부드러운 빵으로서 조찬, 오찬, 만찬 시에 수프 또는 주요리와 함께 먹는다.
- 브리오슈(Brioche): 달걀과 버터를 많이 넣어 만들며 둥근 모양의 빵 위에 다시 작은 공 모양의 빵을 얹어 놓은 빵이다.

빵과 곁들여 먹는 스프레드의 종류

- 잼(Jam): 잼은 과일에 설탕을 넣어 약한 불에 졸여 만들며 부패 방지와 장기 보관의 목적으로 생겼다. 우리나라에서 겨울에 김치를 담그는 풍습처럼 서구권에서는 가족들이 모여서 여러 가지 과일들로 잼을 만들며 빵류와 함께 아침 식사에 주로 제공된다. 서양에서는 아침 식사 시 필요한 열량을 설탕(당분)으로 보충하기 때문에 오찬이나 만찬 시에는 잼류보다는 버터를 주로 제공한다. 딸기잼, 살구잼, 사과잼 등과 같이 만드는 재료에 따라 이름이 붙여진다.

잼

마멀레이드

버터

- 마멀레이드(Marmalade): 오렌지, 귤 레몬 등 시트러스 계열의 과일로 만든 잼을 말한다.
- 버터(Butter): 우유 중의 지방을 분리하여 크림을 만들고 응고시켜 만든 고체형 유제품으로 소금이 첨가된 가염과 그렇지 않은 무염으로 나뉜다.

2) 기타 아침 식사 메뉴

프렌치토스트(French Toast)

우유에 달걀을 넣어 섞은 것에 토스트 브레드(Toast Bread)를 담가 충분히 적신 후 프라이팬이나 그리들(Griddle) 위에 얹어 앞뒤로 구워낸 프랑스식 요리이다. 뜨거울 때 꿀처럼 달콤하고 향기가 나는 메이플 시럽(Maple Syrup)과 버터를 발라서 먹는다.

그리들(Griddle)

바닥에서부터 열을 제공하는 커다랗고 넓적하여 무거운 철판이다.

시나몬 토스트(Cinnamon Toast)

토스트 브레드(Toast Bread)를 구운 후 버터를 바르고 그 위에 계핏가루와 설탕을 섞어 뿌려 만든다.

■ 팬케이크(Pancake)

우유와 달걀 등을 넣어 묽게 만든 반죽을 그리들 위에 부어 구운 빈대떡처럼 생긴 것으로 메이플 시럽과 버터를 발라서 뜨거울 때 먹는다. 베이컨이나 달걀을 그 위에 얹어 함께 곁들여 즐기기도 한다.

■ 와플 케이크(Waffle Cake)

달걀과 우유를 혼합한 것에 밀가루를 부드럽게 풀어 원형의 격자무늬가 있는 틀에 넣어 구워 만들며 각종 시럽, 꿀, 휘프트 버터(Whipped Butter) 등과 함께 곁들인다.

3) 주스

주스(Juice)는 과실이나 채소를 짜서 얻은 즙으로 사과주스, 오렌지주스, 레몬주스, 포도 주스, 파인애플 주스, 당근 주스, 토마토 주스 등이 있다.

4) 제철 과일

아침 식사에서 과일(Fruit)은 전채의 의미로 먹으며 신선한 과일과 통조림 과일이 있다.

- 신선한 과일(Fresh Fruit): 계절 과일이 있으며 수박, 딸기, 멜론, 감, 사과, 배, 오렌지, 포도, 키위, 서양자두(Prune), 무화과(Figs) 등이 있다.
- 통조림 과일(Canned Fruits): 복숭아, 파인애플 등이 있다.

무화과(Fig)

서양 자두(Prune)

서양배(Pear)

멜론(Musk Melon)

멜론(Honeydew)

멜론(Cantaloupe)

Fruit Cocktail

Canned Peach

Canned Pineapple

5) 시리얼과 요거트

시리얼

시리얼(Cereal)은 곡물을 의미하는 라틴어 단어인 '케레알리스(cerealis)'에서 파생된 이름으로 조리되거나 가공된 곡류에, 우유 등의 단백질 음료를 첨가하여 먹는 식사의 일종이다. 핫 시리얼과 콜드 시리얼로 나눌 수 있고, 주로 아침 식사로 먹는다.

핫 시리얼(Hot Cereal)

오트밀(Oatmeal)을 우유에 꿀을 넣고 끓여 먹는 것이다.

드라이 시리얼(Dry Cereal)

콘플레이크(Cornflakes), 치리오스(Cheerios), 프루트 룹스(Fruit Loops) 등을 우유에 섞어 먹는다.

콜드 시리얼(Cold Cereal)

뮤즐리(Musli)나 오트밀을 우유나 크림에 꿀 설탕 과일 첨가하여 차게 해서 먹는다.

오트밀(Oatmeal)

귀리를 볶은 다음 거칠게 부수거나 납작하게 누른 식품 또는 그것을 죽처럼 조리한 음식이다.

뮤즐리(Musli)

통귀리 등의 곡류를 익히지 않고 납작하게 눌러 만들며 생과일이나 말린 과일, 견과류를 혼합하여 낸다.

핫 오트밀

핫 오트밀

콘플레이크

푸르트 룹스

뮤즐리

콜드 오트밀

요거트

요거트(Yogurt)는 우유에 유산균을 넣어 걸쭉하게 응고시킨 발효 식품으로, 쉽게 말해 발효 우유라고 할 수 있다. 주로 생과일 또는 말린 과일, 견과류, 꿀, 설탕 등을 곁들여 디저트나 아침 식사에 즐겨 먹는다. 또한 차갑게 제공하는 디저트나 아이스크림, Cold Beverage의 재료로 활용된다.

6) 주요리

주요리(Main Dish)로 아침에 간단하게 먹을수 있는 단백질 요리로는 달걀 요리가 있다. 미국식 아침 식사의 메뉴의 일종이며 그 종류 또한 다양하다.

플레인 에그

플레인 에그(Plain Egg)는 날것으로 매우 신선하고 위생적으로 처리된 위생란을 사용한다.

보일드 에그

보일드 에그(Boiled Egg)는 삶은 달걀로 크게 반숙(Soft Boiled)과 완숙(Hard Boiled)으로 나뉜다.

- Soft Boiled Egg: 4~5분 동안 삶아 살짝 익힌다.

- Medium Boiled Egg: 노른자가 반 정도 익을 때까지 6~7분 동안 삶는다.
- Hard Boiled Egg: 8~9분 동안 삶아 노른자까지 완전히 익힌다.

포치드 에그

포치드 에그(Poached Egg)는 식초를 넣은 팔팔 끓는 물에 달걀을 깨서 넣고 4~5분 동안 삶아 건져 낸다. 국자로 건져낸 후 물기를 제거한 뒤 멜바토스트(Melba Toast)와 함께 제공한다.

스크램블드 에그

스크램블드 에그(Scrambled Egg)는 달걀, 우유, 버터를 넣어 익히면서 휘저어 만든 달걀 요리이다.

프라이드 에그

프라이드 에그(Fried Egg)를 세 가지로 나눌 수 있다.

- Sunny Side up: 한쪽만 익힌 것이다.
- Over Easy(Turn Over): 양쪽 흰자는 다 익히지만 속 노른자는 덜 익힌 상태이다.
- Over Hard: 완전히 겉과 속 다 익힌 상태이다.

베이크드 에그

베이크드 에그(Baked Egg)는 2개의 달걀을 깨어 램킨(Ramekin)에 넣고 버터를 발라 오븐에서 구워낸 것으로 흰자는 완전히 익히고 노른자는 부드러울 정도로 익혀서 제공한다.

램킨(Ramekin)

빵가루, 치즈, 달걀 등을 섞어서 구운 것 또는 오븐에 사용할 수 있는 그릇이다.

오믈렛

오믈렛(Omelette)은 달걀을 휘저어 얇고 편편하게 익히면서 재료의 혼합물을 넣고 말아서 요리한 형태의 달걀 요리이다.

프리타타

프리타타(Frittata)는 '튀기다'라는 뜻의 이탈리아어 '프리레게(Friggere)'에서 이름이 붙여졌으며 달걀에 채소, 육류, 치즈, 파스타 등을 첨가하여 튀기듯이 조리하여 만든 이탈리아식 오믈렛이다.

키슈

키슈(Quiche)는 페이스트리 반죽에 달걀, 크림, 향신료, 양파, 버섯, 치즈, 베이컨 등을 채워 오븐에 구워낸 파이 형태의 달걀 요리이다.

오믈렛

프리타타

키슈

CHAPTER

04

테이블 매너

테이블 매너(Table Manner)는 역사상, 형식을 중시하고 도덕성을 까다롭게 여기던 19세기 영국 빅토리아 여왕 때 완성된 것으로 전해진다. 테이블 매너는 식사에 관련된 모든 규칙과 예절을 총괄하는 용어로 식사 시 타인에게 실례가 되지 않도록 하여 즐거운 식사를 하는 데 그 목적이 있다.

테이블 매너의 기본 정신은 형식에 있는 것이 아니라 음식을 맛있게 먹고 즐기기 위한 것이 있었지만, 현대에는 흥겹고 편안한 식사를 하기 위한 사전 지식으로서 현대인이 지녀야 할 필수적인 소양으로 인식되고 있으며, 사람과 사람이 만나는 것이 목적이므로 화합을 위한 자연스럽고 유쾌한 분위기를 중요시 여기고 있다.

1

식기류

식기류(Tableware)는 식사를 할 때 사용되는 실버웨어(Silverware), 차이나웨어(Chinaware), 글라스웨어(Glassware)를 총칭한다.

1) 실버웨어

식기를 총칭하는 말로 나이프, 포크, 스푼 등 테이블 위에 올라가는 모든 은제품을 말한다. 실버웨어의 재질은 은과 은도금, 금도금과 금전기도금, 스테인리스 스틸 등이 있으며, 1840년경부터는 은 가공 기술이 발전하면서 순은 제품이 아니더라도 실버웨어라는 말을 사용한다.

- 나이프: 고기용, 생선용, 버터용, 과일용, 치즈용, Carving용 등
- 포크: 고기용, 디저트용, 생선용, 서빙용 등
- 스푼: 수프용, 디저트용, 커피 / 차용, 서빙용 등
- 기타: 양념 그릇, Coffee Pot, 티포트(Tea Pot), 서빙용 등

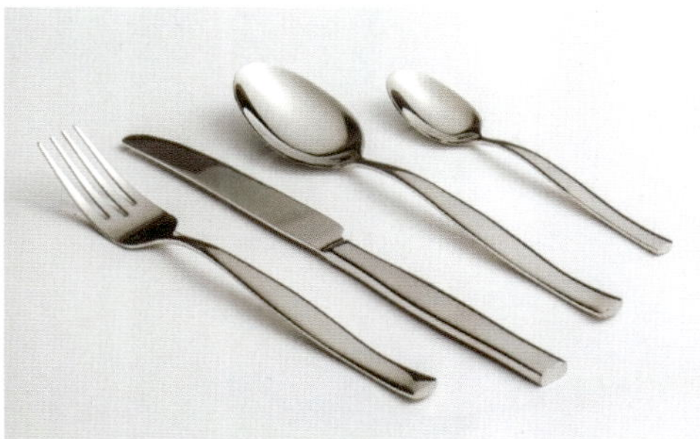

ddukang / iStock / Getty Images Plus

2) 차이나웨어

도자기로 된 식사용 각종 접시와 그릇들이다. 유럽의 각 나라들이 18세기까지 대부분의 도자기를 중국에서 수입하였기 때문에 차이나웨어(Chinaware)라고 불리게 되었다.

3) 글라스웨어

글라스웨어(Glassware)는 유리 제품의 음료용 식기로 물과 와인류 등을 담는 용기이다. 와인잔처럼 Base(굽) 위에 Stem이 있는 Stemware와 Stem이 없는 텀블러로 구분하기도 한다.

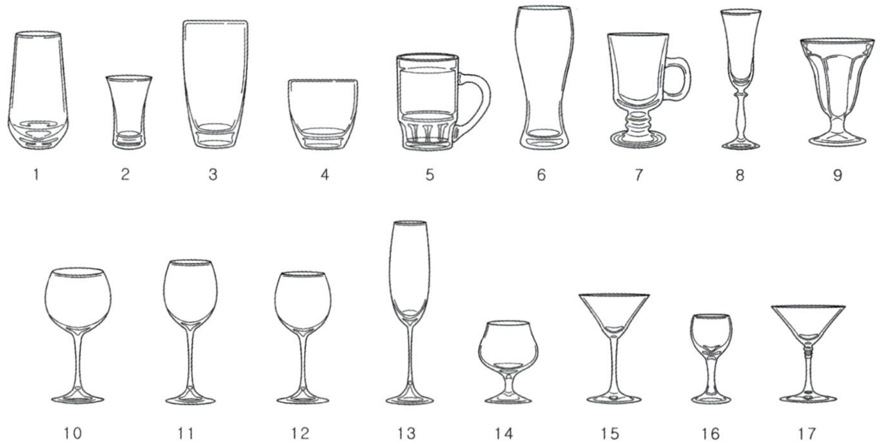

1. Collins
2. Shot
3. High Ball
4. Old Fashioned
5. Beer Mug
6. Weizen Beer Glass
7. Irish Coffee Cup
8. Pousse Café
9. Parfait Glass
10. Red Wine
11. White Wine
12. Sherry
13. Champagne Flute
14. Brandy Snifter
15. Cocktail
16. Cordial
17. Whisky Sour

글라스웨어의 종류

2

테이블 세팅 방법

테이블 세팅(Table Setting)은 공식적인 식사에 사용되며 한 사람씩의 식사를 위해 준비되는 것으로, 다양한 실버웨어, 차이나웨어, 글라스웨어가 포함된다. 식기는 바깥쪽부터 사용하고 왼쪽의 빵 접시, 오른쪽의 물잔('좌빵우물')을 사용하도록 한다.

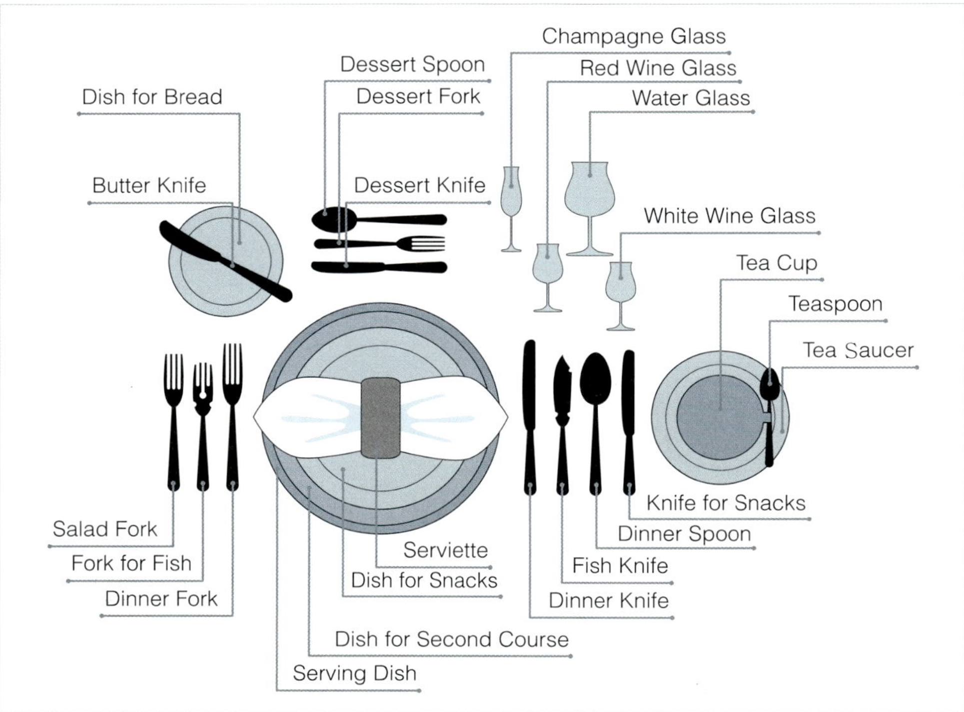

정식 디너 식기류 세팅

maximkabb / iStock / Getty Images Plus

3

테이블 매너와 에티켓

'매너(Manner)란, 다른 사람들을 편안하게 해 주려는 배려(세심한 배려), 남에게 폐를 끼치지 않으려는 겸손한 마음씨, 상대방을 진심으로 존경하는 자세, 평소에 배우고 익힌 좋은 습관으로 다른 사람들에게 호감을 주는 것'을 말한다. 즉, 매너란 사람들이 옳게 행해야 할 언행의 방식을 말하는 것으로 '방식, 방법'이라 정의할 수 있고, 그래서 '매너가 있다 / 없다'라고 말한다.

에티켓(Etiquette)이란, 사회질서, 공공의 안녕을 위하여 개개인이 지켜야 할 그 사회의 규범을 말한다. 즉, 에티켓이란 사람들이 자기 공동체 내에서 지켜야 할 관습적, 종교적, 사회적, 정치적 형식이나 절차에 해당한다. 그래서 '에티켓을 지킨다 / 지키지 않는다'라고 말한다.

우리가 식사에 초대받고서부터 테이블에 앉아 식사를 즐기기까지 상황별로 다양한 매너와 에티켓이 존재한다. 지금부터 상황별로 알아보자.

1) 상황별 매너와 에티켓

초대를 받고서

초대를 받은 자는 격식 있는(Formal) 식사 초대든 약식(Informal) 식사 초대든 상관없이 수락 여부를 꼭 알려야 하고, 장소, 시간, 모임의 목적을 헤아려 용모 복장을 단정하게 하도록 하며, 초대 시간은 반드시 지키도록 한다.

초대한 장소에 입장할 때

Sever로부터 안내를 받으며 이때 코트, 모자, 우산, 가방 등은 Cloak Room이나 Sever에게 맡긴다. 여성의 경우 핸드백은 항상 소지해야 하므로 직접 지니고 있도록 한다.

Cloak Room

테이블에 착석할 때

- Server로부터 안내를 받으며, 들어가자마자 아무 테이블에 앉지 않도록 한다.
- 좌석은 여성, 연장자에게 먼저 권한다.
- 다른 사람이 앉아 있는 경우 가벼운 목례를 한 후 의자 왼쪽으로 돌아가 앉는다.
- 식탁과의 사이는 주먹 하나가 들어갈 정도가 되도록 당겨 앉아 Server의 서비스에 불편을 주지 않도록 한다.

- 여성의 경우, Server나 다른 사람이 좌석을 빼 줄 경우에는 이에 응한다.
- 소지한 가방은 의자와 등 사이에 두거나 무릎 위에 놓되, 테이블 위에 놓는 것은 금기 사항이므로 유의한다(부피가 큰 가방은 바닥에 놓아도 무방하다).
- 일반적으로 상석의 위치는 벽을 등진 자리, 전망 좋은 자리, 입구에서 먼 자리, 조용한 자리이다.

메뉴와 와인 주문

- 메뉴 주문(Menu Order) 후 식사 모임 주최자(Host)가 와인을 주문해도 되나 동석자 중 와인에 대해 잘 아는 사람에게 조언을 구해도 무방하다.
- 메뉴나 와인에 대해 잘 모를 경우 Server에게 물어보고 주문해도 무방하다.
- 소믈리에(Sommelier)는 음료나 주류에 대한 풍부한 지식이 있는 와인 전문가이다.

냅킨 사용법 및 유의 사항

- 전원이 자리에 앉고 주빈이 냅킨(Napkin)을 펴도록 한다.(식전 건배 시는 건배가 끝날 때까지 펴지 않는다.)
- 정위치는 무릎 위이며, 접힌 부분이 본인의 안쪽으로 가도록 한다.
- 입술이나 손끝의 더러움만 냅킨 끝으로 가볍게 닦고, 그 외는 종이 냅킨이나 손수건을 사용한다.
- 식사 중 자리를 비울 때는 의자 위에 두며, 테이블 위에는 놓지 않는다.
- 퇴석 시에는 대강 접어 식탁 위에 놀려 놓는다.
- 어린이의 경우, 혹은 기내에서 식사 시는 가슴에 걸쳐도 무방하다.
- 얼굴, 목, 안경 등을 닦는 데 사용하지 않도록 한다.
- 자리를 뜰 때는 더러워진 부분이 보이지 않도록 유의한다.

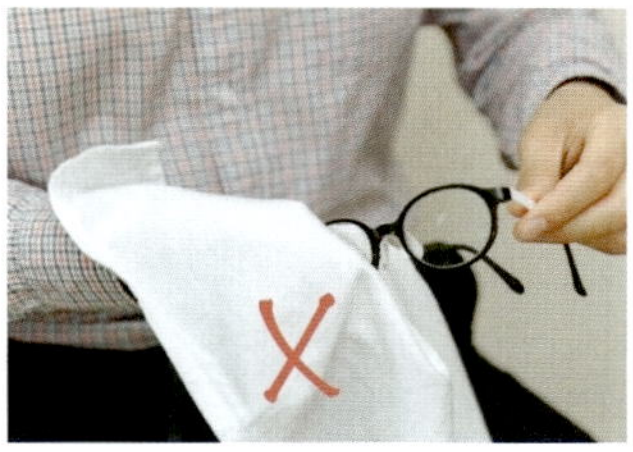

나이프와 포크의 사용법 및 유의사항

- 양쪽 바깥쪽에 있는 것부터 차례로 사용한다.
- 나이프는 오른손, 포크는 왼손에 쥐며 음식을 자를 때에는 포크의 날 끝이 아래로 향하도록 한다. (왼손잡이의 경우는 편한 손을 사용하도록 한다.)
- 식사 중 이야기할 때에는 포크와 나이프를 팔(八)자로 놓는다. 식사 후에는 4시 방향으로 가지런히 모아 놓는다.
- 사용시 가장 주의할 점은 소음이므로 서로 부딪혀 소리가 나지 않도록 하며, 포크를 손에 들고 이야기하거나 다른 사람을 향해 휘두르지 않도록 한다.
- 음식물은 한입에 들어가기 알맞게 한 번에 2~3쪽씩 잘라 놓고 먹되, 나이프로 찍어 먹지 않는다.
- 나이프를 떨어뜨렸을 경우 Server를 불러 처리하도록 하고 새로 부탁한다.

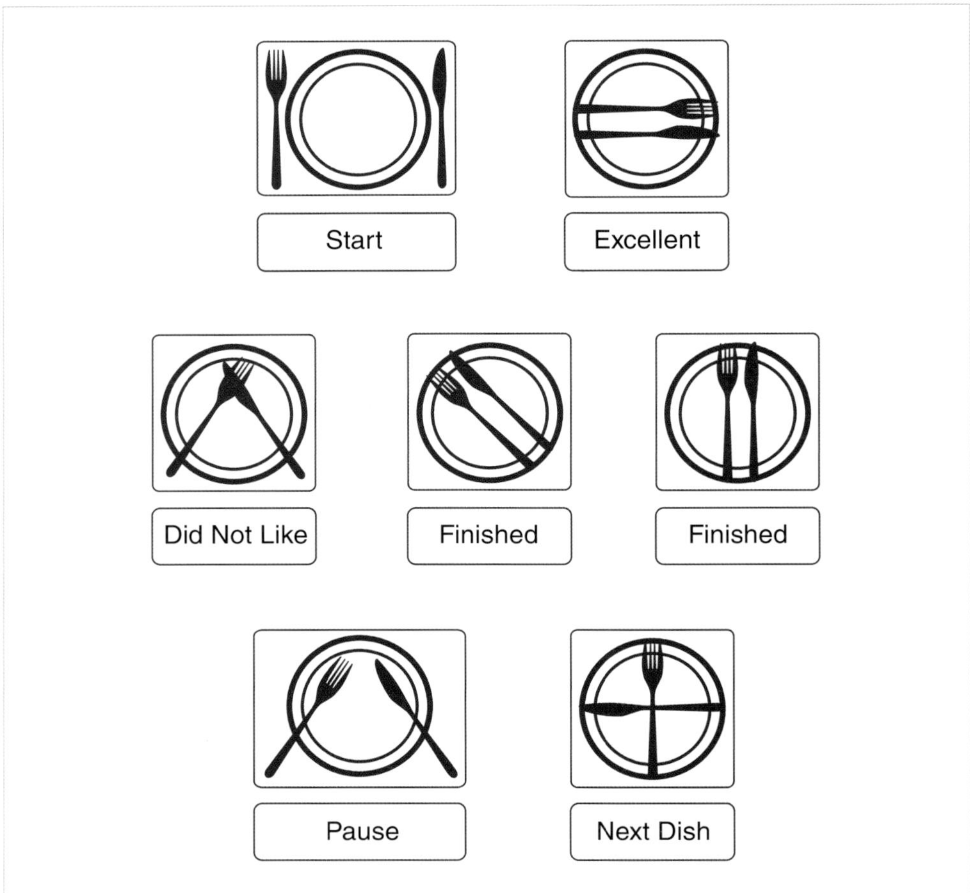

Cutlery Etiquette

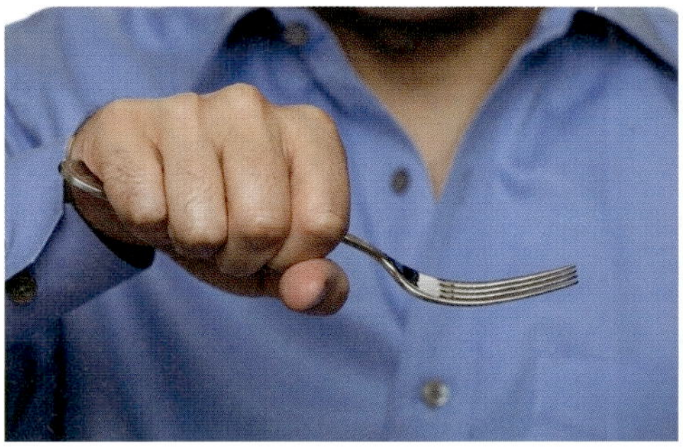

Never

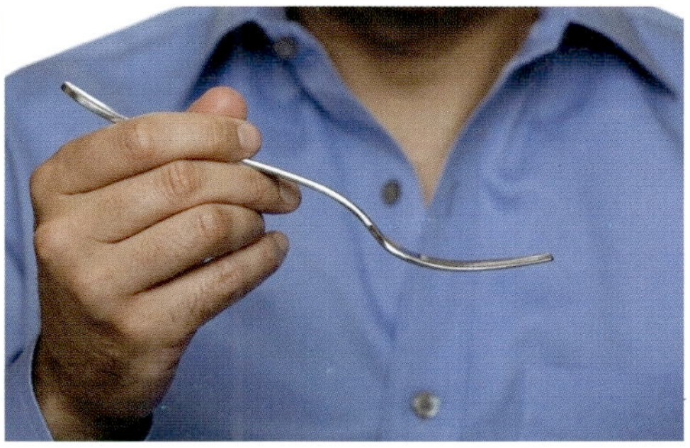

Always

식사 시의 자세 및 태도

- 팔꿈치는 양옆에 붙이고 식사 도중 식탁에 올려 놓지 않으며, 의자 등받이에 기대지 않도록 한다.
- 상체를 음식에 너무 가까이 대고 입을 음식으로 가져 다 먹지 않도록 하며 접시를 들어 옆으로 기울이거나 들어 올리는 일은 피한다.
- 자기에게 주어진 음식은 다른 사람에게 돌리지 말고 순서대로 들며, 소금, 후추 등이 멀리 있어 손이 닿지 않을 때는 Server나 옆 사람에게 부탁하여 건네받는다.
- 음료를 마실 때는 소리가 나지 않게 마시며, 음식물이 입안에 들어 있을 때 음료를 마시는 일은 피하는 것이 좋다.
- 음식을 삼킨 후 음료를 마실 때는 냅킨으로 입가를 가볍게 닦아 음식 찌꺼기나 기름기 또는 립스틱이 잔에 묻지 않도록 한다.
- 테이블에서 이쑤시개 사용은 피해야 한다.
- 식사 중 자리를 비우지 않도록 한다.

식사 중 대화 시의 유의점

- 음식물을 입안에 가득 담은 채 이야기하지 않도록 한다.
- 필요 이상으로 큰소리를 지르거나 웃는 일은 삼간다.
- 이야기의 상대는 양옆과 맞은편 세 사람 정도가 좋으며 옆 사람의 어깨 너머로 이야기하는 것은 실례가 되므로 유의한다.
- 대화의 내용은 가벼운 화제에서 즐거운 분위기를 만들 수 있는 화제까지 자연스럽게 계속 이어지는 것이 좋다. 화제로는 가급적 무거운 이야기는 피하고, 많은 사람들이 공감할 수 있는 화제를 이야기하도록 한다.

서비스 응대 요령

- 요리는 왼쪽에서, 음료는 오른쪽에서 서비스되므로, Server가 서비스가 용이하도록 몸을 반대편으로 약간씩 피해 주며, 대화도 잠시 중지하는 것이 바람직하다.
- 요리를 몇 인분씩 큰 접시에 함께 담아 식탁에서 나눌 경우, 각자 덜어 먹거나 Server에게 부탁하며, 본인 뒤의 2~3인에게 요리가 분배된 후에 식사를 하도록 한다.

건배

- 모두 다 같이 건배할 경우 형식적으로라도 글라스를 입에 대거나 한 모금 마시도록 한다.
- 건배는 식사 처음에 하는 경우와 도중에 하는 경우가 있는데, 서양은 보통 후자이다.
- 건배는 선창자의 지시에 따른다.
- 건배할 때 글라스는 눈의 높이만큼 들어 올리며, 옆 사람과 부딪쳐도 좋고 가까이 가져 가기만 해도 된다.
- 모두 일어나서 하는 경우, 잔을 들고 일어서거나 앉지 않도록 한다.

2) 코스별 매너와 에티켓

코스	매너와 에티켓
식전 음료	· 식전주로서 칵테일, 샴페인, 와인(Sherry) 등이 적당하다. · 양식에서는 관행화되어 있으므로, 자신 있게 주문할 칵테일류를 생각해 놓는 것이 바람직하며, 칵테일의 경우, 약하게 마시되 2잔 이상은 마시지 않도록 한다. · 차가운 식전주인 경우 글라스의 Stem을 잡고 마신다.
와인	· 와인을 따라 줄 때 글라스를 잡거나 들어올리지 않으며, 사양할 경우 글라스 위에 가볍게 손가락을 얹어 표시한다. · 손가락 끝으로 Stem을 감싸 잡는다. · 글라스의 위치는 항상 제자리에 두어 옆 사람과 혼동되지 않도록 한다. · 마시기 전에 입가에 기름기를 닦도록 하며, 마신 후에도 글라스에 묻은 립스틱을 살짝 닦도록 한다. · 음식이 입속에 있을 때 마시거나, 단숨에 마시지 않으며 식사 도중 조금씩 마신다. · 일반적으로 육류는 레드 와인, 해산물은 화이트 와인이 어울린다. · 테이스팅(Tasting)은 주문된 와인을 주최자가 맛보기하는 것을 말한다. Server나 지배인이 방금 개봉한 와인을 글라스에 조금 따라 주면 주최자는 와인의 색을 보고 향기를 맡은 후 혓바닥에 굴리듯이 시음을 한다. · 이상이 없으면 '좋습니다'라고 말하며 와인 테이스팅(Wine Tasting)을 끝내며, Server는 곧 주최자부터 순서대로 와인을 따르기 시작한다.
전채요리	· 주요리를 위해 너무 많이 먹지 않도록 한다. · 카나페는 빵 위에 생선, 고기, 채소, 치즈 등을 얹어 샌드위치 모양으로 만든 것으로 손으로 먹는다. · 빵이 곁들여진 테린, 캐비아는 빵을 한입 크기로 베어 빵에 얹어 먹는다. · 생굴은 왼손으로 잡고, 오른손으로 생굴용 포크를 이용한다. · 새우 칵테일은 글라스가 쓰러지지 않게 잡고 포크로 먹는다. · 달팽이 요리인 에스카르고는 전용 집게로 껍질을 고정시킨 후 전용 포크로 먹는다.
수프	· 수프는 우선 맛을 본 후에 소금, 후추를 치도록 한다. · 스푼은 손잡이 중앙부에서 약간 위쪽으로 연필 잡듯이 잡고, 앞에서 바깥으로 사용하여 먹는다. · 소리를 내어 후룩후룩 먹거나 후후 불어서 식혀 먹지 않는다. · 손잡이가 달린 컵에 나올 경우 손잡이를 잡고 마셔도 무방하나 첫 수프는 스푼으로 먹는다. · 수프가 조금 남으면 왼손으로 접시 앞쪽을 약간 들어 올려 먹도록 하며, 다 먹은 후 접시 위에 스푼을 올려놓는다. · 크래커나 크루통이 나오면 손으로 부서뜨려 수프에 넣어 함께 먹는다.
샐러드	· 샐러드만 나올 때도 있으나, 육류 요리와 함께 나오는 경우도 많으며, 이 경우 고기와 교대로 먹어도 좋고, 고기를 다 먹고 나서 샐러드를 먹어도 무방하다. · 포크만으로 먹는 것이 원칙으로, 채소가 큰 경우 포크의 측면을 이용하여 잘라 먹되, 안 될 경우 나이프를 써도 무방하나 볼(Bowl)에 샐러드가 담겨 나오는 경우에는 나이프를 사용하지 않는다.

<table>
<tr><th>코스</th><th>매너와 에티켓</th></tr>
<tr><td>주요리</td><td>

생선 요리

· 생선 살은 쉽게 부서지기 쉬우므로 왼쪽부터 한입 크기씩 잘라 먹는다.
· 입속에 남은 뼈는 포크를 입 언저리에 대고 뱉은 후 접시 가장자리에 모아 놓는다.
· 생선은 뒤집지 않고 먹으며, 위에 있는 살을 먼저 먹고 뼈를 발라 낸 다음 아랫부분을 먹는다.
· 지느러미가 있는 경우 먼저 잘라내어 접시 윗부분에 옮겨 놓고 다 먹고 난 후, 접시에 남은 뼈, 껍질, 머리 등을 정리한다.

새우 요리

· 포크로 머리 부분을 고정시키고 나이프를 새우의 살과 껍질 사이에 넣어 살을 벗겨 내듯이 꼬리쪽으로 나이프를 옮겨간다.
· 구이 요리는 나이프로 잘라 양쪽으로 펼쳐 먹도록 한다.
· 어패류 요리에 비린내를 감소시키기 위해 나오는 레몬은 즙이 튀지 않도록 한 손으로 가리고 어패류 위에 짜며, 둥글고 얇게 자른 레몬은 요리 위에 올려 놓고 가볍게 누른다.

랍스터 요리

· 집게발이 있는 바닷가재의 경우, 집게발을 손으로 잡고 전용 집게를 이용, 전용 포크로 속살을 꺼내어 먹는다.

육류 요리

· 먼저 잘게 썰어 놓고 먹을 경우, 맛이 떨어지게 되고 보기에도 좋지 않으므로, 왼쪽 끝부터 한입 크기로 잘라 그때마다 먹는다.
· 곁들인 곡물류와 채소는 장식이 아니므로 교대로 먹는다.
· 티본 스테이크와 뼈 있는 치킨의 경우, 뼈는 먼저 발라내는 편이 먹기 쉽다.
· 로스트 치킨의 닭다리의 끝이 종이로 싸여 있으면 '손으로 잡고 드세요.'라는 뜻으로 생각해도 무방하지만, 편한 자리일 경우에만 해당되며 원칙적으로 손으로 잡고 먹는 행동은 좋지 않다.
· 꼬치 요리(Brochette)는 포크를 이용하여 꼬치를 뺀 후 먹는다.
· 소스가 있는 경우 소스를 서비스받은 후에 먹기 시작한다.

소스

· 훌륭한 요리의 기본적인 요소로서 본 음식과 조화된 맛을 지녀야 하며, 일반적으로 푹 고아낸 고기 국물에 버터, 포도주, 크림, 달걀노른자 등의 재료로 만든다.
· 소스는 많이 묻혀야 맛이 있으며 본 요리의 1 / 3 정도 끼얹어 먹는다.
· 이미 만들어져 나오는 소스(홀스래디시, 머스터드)는 차가운 소스(Cold Sauce)이므로 고기에 직접 바르지 않도록 한다.

</td></tr>
<tr><td>디저트</td><td>

치즈

· 포크와 나이프를 이용하며 버터를 바른 빵에 올려 놓아 먹을 때는 손으로 먹는다.
· 풍미가 약한 것에서 강한 순으로, 풍미가 섞이지 않도록 하나씩 먹는다.

</td></tr>
</table>

코스	매너와 에티켓
디저트	**◉ 케이크** · 포크나 나이프를 이용하여, 모양이 상하지 않도록 조심스럽게 잘라 먹으며, 삼각일 경우 뾰족한 부분부터 잘라 먹는다. **◉ 과일** · 과일이 서비스될 경우에는 핑거볼(Finger Bowl)이 따라 나오게 되는데, 이때 반드시 한쪽 손만 씻고, 다 씻고 나면 냅킨을 볼에 가까이 하여 물기를 닦는다. · 바나나는 나이프로 칼집을 내어 껍질을 벗긴 후 왼쪽부터 한입 크기로 잘라 먹는다. · 멜론은 초승달처럼 잘라 나올 경우, 왼쪽부터 한입 크기로 잘라 먹는다. · 사과는 통째로 나올 경우 2등분하고, 다시 4등분하여 한 조각의 속을 제거한 후 사과의 안쪽에 포크로 꽂아 나이프로 껍질을 벗겨 먹는다. · 포도, 체리, 딸기는 손으로 집어먹으며, 씨나 껍질은 입가 가까이 손을 대고 그 안에 뱉도록 한다. **◉ 아이스크림과 셔벗** · 입안이 차가워지는 것을 막기 위해서 곁들어진 웨이퍼(Wafer)와 교대로 먹되, 웨이퍼를 스푼 대용으로 사용해서는 안 되며 아이스크림과 번갈아 먹는다.  웨이퍼 바스켓 속에 든 바닐라 아이스크림
식후 음료 (차와 커피, 식후주)	· 컵의 손잡이가 왼쪽으로 놓여 있을 경우, 손잡이를 앞쪽으로 돌려 오른쪽으로 향하게 하여 마신다. · 컵받침 접시(Saucer)는 손으로 잡거나 들지 않도록 한다. · 설탕이나 크림은 기호에 따라 넣되 튀지 않도록 낮은 위치에서 넣는다. · 사용한 스푼은 접시의 반대편에 위를 향하도록 놓는다. · 뜨겁더라도 입으로 불어 식혀서는 안 되며, 후룩후룩 소리를 내서 마시지 않는다. · 식후주는 주로 코냑을 스트레이트로 마시거나 감미로운 리큐어류를 스트레이트 혹은 칵테일로 한 잔 정도 소량 마신다. 

웨이퍼(Wafer)

양과자의 하나이다. 밀가루, 설탕, 달걀, 레몬즙 따위를 섞어 틀에 넣고 살짝 구운 다음, 크림이나 초콜릿을 두 쪽 사이에 끼워서 만든다.

3) 기타

상황	매너와 에티켓
스파게티	면을 포크로 스푼 위에 잘 감아서 먹는다. 서양에서는 면류를 길게 빨아 먹는 것은 금물이므로 유의한다.
카레	다른 접시에 담긴 카레 소스를 자신의 밥 위에 칠 경우, 한꺼번에 전부를 치지 않고 한 입 혹은 두 입 정도의 분량을 앞쪽 밥 위에 친 후 그쪽부터 천천히 먹는다.
피자	편한 자리일 경우, 손으로 잡고 먹어도 무관하나 격식 있는 자리에서는 포크와 나이프를 사용하여 먹는다.
샌드위치	손으로 먹어도 무방하나 큰 샌드위치일 경우 나이프를 사용해도 무방하다.
달걀	· 프라이드 에그는 왼쪽부터 포크와 나이프로 잘라서 흰자위를 먹고, 노른자는 디저트 스푼으로 먹으며 완전히 익지 않는 달걀 요리는 빵으로 노른자를 묻혀가며 먹거나 햄, 베이컨에 묻혀 먹는다. · 보일드 에그는 에그 스탠드(Egg Stand)에 올려진 달걀의 윗부분을 벗겨 낸 후 티스푼으로 조금씩 떠서 먹는다. · 포치드 에그는 나이프와 포크를 이용, 노른자가 흘러내리는 경우 토스트 위에 얹어 토스트와 함께 잘라가며 먹거나 빵으로 노른자를 묻혀 가며 먹는다. · 스크램블드 에그는 포크만으로 충분히 먹을 수 있으며 햄이나 베이컨을 나이프로 잘라 달걀과 교대로 먹는다.
뷔페	· 찬 것부터 따뜻한 요리순으로 흐름을 알고 진행해야 제대로 음식을 맛볼 수 있으며, 시계 방향으로 진행하는 것이 원칙이다. · 대략 한 접시에 찬 것 몇 가지, 따뜻한 것 몇 가지, 단맛 나는 것 몇 가지 등 코스별 순으로 3~5회 정도 움직이며 접시에 담는다. 담는 방법도 접시의 가장자리부터 안쪽으로 색깔과 양을 맞추어 가며 볼륨 있게 담도록 한다. · 먹은 접시는 Server가 즉시 가져가지만 각자의 나이프, 포크는 빵 접시에 두고 음식을 담으러 간다.

gerenme / Getty Images

PART 2

기내식의 이해

CHAPTER

05

기내식의 개요

기내식이란 항공사가 목적지까지 운항하는 동안 항공기 내에서 승객에게 제공하는 식사와 음료를 말한다. 항공기 출발 전 케이터러(Caterer)는 식사와 음료를 고유의 기물을 이용하여 기내에 탑재하고, 적정 서비스 시점에 객실승무원이 탑재된 기내식을 주방, 갤리(Galley)에서 적절하게 준비하여 계획된 서비스 절차에 따라 승객에게 제공한다. 기내식 서비스는 오늘날 항공사에 대한 타사와의 차별화된 가치와 품질을 제공하고 있다는 것을 느낄 수 있는 결정적 요소이다.

최초의 기내식은 1919년 영국의 Handley Page Transport의 런던-파리 구간에서 제공한 간단한 샌드위치 런치 박스가 시초가 되었고, 1936년 미국의 유나이티드항공(UA)이 최초로 기내에 주방(Galley)을 설치해 음식을 가열하면서 지금과 같은 형태의 보편적인 기내식이 시작되었다. 그 후 1950년대는 아메리칸 에어라인(AA)의 의뢰로 호텔 케이터러였던 메리어트(Marriott)에게서 나온 정형화된 조리법이 공유되고 동일 수준의 기내식을 안정적으로 공급할 수 있는 전문 케이터링(Catering) 회사가 설립되었다.

1970년대에는 항공 자유화가 이루어지면서 고급 교통수단으로 여겨진 항공 여행이 대중화되기 시작했고, 기내식 등 기내 서비스보다는 항공 요금이 더 중요하게 되면서 LCC의 등장으로 저렴한 기내식이 등장하였다.

국내의 최초 기내식은 1969년 대한항공이 국제선 취항을 하면서 제공하게 된 샌드위치와 음료이다. 1990년에 대한항공이 워싱턴-하와이 구간의 전세기에 처음 비빔밥을 선보이며 한식이 기내식으로 제공되기 시작했다고 할 수 있다. 오늘날에는 지상의 호화로운 레스토랑 못지않게 하늘에서 다양한 메뉴와 질 좋은 음식들로 기내식 서비스가 가능해졌다.

국내 항공사들은 기내식에 비빔밥, 비빔국수, 동치미국수, 삼계찜 등과 같이 다양한 한식을 도입하고 끊임없이 새로운 메뉴를 지속적으로 개발하여 각 항공사의 고유한 이미지를 살리고 타 항공사와 차별화를 두기 위해 최선을 다하고 있다.

1

기내식의 특성

기내식은 항공기의 제한되고 좁은 공간이라는 환경적 요인과 공기가 건조하고 기압이 낮아 복부에 가스가 많이 차게 된다는 특징이 있어 소화가 잘되고 흡수되기 쉬운 저칼로리 음식으로 구성된다. 한 끼 기내식 총열량은 대략 700~900kcal로 일반적인 성인의 1일 권장 칼로리인 2000kcal(여성), 2700kcal(남성)에 비하면 낮은 편이다.

기내에는 다양한 언어, 식습관과 다양한 종교를 가진 수백 명의 승객이 탑승하고 있으므로 모두를 만족시킬 식사를 탑재하여 제공하기란 사실상 어렵다. 이러한 이유로 항공사들은 승객 모두가 공통적으로 즐길 수 있는 식사류를 선정해서 제공하는 것이 일반적이며, 기내식의 신선도를 유지하는 일을 매우 중요시하고 있다.

항공기 내라는 특수환경에서 제공되기 때문에 기내식의 탑재, 관리, 제공에 이르기까지 담당자의 특별한 주의가 요구된다. 수백 명이 제한된 공간에서 일시에 취식하기 때문에 기내에서 발생하는 작은 위생상의 문제라도 대형사고로 이어질 수 있으며, 개인의 건강상태에 따라 치명적일 수 있다. 또한 환자가 발생했다고 해도 즉각적으로 착륙을 결정할 수가 없고 간단한 응급처치 정도만 가능하므로 기내식 생산 및 운영 관리 담당자와 이를 제공하는 객실승무원의 철저하고 까다로운 위생 관리는 필수적이다.

2

기내식의 준비

1) 기내식 위생 관리(HACCP)

항공사들은 식자재의 구매에서부터, 저장, 조리, 판매에 이르기까지 철저한 위생 관리를 보장할 수 있는 HACCP 시스템을 운영하고 있다.

HACCP는 'Hazard Analysis Critical Control Points'의 약자로, 식품의약품안전처에서 이것을 식품 위해 요소 중점 관리 기준이라고 일컫는다

HACCP란 식품의 원재료 생산에서부터 제조, 가공, 보존, 유통 단계를 거쳐 최종 소비자가 섭취하기 전까지 각 단계에서 발생할 우려가 있는 위해 요소를 규명하고 이를 중점적으로 관리하기 위한 중점관리점(또는 중요관리점. Critical Control Point)을 찾아서 자주적이며 체계적이고 효율적인 관리로 식품의 안정성을 확보하기 위한 과학적인 위생 관리 체계라 할 수 있다.

항공사의 HACCP는 기내식이 낮은 기압, 좁은 공간이라는 특수 환경과 조리한 뒤 3~12시간 이후에 제공 가능하다는 조건을 고려하면서, 맛과 향, 위생을 유지하기 위해 급속 저온 냉각 시스템을 적용한 조리과학의 결정체라고 할 수 있다.

각 항공사에서 승객에게 제공하는 기내식을 생산하는 케이터링 센터는 식품 위생 관리 부문에서 전 세계적 기준이 되고 있는 HACCP 규정을 엄격히 적용하고 있다.

항공사 케이터링 중점관리점은 식품의 구매 시점부터 승객 취식 시까지 있을 수 있는 식중독 미생물을 포함한 바람직하지 못한 미생물의 생존, 오염, 증식을 막기 위한 과정이다. 기내식 식자재 입고부터 완제품의 기내 탑재에 이르기까지의 모든

제조, 운영 공정 중에서 특히 중요하다고 판단되는 공정(HACCP)을 선정하여 중점 관리하고 있다.

표. 품질 관리 주요 공정

명칭	주요 공정	한계 기준
CCP1	야채류 세척, 소독 공정	염소수 50~100ppm에서 3~5분간 침지 / 이물질 제거
CCP2	식품 가열 조리	육류: 68도 이상, 가금류: 74도 이상, 어패류: 65도 이상
CCP3	기내식 냉각	가열된 조리된 음식을 4시간 이내 60도에서 5도 이하로 냉각
CCP4	기내식 디시업(Dish-up)	식사(Meal) 표면 온도 15도 이하로 디시업 완료
CCP5	기내식 트레이 셋업(Tray Set-up)	식사 표면 온도 15도 이하로 트레이 셋업 완료
CCP6	기내식 탑재	식사 표면 온도 8도 이하 유지
CCP7	기물 및 용기 세척, 소독	Thermolabel 측정 기준 71도 이상

2) 기내식 제조 과정

대부분의 케이터링에서는 식자재 구매부터 생산 그리고 탑재까지의 전 과정에 엄격한 제조 공정 관리를 하고 있다. 특히 작업장과 냉장고 / 냉동고의 온도 관리 및 손 세척 등 개인위생에 초점을 맞추어 위생 관리를 철저히 강화한다.

기내에서 위생 사고가 발생하면 치명적이다. 만약 기내 식중독 등 응급환자가 발생하게 되면 정도에 따르겠지만 가급적 가까운 공항에 착륙하려고 시도할 것이고, 여의치 않을 경우 간단한 기내 응급처치만이 가능할 뿐이다. 이러한 특수성으로 인해 위생은 생명과 직결된 문제로 철저한 위생 관리 개념이 필요하다. 국내 케이터링의 경우, 최고 수준의 위생 관리 시스템을 구축하고 있으며 유럽항공연맹(AEA)의 위생 기준인 HACCP 시스템에 의한 철저한 위생 관리가 이루어져 위생 안전에 관해서는 철저하다고 볼 수 있다.

반제품

완전한 하나의 식사가 조합되기 전의 각각의 아이템이다.

완제품

각 반제품을 조합하여 하나의 식사로서 구성한 것이다.

기내식 제조 및 운영 공정은 다음과 같다.

항공편별 식사 주문(Meal Order)이 입력되면, 각 항공편명 계획된 메뉴(Menu)의 기준 정보에 따라 각 메뉴별 반제품 식사재 주문이 자동으로 생성되어 제조할 반제품 작업량이 생성된다. 각 메뉴별 작업장에서 반제품을 생산한 후 각 메뉴별 기물에 이를 담아 하나의 완성된 식사인 완제품을 생산한다.

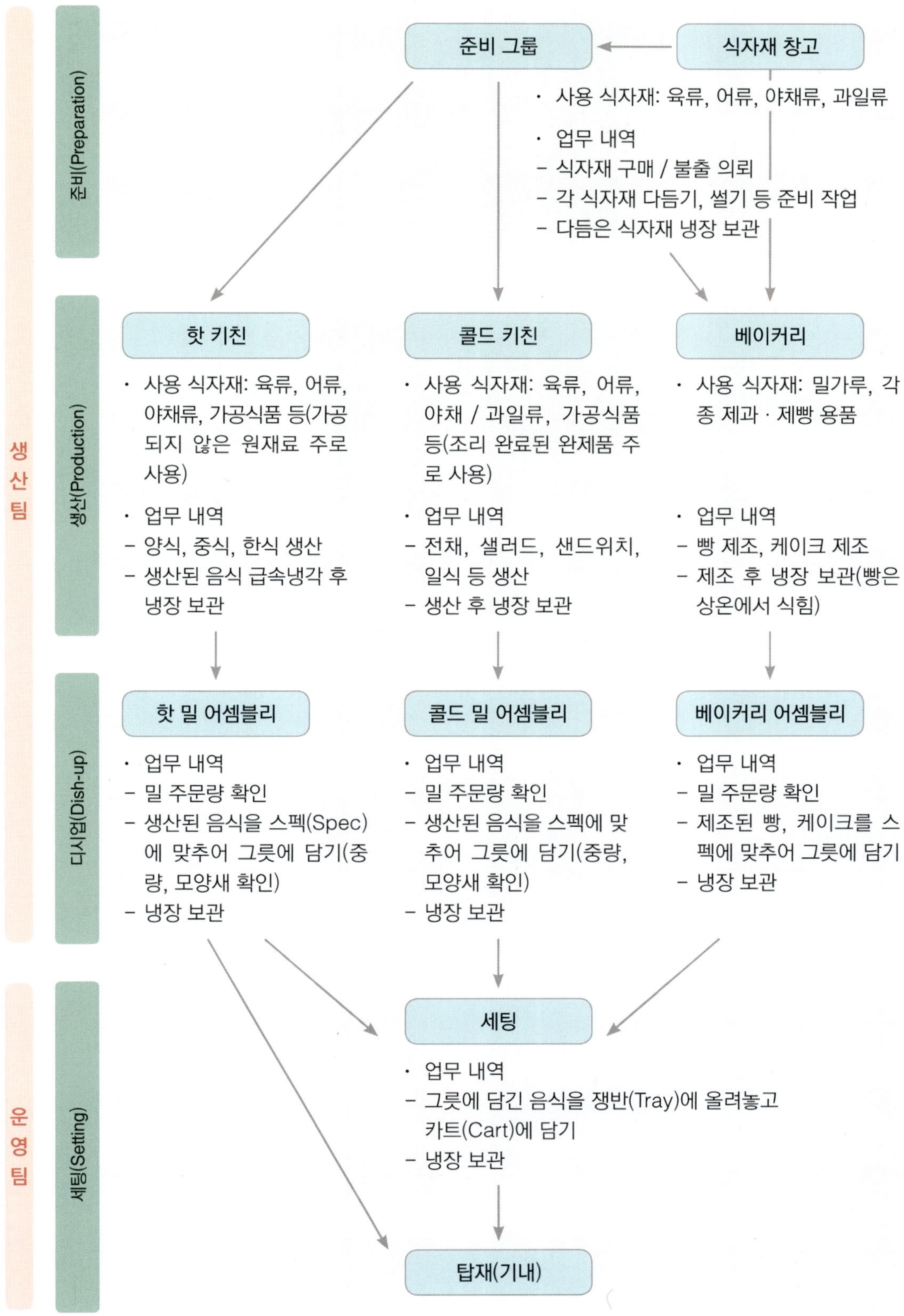
생산팀
운영팀
준비(Preparation)
생산(Production)
디시업(Dish-up)
세팅(Setting)
준비 그룹
식자재 창고
· 사용 식자재: 육류, 어류, 야채류, 과일류
· 업무 내역
– 식자재 구매 / 불출 의뢰
– 각 식자재 다듬기, 썰기 등 준비 작업
– 다듬은 식자재 냉장 보관
핫 키친
· 사용 식자재: 육류, 어류, 야채류, 가공식품 등(가공되지 않은 원재료 주로 사용)
· 업무 내역
– 양식, 중식, 한식 생산
– 생산된 음식 급속냉각 후 냉장 보관
콜드 키친
· 사용 식자재: 육류, 어류, 야채 / 과일류, 가공식품 등(조리 완료된 완제품 주로 사용)
· 업무 내역
– 전채, 샐러드, 샌드위치, 일식 등 생산
– 생산 후 냉장 보관
베이커리
· 사용 식자재: 밀가루, 각종 제과 · 제빵 용품
· 업무 내역
– 빵 제조, 케이크 제조
– 제조 후 냉장 보관(빵은 상온에서 식힘)
핫 밀 어셈블리
· 업무 내역
– 밀 주문량 확인
– 생산된 음식을 스펙(Spec)에 맞추어 그릇에 담기(중량, 모양새 확인)
– 냉장 보관
콜드 밀 어셈블리
· 업무 내역
– 밀 주문량 확인
– 생산된 음식을 스펙에 맞추어 그릇에 담기(중량, 모양새 확인)
– 냉장 보관
베이커리 어셈블리
· 업무 내역
– 밀 주문량 확인
– 제조된 빵, 케이크를 스펙에 맞추어 그릇에 담기
– 냉장 보관
세팅
· 업무 내역
– 그릇에 담긴 음식을 쟁반(Tray)에 올려놓고 카트(Cart)에 담기
– 냉장 보관
탑재(기내)

BURCU ATALAY TANKUT / Getty Images

반제품은 지상의 각 작업장에서 만든다.

핫 키친(Hot Kitchen)은 각종 식재 준비 및 가열 공정이 필요한 반제품을 생산하는 작업장이다. 여기서는 소테(Sautee), 끓이기(Boil), 삶기(Braising), 오븐 그릴(Oven Grill) 등의 조리 방법 및 한식, 양식, 중식, 인도식 등 메뉴별 구분에 따라 15개의 작업장으로 세분화되어 있다.

콜드 키친(Cold Kitchen)은 비가열성 반제품을 생산하는 작업장이다. 여기서는 콜드 밀(Cold Meal)용 식자재 썰기(Slicing), 샐러드(Salad), 드레싱(Dressing) 및 일식 제조 등을 담당하고 있다. 베이커리 키친(Bakery Kitchen)은 롤 앤 브레드(Roll & Bread), 무스류 등 제과·제빵 생산을 담당하는 작업장이다.

조리된 반제품은 Blast Chiller를 사용하여 4시간 이내 60도 이상에서 5도 이하로 냉각시켜 냉장고에 보관함으로써 각 작업 단계별로 음식이 이동하면서 변질되는 것을 방지하며, 생산된 반제품은 디시업(Dish-up) 작업장으로 옮겨진다.

각 작업장에서 생산된 반제품을 메뉴 스펙(Menu Specification)에 따라 각 항공사별 기물에 담는 작업을 '디시업(Dish-up)'이라고 말한다. 디시업을 거쳐 하나의 완성된 식사인 완제품을 생산한다. 가열하여 조리한 후 냉각된 핫 밀 반제품은 48시간 이내, 가열하지 않은 콜드 밀 및 Bakery Mousse는 24시간 이내에 디시업이 완료되어야 한다.

M101Studio / Shutterstock.com

1 조리(반제품 생산)

2 Blast Chiller에서 Chilling 및 냉장 보관

Kondor83 / iStock / Getty Images Plus

3 디시업(Dish-up)

4 완제품

기내식 제조 공정

KE897 / 8	날짜	332Q
BC	2B-01	CART

1st		
2nd		
3rd		
4th		
5th	Bc Fork x12/Knife x12/Tea Spoon x12/Soup Spoon x12 on Large Tray	Bc Fork x12/Knife x12/Tea Spoon x12/Soup Spoon x12 on Large Tray
6th		
7th	Bc Saucer x12	Bc Saucer x12
8th		
9th		
10th		
11th	Bc Butter Bowl x12 BC Kor Soup Bowl x4	Bc Butter Bowl x12 BC Kor Soup Bowl x4
12th		
13th	Bc Kor Soup Bowl x12	Bc Kor Soup Bowl x12
14th		

KE897 / 8	날짜	332Q
BC	2A-04	CART

1st	Blandy Snifter x15 In Glass Rack	Bc Tumbler Glass x24 Glass Rack
2nd		
3rd	Bc Tumbler Glass x12/ Bc Wine Glass x12 Glass Rack	Bc Tumbler Glass x24 Glass Rack
4th	Bc Tumbler Glass x12/ Bc Wine Glass x12 Glass Rack	Bc Tumbler Glass x12/ Bc Wine Glass x12 Glass Rack
5th		
6th	Bc Liquor Glass x8 In Holder	
7th		
8th	Bc Tumbler Glass x12/ Bc Wine Glass x12 Glass Rack	Bc Tumbler Glass x12 Glass Rack
9th		
10th	Bc Tumbler Glass x24 Glass Rack	Empty Rack
11th		
12th	Bc Tumbler Glass x12 Glass Rack	
13th		
14th		

오퍼레이션 매뉴얼(Operation Manual)에 따라 기내식 및 객실 용품을 서비스 기물(Tray, Drawer, Cart, Carry on Box)에 담는 작업을 세팅(Setting)이라고 하며 크게 기내식 및 기물 세팅과 소모품 세팅으로 나누어진다. 기종, 편명, Equipment, 탑재 위치, 세팅 품목, 세팅 위치 수량 등이 기재되어 있는 작업 지시서인 Meal Cart Tag를 출력해서 전면에 부착한다.

상황실에서 전달받은 기내식 적재 목록서에서 식사 주문 접수 내역을 확인하고 시스템상 수량과 상호 확인한다.

기내식 적재 목록서 상의 수량에 따라 기내식 완제품과 납품된 Ready Made 품목을 작업 지시서에 따라 정확히 세팅한다. 기물류(Chinaware, Glassware, Serving Tool)는 노선별 / 기종별 / Flight별 표준 탑재량에 따라 세팅한다.

세팅을 완료한 후 세팅이 잘못된 품목이 없는지 점검하고 Outbound Dock으로 송부한다. 세팅이 완료된 식사는 냉장고에 보관하며 기타 품목은 Outbound Dock에 보관한다.

3) 기내식의 운반 및 탑재

Food Car에 적재 전 최종 확인을 위해 각 작업장에서 세팅 완료한 기내식, 기물, 소모품 및 외부 Packing 품목 등을 Outbound Dock 내 지정된 위치에 정렬하고 최종 확인한다. 그리고 보안을 위해 각 Carrying Equipment에 Seal을 채운다. 탑재 Galley별로 구분하여 Food Car에 적재하고 이동 중 넘어지지 않도록 Strap을 채운다. 탑재를 위해 Ramp로 이동할 시에는 각 지역별 규정 속도 및 각종 규정을 준수하여 주행한다. 3단 유도를 실시하여 항공기에 안전하게 Food Car를 접현한 후 정위치에 탑재하여 출발 1시간 전까지 탑재 완료 및 최종 점검을 한다.

Ceri Breeze / Shutterstock.com

CHAPTER

06

기내식의 내용

기내식은 여행 목적지의 특성에 맞추어 다양한 기내식 메뉴가 제공된다. 기본적인 메뉴 구성은 비슷하나 비행시간에 따라 볼륨(Volume)이 차이가 나고 항공기 기종에 따라 구조적인 환경에 의해 서비스 방향이 달라진다.

1

기내식의 종류

기내식은 비행 소요 시간, 제공 시간, 클래스 등에 따라 다양하게 분류할 수 있다. 식사의 메뉴나 탑재 비율은 해당 노선의 특성, 즉 승객의 국적 분포, 선호도에 대한 통계자료에 의해 정해진다.

1) 식사 유형에 따른 분류

다양한 국적을 가진 탑승객의 입맛을 만족시키기 위해서는 노선의 특성에 따른 식사 유형(Meal Type) 개발이 필요하다. 따라서 각 항공사들은 국적 탑승 비율에 따라 다양한 기내식 메뉴 개발에 힘쓰고 있다. 식사 유형을 서양식과 한식으로 분류할 수 있지만 서양식에도 현지 노선 메뉴를 특화해서 제공한다.

유형	메뉴
서양식	Grilled Beef, Beef Stew, Braised Beef, Roasted Fish, Chicken Pasta, Omelet
한식	비빔밥(미역국, 된장국), 비빔국수, 곤드레밥, 강된장덮밥, 낚지덮밥, 흰쌀죽, 불고기, 삼계찜, 영양쌈밥, 닭곰탕, 동치미국수
중식	Stir-fried Beef or Seafood with Chinese Sauce, Chinese Style Chicken with Oyster Sauce
일식	Japanese Style Teriyaki Chicken, Green Tea Soba

2) 비행시간에 따른 분류

기내식은 비행 소요 시간에 따라 핫 밀(Hot Meal)과 콜드 밀(Cold Meal)로 나뉘고 제공 횟수도 다르다 .

핫 밀은 비행 소요 예정 시간이 2시간 이상인 경우에 제공되고 일부 내용물을 재가열하여 서비스한다. 콜드 밀은 2시간 이내의 구간에서 데우거나 조리하지 않아도

되는 음식이 제공된다. 비행시간이 7시간 이내일 경우 핫 밀이 1회 제공되고 일부 노선에 따라 리프레시먼트(Refreshment)가 제공되기도 한다. 비행시간이 7시간 이상일 경우 핫 밀이 2회 제공되고 스낵(Snack)이 제공된다.

유형	비행시간	기내식 종류 및 제공 횟수
단거리	~3시간	2시간 이내: 콜드 밀 1회 제공
		2시간 이상: 핫 밀 1회 제공
중거리	3~7시간	핫 밀 1회 + 리프레시먼트(노선에 따라) 제공
장거리	7시간~	핫 밀 2회 + 스낵 제공

3) 서비스 시간에 따른 분류

기내식은 제공되는 시간에 따라 나눌 수가 있고 출발지 현지 시간을 기준으로 기내식 종류를 계획한다.

기내식 형태	기내식 코드	서비스 시간
Breakfast	BRF	오전 4~9시
Brunch	BRCH	오전 9~11시
Lunch	LCH	오전 11~오후 2시
Dinner	DNR	오후 5~10시
Supper	SPR	오후 10~12시
Snack	SNX	기타 시간
Refreshment	–	–

4) 사전 주문에 의한 분류

기내식은 승객의 식사 사전 주문 여부에 따라 일반식과 특별식(Special Meal, SPML)으로 구분된다.

일반식은 비행 전 사전 주문 절차를 거치지 않고 항공기에 탑승한 모든 승객에게 제공되는 식사이다. 그 외 승객 개개인의 건강상의 이유, 종교상의 이유 등으로 비행 전에 특정한 음식을 주문하는 것을 특별식이라 하고, 항공기 출발 24시간 전까지는 사전 요청이 필요하다. 특별식은 기내식 서비스에서 중요한 비중을 차지하는 식사이다.

유아식 및 아동식

- 유아식(Baby Meal, BBML): 만 2세 미만의 유아에게 적합하며, Juice Puree 상태로 제조된 Ready Made 이유식을 제공한다.
- 유아용 아동식(Infant Child Meal, ICML): 유아에게 CHML을 신청하는 경우 제공하며, CHML과 동일 구성이다.
- 아동식(Child Meal, CHML): 만 2세 이상 12세 미만 어린이 고객을 위한 메뉴이다.

야채식

- 서양 채식(Vegetarian Lacto ovo Meal, VLML): 생선류, 가금류를 포함한 모든 육류와 동물성 지방, 젤라틴을 사용하지 않고, 달걀 및 유제품은 포함하는 서양식 채식을 말한다.
- 엄격한 서양 채식(Vegetarian Vegan Meal, VGML): 생선류, 가금류를 포함한 모든 육류와 동물성 지방, 젤라틴뿐만 아니라 달걀 및 유제품을 사용하지 않는 엄격한 서양식 채식을 말한다.
- 인도 채식(Vegetarian Hindu Meal, AVML): 생선류, 가금류를 포함한 모든 육류와 계란을 사용하지 않고 유제품은 포함하는 인도식 채식을 말한다.
- 엄격한 인도 채식(Vegetarian Jain Meal, VJML): 생선류, 가금류를 포함한 모든 육류와 달걀, 유제품을 포함하는 모든 동물성 식품, 양파, 마늘, 생강 등의 뿌리 식품을 사용하지 않는 엄격한 인도식 채식을 말한다.
- 동양 채식(Vegetarian Oriental Meal, VOML): 생선류, 가금류를 포함한 모든 육류와 달걀, 유제품을 사용하지 않고 양파, 마늘, 생강 등의 뿌리 식품을 포함한 동양식 채식을 말한다.
- 생야채식(Raw Vegetarian Meal, RVML): 카페인 함유, 보존료 / 첨가물, 가공식품을 포함하지 않고 순수 생야채, 생과일이 포함된 식사를 말한다.

식사 조절식

- 저지방식(Low Fat Meal, LFML): 1일 지방 섭취량을 30g 이내로 제한한 식사, 콜레스테롤 함량이 높은 고지방 육류, 농축된 육수, 계란 노른자, 갑각류 등을 사용하지 않고, 저지방 육류, 저지방 생선 등을 재료로 한 식사를 말한다.
- 당뇨식(Diabetic Meal, DBML): 열량, 단백질, 지방, 당질의 섭취량을 조절하는 동시에 식사 시간에 따른 식사량의 배분, 포화지방산의 섭취 제한 등을 고려한 식사를 말한다.
- 저열량식(Low Calorie Meal, LCML): 체중조절을 목적으로 열량을 제한한 식사를 말한다.
- 저자극식(Bland Meal, BLML): 위장 장애가 있거나 수술 후 회복기에 있어 정규 식사를 소화하지 못하는 승객들을 위한 식사로 소화가 쉬운 저자극 식사를 말한다.
- 글루텐 제한식(Gluten Intolerant Meal, GFML): 식사 재료 내의 글루텐 함유를 엄격히 제한한 식사를 말한다. 글루텐 함유 식품인 밀, 보리, 호밀, 귀리, 맥아를 사용하지 않고 대체 식품으로 쌀, 감자, 고구마, 옥수수, 콩을 사용한다.
- 저염식(Low Salt Meal, LSML): 1일 염분 섭취량을 2000mg 이하로 제한한 식사를 말한다.
- 유당 제한식(Low Lactose Meal, NLML): 유당을 함유하고 이는 모든 형태의 유제품(우유, 크림, 분유 등)을 엄격히 제한한 식사로 유당 분해 효소의 결핍으로 섭취 시 소화에 이상 있는 승객에게 적합하다.

종교식

- 이슬람식(Moslem Meal, MOML): 이슬람교 율법에 따라 준비하는 식사로, 돼지고기와 알코올을 사용하지 않은 식사를 말한다.
- 힌두교식(Hindu Meal, HNML): 힌두교도를 위한 특별식으로, 소고기와 송아지 고기를 사용하지 않은 식사를 말한다.
- 유대교식(Kosher Meal, KSML): 유대교 율법에 따라 조리된 음식으로, 완제품을 구매해 제공하는 식사를 말한다.

기타 특별식

- 해산물식(Seafood Meal, SFML): 생선 및 해산물을 주재료로 하며 곡류, 야채류 및 과일류와 함께 제공하는 식사를 말한다.
- 과일식(Fruit Platter Meal, FPML): 정규 기내식 대신 신선한 과일로만 구성된 식사를 말한다.
- 알레르기 제한식(Special Meal, SPML): 특정 식재료에 대한 알레르기 반응이 있는 고객을 대상으로 제공하는데, 알레르기를 유발하는 식재료를 제외한 식사를 말한다.

특별식: 땅콩 알레르기 제한식

기내식

승객이 안심하고 편안한 항공 여행을 할 수 있도록 기내식 제공 시 땅콩 성분이 함유된 스낵 또는 식재료를 사용하지 않는다. (단, 일부 식재료의 경우 땅콩을 가공하는 시설과 같은 곳에서 제조되어 완전한 제거를 보장할 수 없다.)

기내 환경

다른 승객이 땅콩 제품을 기내로 반입하는 것을 제지할 수 없으며, 이전 비행 시 남은 땅콩 성분이 항공기 Aisle이나 좌석 또는 기내 공기에 남아 있을 가능성도 있어 완전하게 땅콩으로부터 안전한 환경을 제공하기 어렵다.

땅콩 알레르기 승객 여행 시 유의 사항

- 항공편 이용 전, 여행이 적합한지 여부를 의사와 상의할 것을 권고한다.
- 항공권 예약 시 땅콩 알레르기가 있음을 반드시 직원에게 알리고 탑승 수속 시 소정의 양식을 작성한다.
- 여행 동반자 또는 가족들은 유사시 필요한 처치법(예: 에피펜 등)을 실시할 수 있어야 한다. 또한 혼자 여행할 때에는 직접 응급처치법을 실시할 수 있어야 한다.
- 응급처치를 위한 의료용 주사기를 기내로 반입할 때는 보안상의 이유로 의사 소견서가 필요하다.
- 좌석 주변을 확인하거나 청소하기 위해 미리 탑승하기를 원하면 직원에게 미리 알리고 탑승할 수 있다.

표. IATA 특별식 목록(Special Meal List)

약자	영문명	약자	영문명
SPML	Special Meal	LSML	Low-Sodium Meal
AVML	Asian Vegetarian Meal	MOML	Muslim Meal
BBML	Baby Meal	NLML	Non-Lactose Meal
BLML	Bland Meal	RVML	Raw Vegetarian Meal
CHML	Child Meal	LFML	Low-Fat Meal
DBML	Diabetic Meal	SFML	Seafood Meal
FPML	Fruit Platter Meal	VGML	Vegan Meal
GFML	Gluten Intolerant Meal	VJML	Vegetarian Jain Meal
HNML	Hindu Meal	VLML	Vegetarian Lacto-Ovo Meal
KSML	Kosher Meal	VOML	Vegetarian Oriental Meal
LCML	Low-Calorie Meal		
LFML	Low-Fat Meal		

5) 좌석 등급에 따른 분류

일등석 식사

일등석 식사(First Class Meal)는 격조 높은 최고급 호텔 레스토랑 수준의 정통 서양식 코스별 서비스를 추구한다. 식음료 서비스 관련 전문 지식과 세련된 매너를 갖춘 일등석 전담 승무원이 제공하는 서비스와 함께, 식사 메뉴의 구성, 식사와 함께 제공되는 음료와 서비스의 기물에 이르기까지 최상위 클래스에 걸맞은 서비스를 제공한다.

항공사들은 서비스 이미지 제고 및 일등석 승객의 요구에 부응하기 위해서 자사만의 특별한 서비스 철학을 담고자 노선별로 다양한 고급 메뉴를 개발하고, 신선한 식자재를 공급하며, 와인 및 음료 선별에 심혈을 기울이고 있다. 또한 일등석 기내식 음료 서비스의 고품질화를 위해 청정 기내식 서비스를 시작했다.

대한항공은 제주 한라산에 위치한 제동 목장에서 사육한 한우와 토종닭을 사용하여 친환경 웰빙 메뉴를 제공하고, 엄격하게 관리한 싱싱한 무공해 농산물을 기내식에 사용한다. 또 비빔밥, 영양밥, 동치미 국수 등 다양한 메뉴뿐만 아니라, 한식 요리 전문가와 함께 메뉴를 설계한 고급화한 한식 정찬을 제공하기도 한다.

Sorbis / Shutterstock.com

비즈니스석 식사

비즈니스석(Prestige Class)에는 일등석과 일반석 서비스의 혼합 서비스 스타일인 세미코스(Semi-course) 서비스가 실시되며, 일부 코스는 일등석과 유사한 프레젠테이션(Presentation) 서비스가 이루어진다.

국적 항공사들은 상위클래스 메뉴의 차별화를 위해 최근 한류 및 한식의 세계화 추세에 부응하여 한식 메뉴 개발에 주력하고 있다.

대한항공에서는 한식 메뉴로 비빔밥, 영양밥, 꼬리곰탕, 간장게장, 낙지덮밥, 비빔국수, 오미자화채, 막걸리 쌀빵, 홍삼차 등을 제공한다. 복날을 전후로 해서는 삼계탕, 여름에는 냉콩국수도 서비스한다.

Sorbis / Shutterstock.com

아시아나 항공도 한국인과 외국인 모두에게 인기 있는 궁중 정찬, 콩나물밥과 순두부탕, 묵밥, 영양쌈밥 외에도 추어탕, 복산적, 두릅산적, 새우산적과 같은 다양한 메뉴를 제공하며 하늘 위의 한정식 레스토랑을 실현하고 있다.

일반석 식사

일반석(Economy Class)에서는 일반적으로 서양식을 기본으로 하며, 서비스 스타일은 기본 식판(Basic Tray)에 내용물을 세팅하여 서비스하는 방식이다.

저녁이나 점심 식사는 정식 코스를 한상차림으로 서비스하며, 아침 식사는 미국식 아침 메뉴로 구성된 식사를 1 / 2 사이즈의 트레이(Half Tray)에 제공한다.

노선별로 주요 승객들의 선호 메뉴를 파악하여 항공사 기내식 메뉴 구성에 반영하고 있으며 다양한 스낵 서비스도 하고 있다.

2

기내식 일반석 메뉴 구성

일반석 식사에는 기본적으로 다양한 코스를 한상차림으로 제공한다. 애피타이저, 빵, 주요리(Main Dish), 디저트 등으로 구성이 되어있고, 비행 소요 시간과 제공되는 시간대에 따라 메뉴와 양(Volume)의 차이가 있다.

단거리 노선의 경우는 2시간을 기준으로 2시간 이상은 1/2 사이즈 트레이에 핫 밀(Hot Meal)이 제공되지만, 그 미만의 노선에서는 서비스 가용 시간 부족으로 인해 데우지 않고 서비스할 수 있는 콜드 밀(Cold Meal)로 서비스된다.

중거리 노선은 2/3 사이즈 트레이에 한상차림으로 제공되고 메뉴를 선택할 수 있도록 2~3종류의 Main Dish가 준비된다. 그리고 일부 중거리 노선에서는 도착 전에 추가로 간단한 식사 대용의 간식을 서비스하기도 한다. 장거리 노선의 경우는 총 2회의 핫 밀과 간식이 제공된다.

표. 단거리 노선의 식사

2시간 이상	2시간 이하
	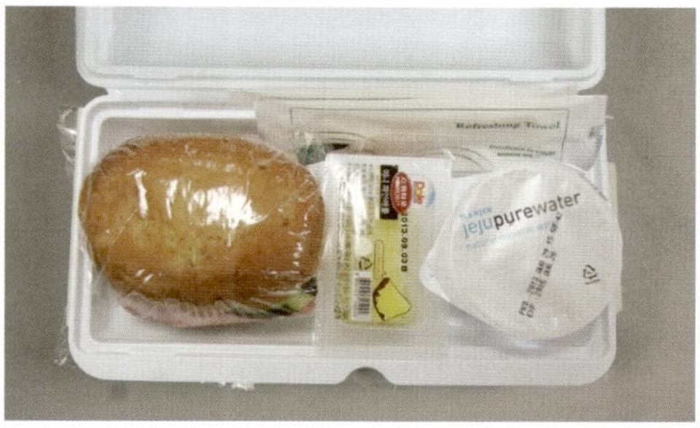 

표. 중거리 노선의 식사

1st	Refreshment

표. 장거리 노선의 식사

1st	2nd

3

기내식 일반석 서비스 절차

1) 장거리 노선 일반석 서비스 순서

1st Meal

Galley Briefing

Refreshing Towel
(Meal Tray에 Pre-setting되어 준비된 경우 개별 제공을 생략한다.)

[Breakfast / Brunch 제외 노선]
Meal Tray
with Wine & Cold Beverage

[Breakfast / Brunch 노선]
Meal Tray
with Cold Beverage

Wine Refill
(Meal Tray와 함께 Wine 제공한 경우)

Hot Beverage

Meal Tray Collecting

Clear Off

Snack SVC

- Aperitif
- Snack SVC
- Collecting
- Clear Off

2nd Meal

- Hot Towel
- [Breakfast / Brunch 제외 노선] Meal Tray with Wine & Cold Beverage
- [Breakfast / Brunch 노선] Meal Tray with Cold Beverage
- Hot Beverage
- Meal Tray Collecting
- Clear Off

2) 중거리 노선 일반석 서비스 순서

1st Meal

Galley Briefing

Refreshing Towel
(Meal Tray에 Pre-setting되어 준비된 경우 개별 제공을 생략한다.)

[Breakfast / Brunch 제외 노선]	[Breakfast / Brunch 노선]
Meal Tray with Wine & Cold Beverage	Meal Tray with Cold Beverage

Wine Refill
(Meal Tray와 함께 Wine 제공한 경우)

Hot Beverage

Meal Tray Collecting

Clear Off

3) 단거리 노선 일반석 서비스 순서

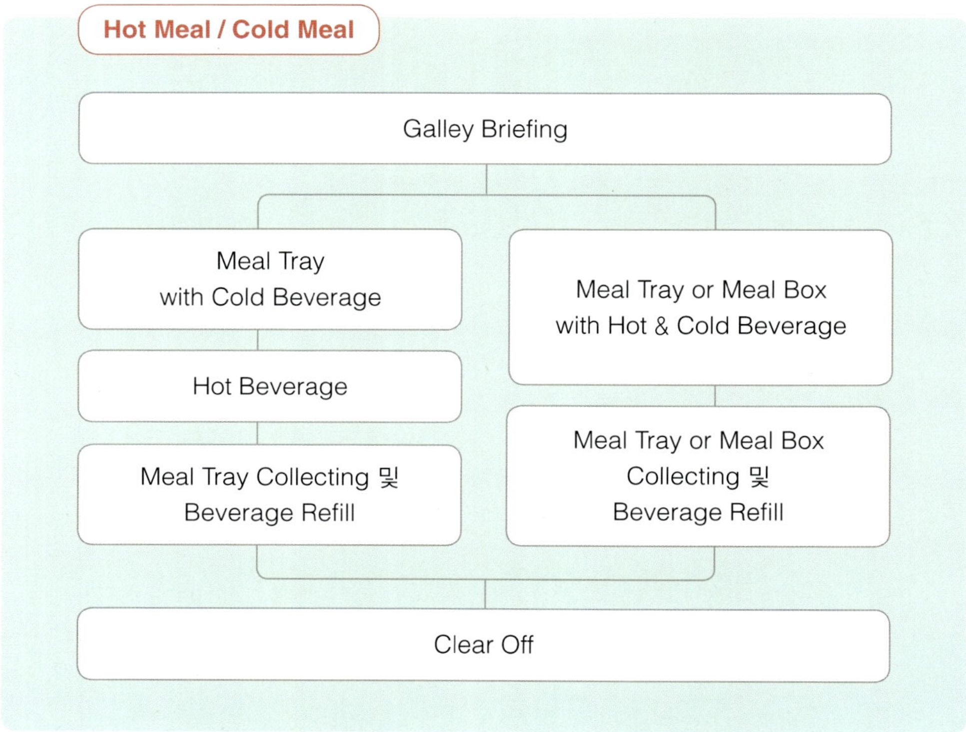

4

기내식 일반석 서비스 Flow

Airbus 380-800

- 1st Meal SVC

Refreshment를 포함한다. 2nd Meal은 역방향으로 진행한다.

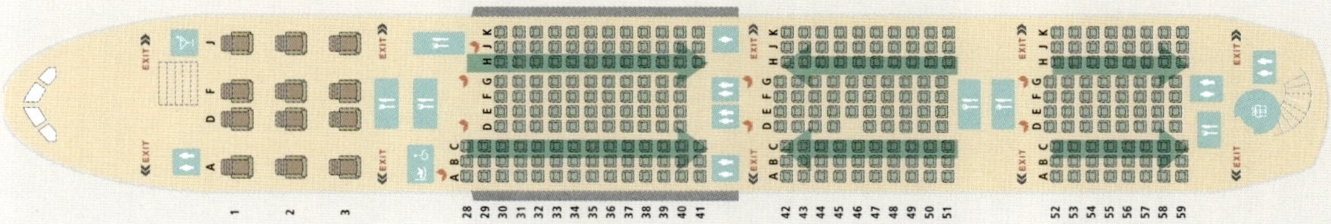

Boeing 747-400

- 1st Meal SVC

Refreshment를 포함한다. 2nd Meal은 역방향으로 진행한다.

Boeing 777-300

- 1st Meal SVC

Refreshment를 포함한다. 2nd Meal은 역방향으로 진행한다.

Boeing 777-300ER

- 1st Meal SVC

Refreshment를 포함한다. 2nd Meal은 역방향으로 진행한다.

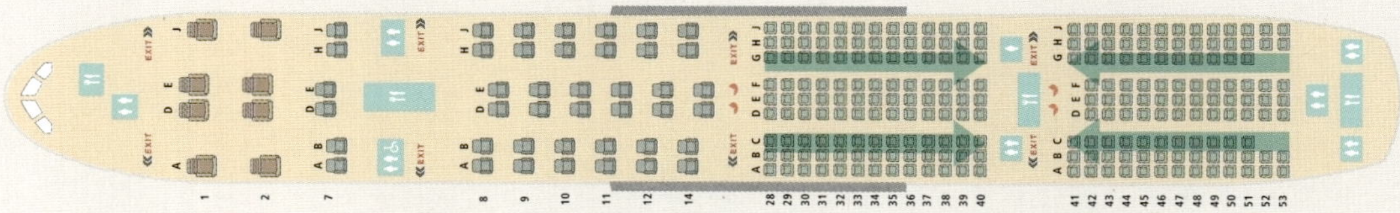

777-200ER

- 1st Meal SVC

Refreshment를 포함한다. 2nd Meal은 역방향으로 진행한다.

Boeing 787-9

- 1st Meal SVC

Refreshment를 포함한다. 2nd Meal은 역방향으로 진행한다.

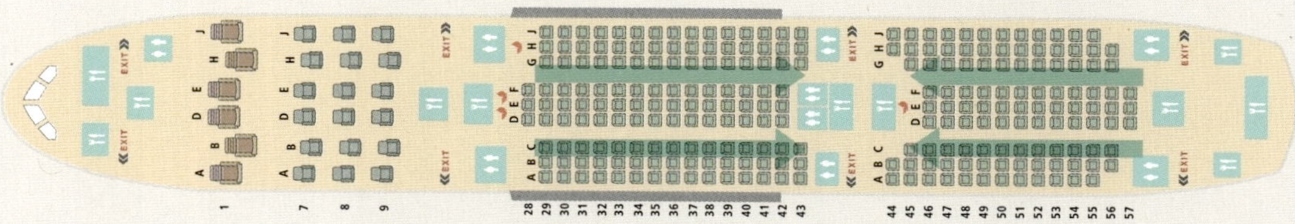

Airbus 330-200 / 300

- 1st Meal SVC

Refreshment를 포함한다. 2nd Meal은 역방향으로 진행한다.

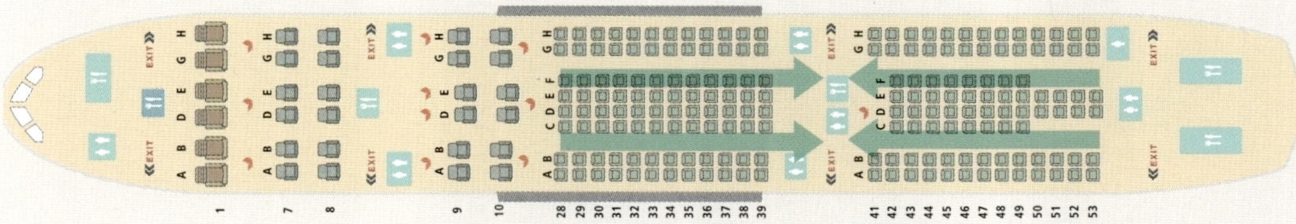

Boeing 737-800 / 900

- 1st Meal SVC

Refreshment를 포함한다. 2nd Meal은 역방향으로 진행한다.

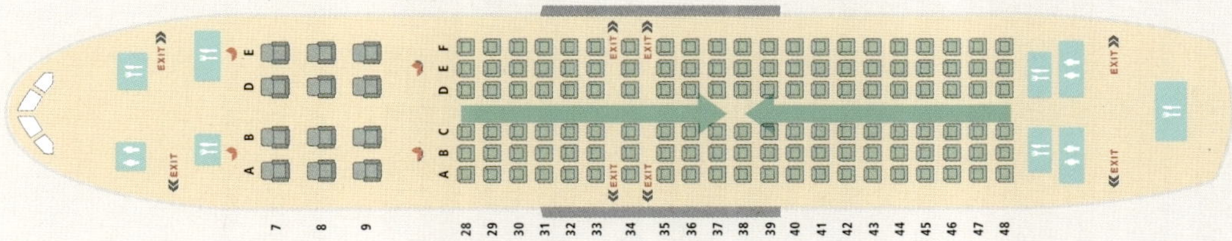

CHAPTER

07

기내식 준비하기

객실승무원은 항공기에 탑승한 후 각자 배정된 듀티(Duty)에 따라 안전 및 서비스 업무를 실시한다. 기내식 서비스 준비를 위해 Galley 담당 승무원은 Galley 내 각종 설비가 정상적으로 작동하는지 그 이상 여부를 점검하고 기물, 서비스 용품과 같은 객실 용품을 확인하고 준비한다. 그중 객실 용품 탑재 점검은 기내 물적 서비스와 직결되는 업무로 기내식 준비 업무 전 정확하게 수행되어져야 한다. 또한 객실승무원은 기내에서 식음료 서비스 업무를 전문적으로 수행하기 위해 서비스 기본 자세 및 원칙은 물론이고 기내식 준비 및 제공에 필요한 업무 지식을 숙지해야 한다.

1

기내식 서비스 준비하기

비행 중 기내식을 원활하게 제공하기 위한 준비로 각종 Galley 설비의 사용 방법 및 유의 사항, 서비스를 위해 기내에 탑재되는 객실 용품의 종류를 알아본다. 또한, 기내식 서비스 준비의 일환인 Chilling 및 Heating의 방법과 유의 사항, 기내식 제공에 필요한 제반 정보들을 공유하기 위한 서비스 정보 공유 양식에 대해 알아본다.

1) Galley 설비

Galley는 항공기 내에서 고객에게 제공할 음식, 음료를 보관하고 준비하는 곳을 말하며, 고객에게 제공할 식재료가 보관된 공간이므로 항상 청결하게 관리해야 한다. Galley의 위치는 항공기의 종류에 따라 다르며 항공기의 전방, 중앙, 후방에 위치한다.

Galley의 구조는 크게 상단, 중단, 하단으로 나뉜다. 상단에는 객실 용품을 보관하는 Compartment와 Carry-on Box 등 수납 공간이 있으며, 중단에는 식음료를 보관하거나 조리할 수 있는 Refrigerator와 오븐, Coffee Maker 등의 Galley 장비가 있다. 하단에는 식음료를 카트에 넣어 보관할 수 있는 카트 스페이스(Cart Space)가 있

Xtsukub / Getty Images

으며 이 중에는 Chiller로 사용할 수 있는 Compartment도 있다. Galley 담당은 항공기 탑승 후 Galley에 설치되어 있는 장비의 청결 상태와 작동 여부를 확인해야 한다.

Oven

- 기내의 오븐(Oven)은 뜨거운 바람으로 음식을 조리하는 시스템인데, 건열식 오븐(Convection Oven)과 습식 오븐(Steam Oven)이 있다.
- 습식 오븐은 건열식 오븐과 비교하여 조리 시간이 짧고 음식이 마르거나 딱딱해지는 것을 막아준다. 또한 'Dry Heat' 기능이 있어 건열식 오븐으로 모드(Mode)를 변경하여 사용할 수 있다.
- 모든 오븐은 도어(Door), 조리 시간 및 온도 조절 장치, Circuit Breaker가 있다.

Circuit Breaker

- Coffee Maker나 오븐 등의 전기 설비가 있는 모든 Galley에 설치되어 있다.
- 전기 과부하가 발생하면 해당 Circuit Breaker가 튀어나온다.
- 전원 공급 차단 방법: 해당 Circuit Breaker를 뽑는다.
- 전원 재연결: 과열 현상이 제거된 후 Circuit Breaker를 누른다.

오븐 사용 방법

- 오븐 내에 가열할 내용물을 넣고 오븐 도어를 닫은 후 반드시 Latch로 잠근다.
- 타이머 또는 오븐 조절 패널(Panel)을 이용하여 원하는 가열 시간을 조절한다.
  - 건열식 오븐(Convection Oven)의 경우(B747), 3가지 온도 선택 버튼(High / Medium / Low) 중 한 가지를 선택한다.
  - 습식 오븐(Steam Oven)의 경우, 메뉴 타임 버튼(↑ / ↓)을 이용하여 메뉴 프로그램(Menu Program) 및 가열 정도를 선택하고 가열 시간을 조절한 후 시작(Start) / 멈춤(Pause) 버튼을 눌러 가열을 시작한다.

오븐 사용 시 유의 사항

- 오븐은 Galley 내 고열이 발생되는 장소이므로 사용 시 주의가 필요하며 화재 예방을 위해 오븐 내부에는 가열이 허가된 물품 이외에는 보관하지 않는다.

• 오븐이 작동되는 동안에는 도어를 열지 않는다.

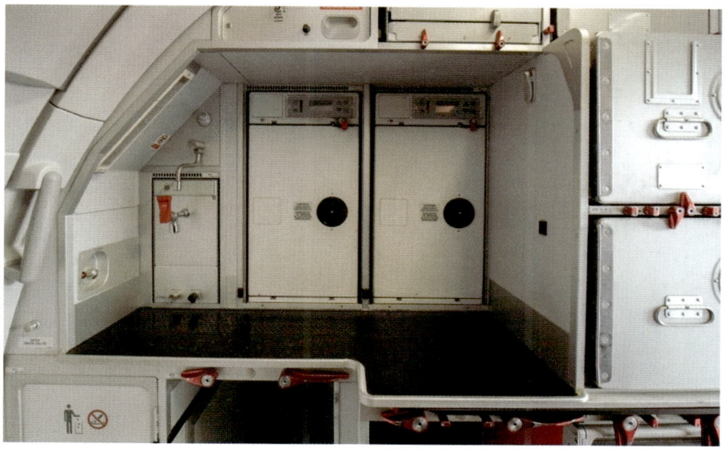

Refrigerator

• 항공기의 종류에 따라 냉동, 냉장을 선택할 수 있는 냉장장치인 Refrigerator가 Galley에 설치되어 있다.
• 냉장(Chill) / 냉동(Freeze) 2가지 모드(Mode)가 있으며 차갑게 할 서비스 용품(Service Item)의 종류와 상태를 고려하여 모드를 선택한 후 해당 스위치를 누른다.
• Refrigerator Door를 여닫을 때는 손잡이를 사용하며 사용한 후 손잡이를 이용하여 빗장을 건다.
• 하기 시 냉장고 전원을 Off로 둔다.

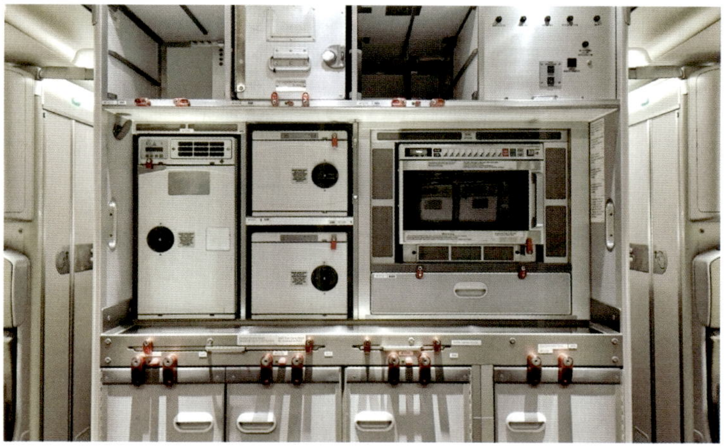

Xtsukub / Getty Images

Coffee Maker

- 모든 Galley에는 커피를 만들 수 있는 Coffee Maker가 설치되어 있다.
- Coffee Maker는 조절 버튼(Control Button), Hot Plate, Coffee Pot로 구성된다.
- 조절 버튼은 Coffee Maker 종류에 따라 다소 차이가 있을 수 있으나 일반적으로 전원(Power), 커피 추출을 위한 Brew 버튼, 뜨거운 물 추출용 Tea 버튼, No Water Indicator가 있다.

▣ Coffee Maker 사용 시 유의 사항

- 항공기에 탑승하면 Coffee Maker 전원이 Off인 상태에서 먼저 Faucet을 들어 올려 Air Bleeding을 실시한다.

Air Bleeding

Coffee Maker에 들어간 공기를 빼주는 작업으로 이 작업을 수행하지 않을 경우, 공기가 팽창해서 기기에 이상을 야기하거나 뜨거운 물이 튀어 승무원이 화상을 입을 위험이 있다.

▣ Coffee Maker 사용 방법

- Coffee Pack을 넣는 Brew Cup을 뺀 후 Coffee Pack을 넣고 Brew Cup을 원위치시킨다.
- Brew Cup 내부에 커피 찌꺼기 또는 불순물이 있을 경우, 깨끗한 물로 헹구어 낸 후 사용한다.
- Brew Handle을 Down Position으로 고정시킨다.

- Brew Button을 On으로 둔다.
- Brew가 끝나면 Brew Light가 자동으로 Off로 바뀐다.

Water Boiler

- Water Boiler는 Galley에서 필요로 하는 온수(Hot Water)를 만드는 장비이다.
- Coffee Maker나 Water Boiler를 켜기 전에는 화재 예방 및 장비 유지를 위해 반드시 Air Bleeding을 실시해야 한다.

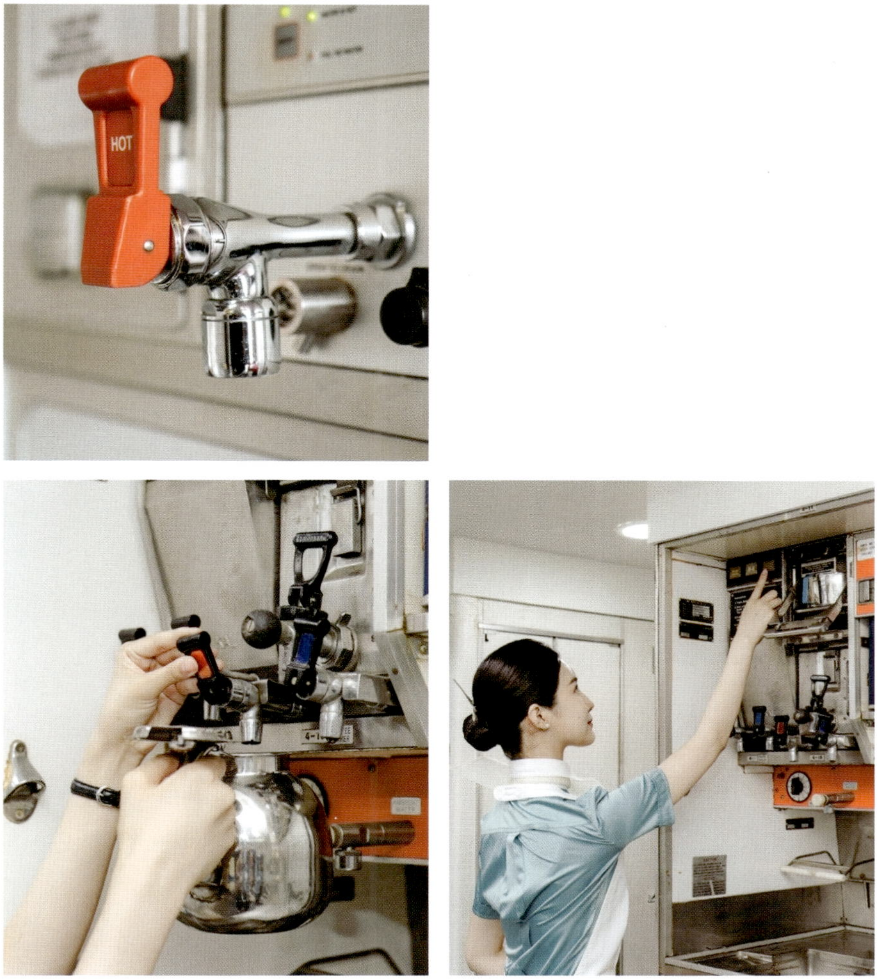

▸ 화재 예방 및 장비 유지를 위해 Air Bleeding 후 전원을 켠다.

Trash Compactor

- 쓰레기를 압축하는 설비로 쓰레기를 넣고 도어를 닫은 후 'Compact' 버튼을 눌러 작동시킨다.

Trash Compactor 사용 시 유의 사항

- Trash Box에는 플라스틱, 알루미늄 캔, 종이류 등만 넣어 압축한다.
- 와인 병, 잔량이 남은 주스 팩 등 수분이 많이 함유된 쓰레기의 경우 Trash Box에 넣지 않는다.

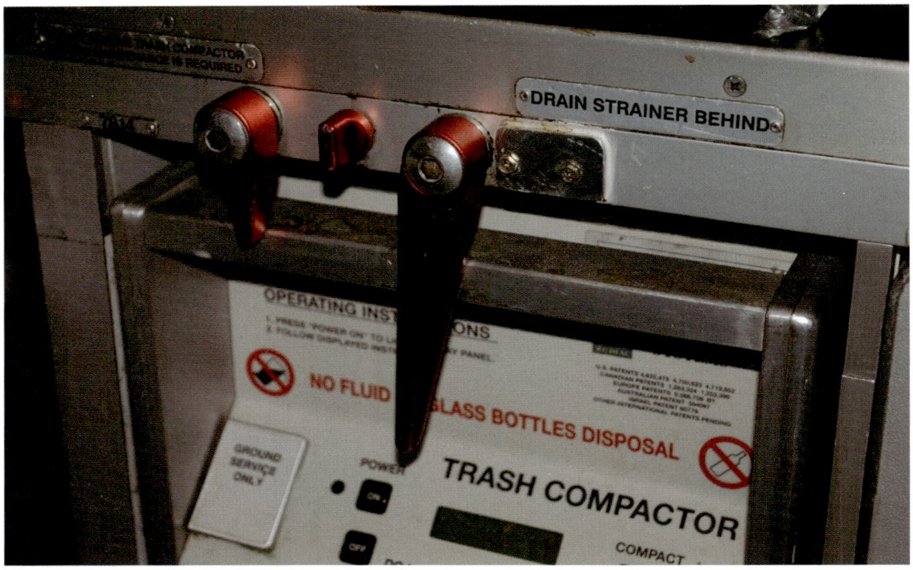

LouiesWorld1 / Shutterstock.com

Waste Container

- 서비스 시 발생한 쓰레기는 Galley 내 Waste Container에 버린다.
- Waste Container의 효율적인 공간 활용을 위해 사용된 주스 팩은 납작하게 펼치고 컵은 겹쳐서 버린다.

Galley Drain

- Galley 내 오수 배출을 위한 배수관을 말한다.

Galley Drain 사용 시 유의 사항

- 항공기 Galley에서 사용된 물은 하수관(Drain)을 통해 외부로 배출되므로 하수관에는 순수한 물만 버려야 한다.
  - 항공기가 운항 중 하수관을 통해 배출된 오수를 증발시키는 Drain Mast가 Belly 동체 밑면에 설치되어 있으며 항공기 동체 외부의 오염을 방지하기 위하여 Galley Drain으로는 순수한 물 이외의 다른 어떤 것도 버리지 않는다.
  - Galley Sink에 이물질이 유입될 경우 Drain Mast가 막혀 Galley로 역류하게 되며 이는 항공기 기체 및 부품 손상으로 이어질 수 있다.
  - 특히 우유와 와인 등을 함께 버릴 경우, 상호 작용하여 고형화되는 성질이 있어 하수관이 쉽게 막히게 된다
- 항공기 주기 중 하수관에 오수를 버리면 겨울철에는 지면이 결빙되어 안전사고가 발생할 수 있고, 정비사나 지상 조업원이 뜨거운 물에 화상을 입은 사례도 있으므로 주기 중에는 물도 버리지 않도록 주의한다.

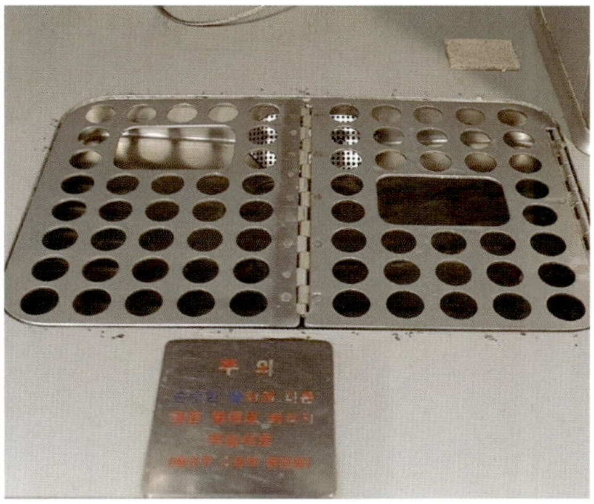

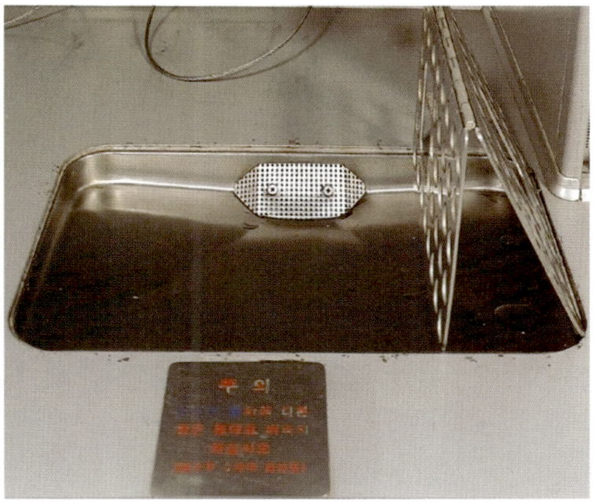

2) 객실 용품

객실 용품은 기내 설비 및 장비를 제외하고 기내에 탑재되는 모든 물품을 말하고 객실 용품은 기물과 서비스 용품으로 크게 나눌 수 있다.

기물은 서비스 보조용품으로 회수해서 재사용할 수 있는 물품을 말한다. 기물을 사용할 때에는 서비스 클래스와 용도에 맞게 적절히 사용해야 하며, 사용 전 청결도 및 상태를 점검한다. 기물은 Galley의 카트, Compartment와 Carry-on Box, Bulk로 탑재된다. Compartment는 기내에 고정되어 있는 보관 공간이며 Catty-on Box는 이동성이 있어 항공기에 탑재 및 하기할 수 있는 보관 공간이다.

서비스 용품은 승객에게 일차적으로 제공되며 그 자체가 서비스의 주가 되는 물품이다. 종류에는 기내식과 음료, Garnish, 레디메이드 소스(Ready-made Sauce)류, 소모품 등이 있다. 서비스 용품은 필요에 따라 적절한 양만 사용하고 사용 후에는 정리된 상태로 보관해야 한다. 서비스 용품은 기물과 마찬가지로 Galley의 카트, Compartment와 Carry-on Box, Bulk 형태로 탑재된다.

출발 전 Galley 담당 승무원은 탑승하는 승객 수를 기준으로 기내식뿐만 아니라 기물 및 서비스 용품의 탑재 내역 및 탑재량을 확인해야 한다.

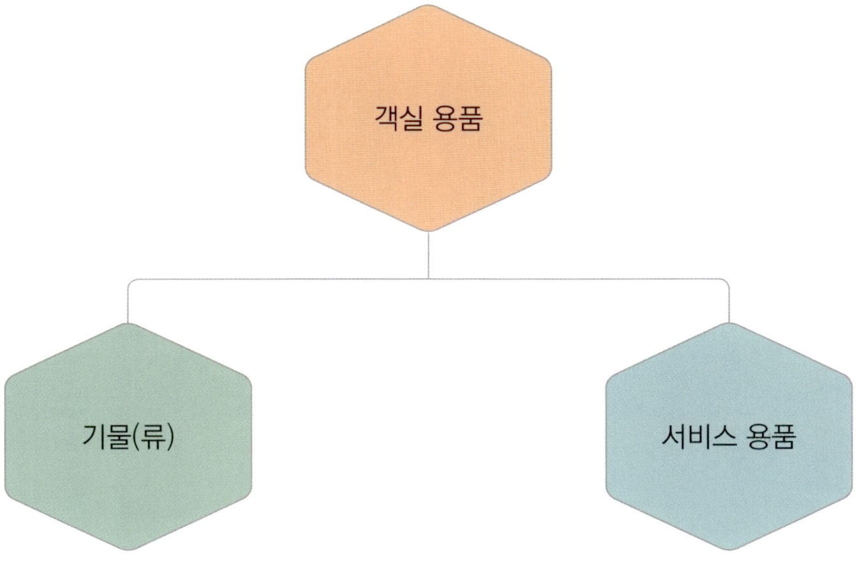

기물

기물이란 서비스 용품을 제외한 물품으로 서비스 보조 용품이며 회수하여 재사용할 수 있는 물품을 말한다. 기물의 종류는 아래와 같다.

트레이(Large, 1 / 2)

트레이(2 / 3)

트레이(Small, 1 / 4)

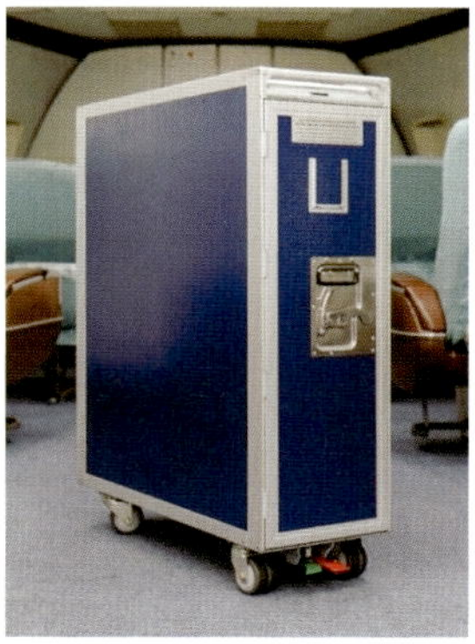
카트

Bread Basket

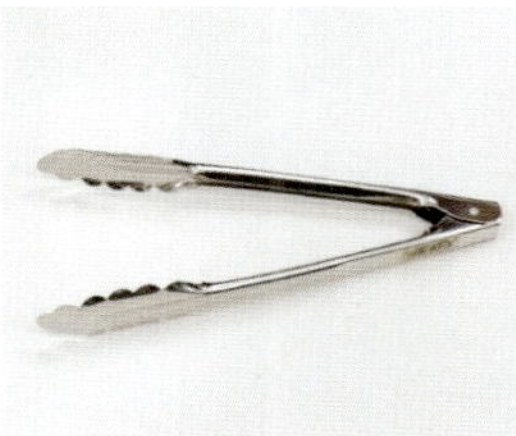
Bread Tong

Towel Basket

Towel Tong

Wine Server*

Wine Opener

Ice Bucket

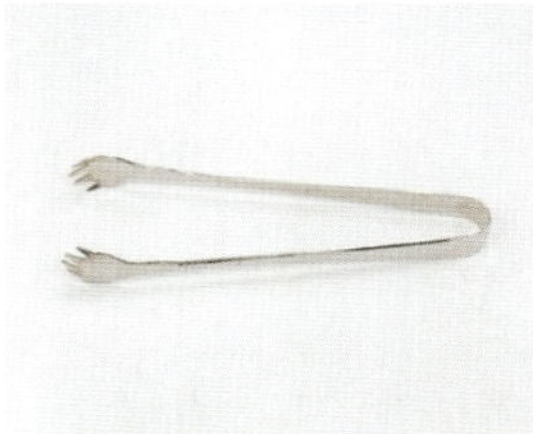
Ice scoop / Ice tong

Pot

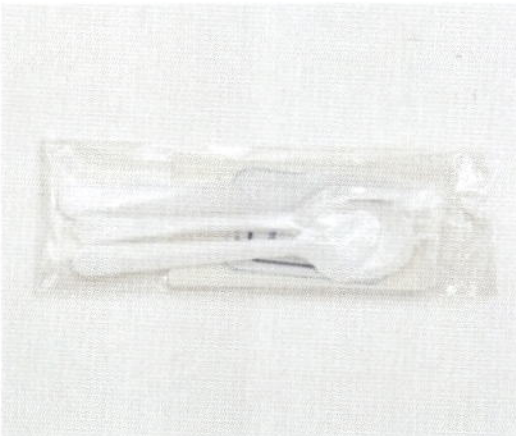
Cutlery

Linen

Oven Glove

* **Wine Server:** Wine Pourer라고도 하며 와인 서비스 시 와인이 흘러내리는 것을 방지하는 기물

서비스 용품

서비스 용품은 식사, 음료, 레몬 슬라이스와 같은 Garnish 등 승객에게 일차적으로 제공되며 그 자체가 서비스의 주가 되는 물품을 말한다. 서비스 용품의 종류는 아래와 같다.

Garnish 및 소스류

레몬 슬라이스	고추장	토마토케첩

소모품(승객 제공용)

- Cocktail Napkin: 음료 또는 식사 제공 시 손이나 입을 닦는 용도이다.
- Muddler: 알코올음료 On the Rocks, Hot Beverage 제공 시에 사용한다.
- Plastic Cup: 얼음, 소프트드링크(Soft Drink), 주류, 주스류, 음료 트레이 서비스(Beverage Tray Service) 시에 사용한다.
- Paper Cup: 미네랄워터(Mineral Water), Hot Beverage, 어린이용 음료, 국내선 구간 음료 제공 시에 사용한다.
- Cup Lid / Straw: 어린이 승객에게 Cold Beverage를 서비스할 때 사용한다.
- Cocktail Pick: 칵테일 Garnish, 차 서비스용 레몬 슬라이스 제공 시에 사용한다.
- 비빔밥 취식 안내지: 한식 비빔밥에 대한 개별 안내가 필요한 승객에게 제공한다.
- 서비스 스티커(Service Sticker): 서비스 시 사전에 어떠한 언급 없이 휴식 또는 수면을 취하여 미처 식사 주문을 받지 못한 승객 인식용으로 사용한다.
- Special Meal Tag: 특별식(Special Meal) 승객 인식용으로 사용한다.

기타 소모품(Galley Work 및 인수인계용)

- 위생 장갑
- Towel Spray: Cotton Towel 제공 시에 사용한다.
- Tin-foil: Main Dish를 담은 Casserole 또는 C-pet을 감싸는 용도로 사용한다.
- Cabin Report Tag: 기내 서비스에 적절하지 못한 식사, 음료, 기물 및 소모품 등이 탑재된 경우 증거품에 부착하여 모기지에서 케이터링 조업원에게 인계한다.
- Repair Tag: 수리가 필요한 기물에 부착한다.
- Blue Seal: 서비스 용품으로 사용한다.
- Red Seal: 주류 및 면세품용으로 사용한다.

Cocktail Napkin

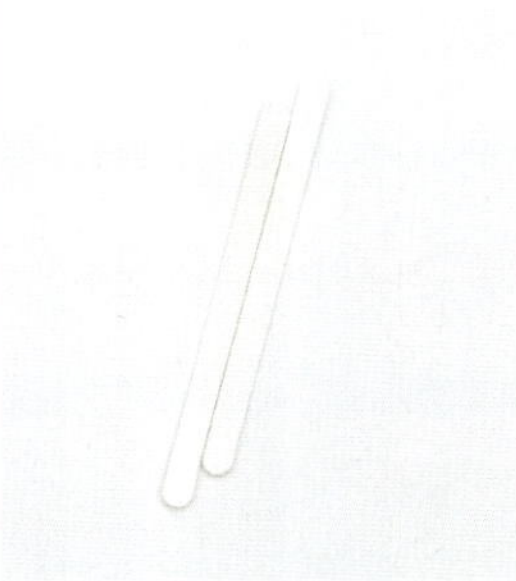

Muddler

Plastic Cup

Paper Cup

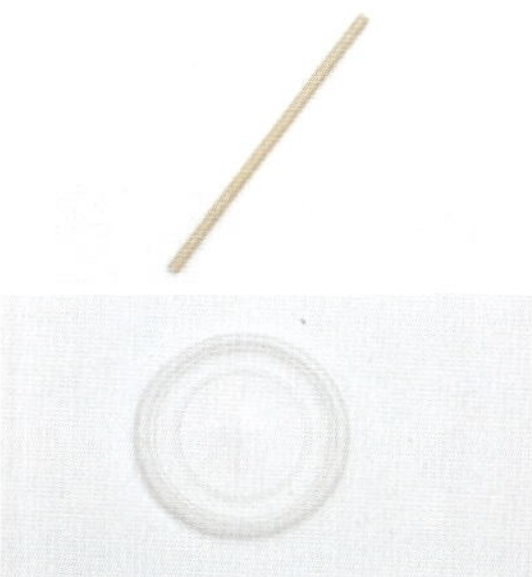
Cup Lid / Straw

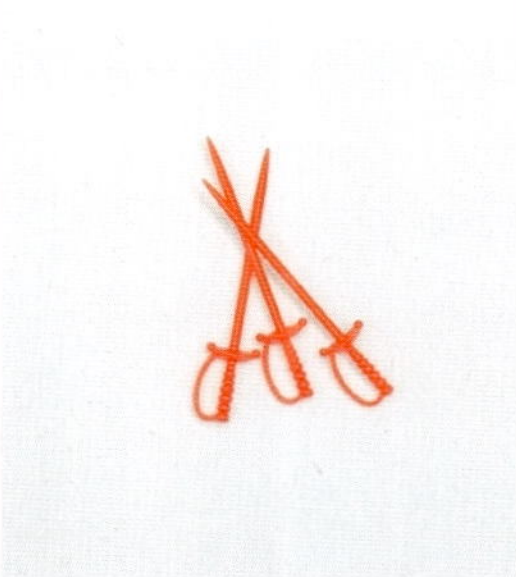
Cocktail Pick

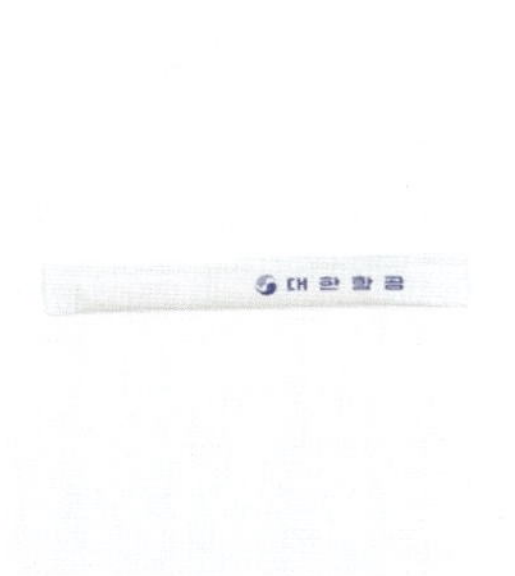

Toothpick

Salt & Pepper

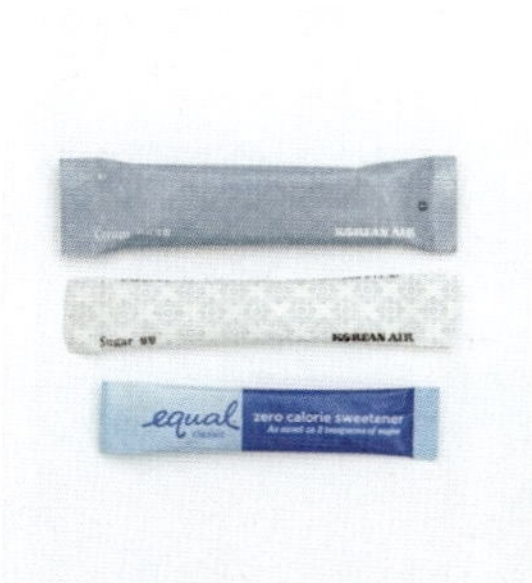

설탕, 크림, 인공감미료

비빔밥 취식 안내지

서비스 스티커

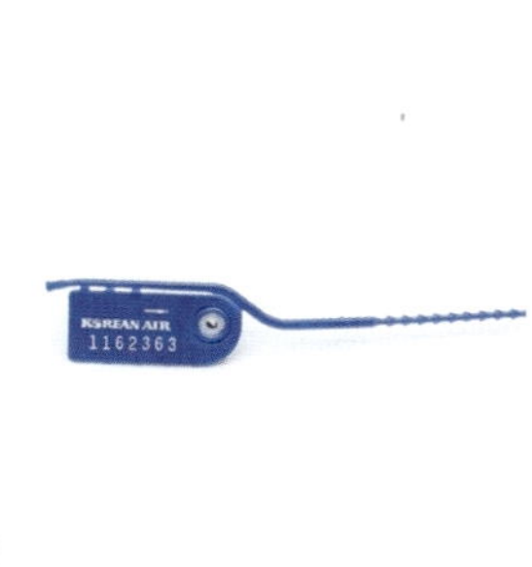

Seal

3) Galley Work 일반사항

식품 관리

- 식음료 제공을 준비하는 Galley는 항상 청결한 위생 상태를 유지한다.
- 비행 중 신선도 유지가 필요한 모든 식사, 음료는 차갑게 한다.
- 식음료 준비 과정에서 레몬 준비 등 직접 손질이 필요한 경우 Galley에서 위생 장갑을 착용하여 준비한다.
- 뜨겁게 제공해야 하는 것은 데우거나 따뜻하게 해서 제공하고, 차갑게 제공해야 하는 것은 차갑게 하여 제공한다.
- 인스턴트 음식(Instant Food), 유제품, 가공품 등의 경우 승객에게 제공하기 전 제조 일자 및 유통기한을 반드시 확인해야 한다.

▸ 레몬 준비 등 직접 손질이 필요한 경우 Galley에서 위생장갑 착용 후 준비한다.

제조 일자 및 유통기한 확인

- Galley 담당 승무원은 유제품(우유, 요거트, 버터, 치즈 등), 햇반, 죽, 삼각 김밥, 개별 포장한 떡, 개별 포장한 빵, 팩에 든 주스 등의 유통기한을 지상에서 기내식 탑재 점검 시 무작위(Random) 점검 방식(약 5%)으로 확인한다.
- 특별식의 경우 종류당 1개의 트레이 내 아이템을 확인한다.
- Bulk 탑재 아이템인 스낵류, 음료, 과자 등을 제공하기 전에 무작위 점검 방식으로 확인한다.

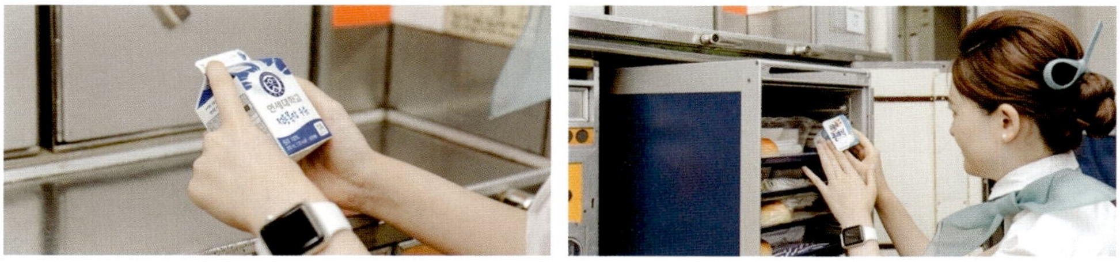

▸ 기내식 탑재 점검 시 유통기한 표기를 육안으로 확인한다.

설비 관리

- Galley Equipment를 사용하기 전 Instruction이 부착되어 있을 경우 반드시 해당 내용을 숙지하여 사용 시 유의한다.
- Water Boiler와 Coffee Maker는 전원을 켜기 전 반드시 Air Bleeding을 한다.
- 비행 중 Compartment, Carry-on Box, 오븐, 각종 카트 등 잠글 수 있는 모든 장비는 사용한 후 즉시 Locking 한다.
- Coffee Maker의 Hot Plate와 Brew Cup은 수시로 점검하여 청결을 유지한다.
- 착륙 전 Galley 내 모든 설비의 전원을 끈다.
- Galley 담당 승무원은 Trash Compactor용 Trash Box 탑재 유무 및 수량을 확인한다.
- Trash Compactor에 음식물이나 유리로 된 병, 액체류는 버리지 않는다.
- 항공기 지상 주기 시 Galley Drain을 사용하지 않는다.
- Galley Drain에는 순수한 물만 버리도록 하며 비행 중 항상 청결하게 유지한다.

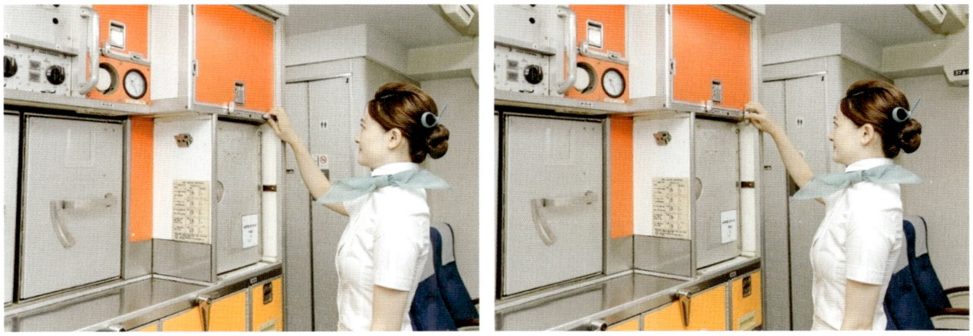

▸ 잠글 수 있는 모든 장비(Compartment, Carry-on Box, Oven, 카트 등)는 사용 후 즉시 Locking 한다.

4) Chilling & Heating

Chilling

기내에서 제공하는 식자재의 저장성을 늘리기 위하여 온도를 내리는 공정을 'Chilling'이라고 한다. 얼음 또는 드라이아이스를 이용하거나 Refrigerator, Chiller Compartment에 보관하여 Chilling 한다.

Chilling 시 유의 사항

- 모든 주스류, 소프트드링크류, 맥주, 미네랄워터, 화이트 와인, Vodka, Beaujolais Nouveau 등은 차갑게 준비한다.

Beaujolais Nouveau

프랑스 부르고뉴 보졸레 지방에서 재배된 가메이(Garmay) 포도로 만든 와인으로 매년 9월 초에 수확한 가메이 포도를 4~6주 숙성시켜 11월 셋째 주 목요일부터 출시하는 와인이다. 오크 통에서 숙성되지 않아 풍부한 과일 맛이 나며 레드 와인이지만 화이트 와인과 비슷한 맛을 낸다.

기내 특화 서비스로 11월 셋째 주 목요일에 시작해서 2~3주 동안 제공하며 10~14℃에서 가장 좋은 맛을 내므로 제공 전에 Chilling 하여 준비한다.

- 얼음이나 드라이아이스를 이용하여 기종에 따라 Ice Drawer, Carry-on Box, Compartment 등에 Chilling 한다.
- 드라이아이스를 이용하여 Chilling 할 경우 내용물이 얼지 않도록 유의한다.
- 소프트드링크 종류의 경우 Ice Cube가 탑재되지 않거나(단거리 / 국내선 구간 등) 승객이 요청하는 경우에만 얼음을 제공하는 노선에서는 충분히 Chilling 한다.
- 우유, 와인, 샴페인 등은 얼음에 Chilling 할 경우 Wrap이나 Vinyl Bag 등을 이용하여 Pack, Label이 젖지 않도록 한다.
- 샴페인은 병이 두꺼워 화이트 와인에 비해 Chilling 시간이 오래 걸리므로 Ice Bucket에 얼음과 물을 함께 넣어 단시간에 효과적으로 Chilling 하여 준비한다. 또한 샴페인의 맛은 온도에 의해 결정되며 일반적으로 화이트 와인보다 차게 하여 준비하나 적정 온도(4~6℃)보다 더 차가울 경우 향과 맛이 떨어지므로 Chilling 시 유의한다.
- 레드 와인이 지상에서 Chilling 된 카트 내에 탑재된 경우 제공하기 전 미리 꺼내 상온에 보관하여 적정 온도(15~20℃)로 제공될 수 있도록 한다.

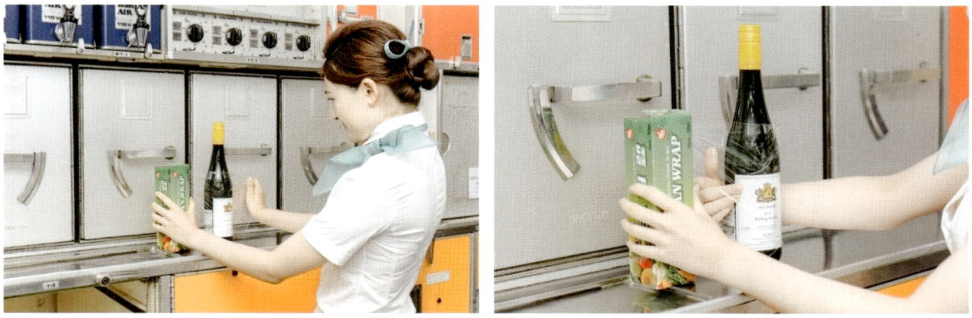

▸ 우유, 와인, 샴페인 등은 얼음에 Chilling 할 경우 Wrap이나 Vinyl Bag 등을 이용하여 Pack, Label이 젖지 않도록 한다.

▸ 샴페인은 병이 두꺼워 화이트 와인에 비해 Chilling 시간이 오래 걸리므로 Ice Bucket에 얼음과 물을 함께 넣어 단시간에 효과적으로 Chilling 하여 준비한다.

Heating

기내에서 뜨겁게 제공되어야 하는 Cotton Towel, 빵, Main Dish 등은 Galley 내 오븐을 사용하여 적정 Heating 기준을 적용하여 Heating 한다.

Heating 시 유의 사항

- 모든 Heating은 오븐을 사용하는 것을 원칙으로 하며 Galley Information의 Heating 기준을 참조하여 실시한다.
- Heating 기준은 Main Dish의 냉동 상태나 오븐 작동 상태에 따라 시간 및 온도의 차이가 있을 수 있으므로 유의한다. 특히 2nd 서비스용 Main Dish는 해동된 상태에서 Heating 기준을 적용하여 Heating 한다. (해동된 상태란 1st 서비스용 Main Dish의 탑재 상태와 동일한 상태를 의미한다.)
- 2nd 서비스용 Main Dish는 드라이아이스 또는 Chiller를 이용하여 신선하게 유지,

보관한다.

- Heating 하는 도중 오븐의 전원을 끄고 Heating 상태를 확인하여 시간 및 온도를 가감해야 한다.
- 다른 종류의 Main Dish를 한 오븐 속에 함께 Heating 하는 경우 오븐 상단부의 온도가 높음을 감안하여 세팅한다.

Cotton Towel Heating

- MED으로 20~25분 Heating 한다.
- Heating 전 냄새, 습기와 청결 상태 등을 점검하고 Heating 한다.
- Towel의 상태가 마른 경우 적정량의 물을 부어 Heating 한다.
- 오븐에는 적절한 공간을 주어 균일하게 Heating 될 수 있도록 한다.

Bread Heating

- 일반석 Meal Cart 내 빵이 개별 포장되어 On Tray 되어 있는 경우 Heating 하지 않되 차갑거나 얼어 있지 않은지 확인한다.
- 일반석 Bulk로 탑재된 빵의 경우 오븐 Bag에 넣은 상태에서 MED 4분 Heating 하며 'Do Not Heat'이 표시된 빵 외에는 모두 Heating 하여 제공한다.
- 따뜻한 빵이 후방 승객까지 제공될 수 있도록 2~3차례 수시로 보충하여 제공한다.
- 데우지 않고 제공하는 빵의 경우, 서비스 전 냉기가 없도록 실온에서 미리 보관한 후 제공한다.

Main Dish Heating

- 전체 승객에게 뜨거운 식사를 제공할 수 있도록 식사 제공 계획에 따라 충분히 Heating 한다.
- 개별적으로 식사 서비스를 하는 경우 제공 전 Main Dish 상태 및 온도를 확인하고 뜨겁게 Heating 하여 제공한다.
- Main Dish의 Heating이 종료된 후 상태를 반드시 확인하고 추가 Heating 여부를 결정하며, 추가 Heating을 하지 않을 경우 Main Dish를 오븐에 방치하지 않고 즉시 꺼내어 제공한다.
- Egg 요리(Scrambled Egg, Omelet, Frittata, Quiche 등) 및 스테이크류는 오븐 내 여열에서 방치될 경우 굳어지고 변색되므로 Heating 종료 시 즉시 꺼내어 준비한다.

▸ Main Dish를 Heating 하는 도중 Heating 상태를 확인하여 시간 및 온도를 가감해야 하며 Heating 종료 시 즉시 꺼내어 준비한다.

5) 서비스 정보 공유 양식

기내식 준비를 위해 비행 전 Galley Information을 열람 및 숙지하고 비행 중 Galley Briefing Sheet를 활용하여 기내식 제공에 필요한 제반 정보들을 공유한다.

Galley Information

비행 전 Galley Information을 열람을 통해 제공되는 기내식의 내용 및 Heating Guide, 해당 기내식과 함께 제공되어야 하는 기물이나 서비스 용품, 알레르기 정보를 정확히 숙지한다.

Galley Information 예시

· Gondrea Namul Bap (곤드레 나물밥)	· Mixed Green with Smoked Ham · Beef Stew with Mashed Potato · Cherry Almond Cake Allery Info Almond (Cake)	· Mixed Green with Smoked Ham · Seafood in Spicy Oyster Sauce with Noodle · Cherry Almond Cake Allery Info Almond (Cake)

Galley Briefing Sheet

비행 중 Galley 벽면에 Galley Briefing Sheet를 부착하여 해당 편 식사와 특별식 탑재량, 승객 서비스 현황(특별식, 취침 승객 좌석 번호 등), Galley 또는 객실 내 설비 Squawks 사항, 서비스 시작 시간(Snack Service, 2nd Meal Service 등) 등을 공유한다.

- 주류 제공 횟수, 약물 제공 시점, 등과 같은 비행 중 특이 사항에 대한 기록을 유지하여 동일 승객에게 제공 기준을 초과하여 서비스되지 않도록 한다.
- 특정 승객에 대한 개인 정보에 대해 기록하지 않으며 비행 중 또는 착륙 전 공유된 내용이 누락된 것은 없는지 승무원 간 상호 확인한다.

2

기내식 서비스 기본 원칙

이 장에서는 앞서 배운 이론적 지식을 토대로 기내 서비스의 전 과정 중 비행 중 기내식 서비스와 관련된 절차 및 서비스 내용 그리고 업무 수행 방법에 관한 실무 지식을 정리하고자 한다.

최근 항공기 내에서 제공되는 객실 용품 및 식음료 관련하여 다양한 대중문화 콘텐츠(Contents) 및 소셜 미디어(Social Media)의 발달로 탑승객의 식음료에 대한 관심이 증가하고 있다. 따라서 서비스 현장에서 제공하는 모든 식자재와 음료에 대한 업무 지식 숙지는 필수 불가결하다.

또한 기내식 서비스에 대한 고객 만족도를 높이고 불만 방지 또는 불만 발생 시 문제해결을 위해 다음과 같은 기내식 서비스의 기본 원칙을 준수해야 한다.

1) 기내식 서비스 기본자세와 원칙

고객 응대 시 항상 업무 지식을 바탕으로 고객의 물음에 정확한 답을 해야 하며 비

표. Galley Briefing Sheet

GALLEY BRIEFING SHEET

MEAL LOADING STATUS

DESC.	NORMAL MEAL	SPECIAL MEAL	TOTAL
ZONE			

PASSENGER SERVICE STATUS

NO. of PAX	L SIDE		R SIDE		L SIDE		R SIDE	
SPML								
SPML BBML								
VIP								
BSCT UM / FMLY WCHR								
KEEPING ITEM								
OTHERS								

SQUAWKS

ITEM(LOCATION)	DETAILS

IN-FLIGHT SERVICE FLOW

SNACK SVC TIME:			2ND MEAL SVC TIME:	LANDING TIME:
CREW REST PLAN	A	~	(TP / TA)	
	B	~	(TP / TA)	

행시간, 비행 경로, 목적지 도착 예정 시간 등 해당 편 비행 정보를 정확히 숙지하여 필요시 안내한다. 승무원 호출 버튼이 켜질 경우, 우선적으로 해당 승객의 요구사항을 해결해야 하며 호출 버튼은 승객의 요구 사항을 끝까지 경청한 후 Reset 한다. 또한 승객이 희망하는 물품이 없거나 제공이 불가능할 경우, 사유를 정중하게 설명하고 대체 물품을 권유해야 한다.

식사 주문받기

- 제공되는 메뉴 및 메뉴 내용(Entrée, Starch, Vegetable, Sauce 등)에 대해 충분히 숙지한다.
- Menu Order Taking 시 승객의 성향에 맞는 대화를 연출하며 메뉴를 소개한다.
- 식사 메뉴 소개 시 외래어나 전문용어 사용을 지양하고 자연스러운 우리말로 표현한다.
- 카트를 잡은 상태로 승객을 응대하지 않으며 승객을 정면으로 바라보며 성의 있는 태도로 응대한다.

식사 제공하기

- Table Opening: 식사 제공 전 승객의 테이블을 열고, 창 측 승객에게는 양해를 구해 승객이 직접 테이블을 펴도록 권유한다.
- 창 측 승객부터 먼저 주문받고 먼저 제공한다.
- 유·소아, 노인 승객의 경우 먼저 주문받고 먼저 제공한다.
- 남녀 승객이 같이 앉아 있는 경우는 여성 승객에게 먼저 주문받고 먼저 제공한다.

- 식사 제공 시 최종적으로 제공에 적절한 상태인지 확인한다. (제공되는 서비스 물품 및 기물의 청결 상태 및 Main Dish의 적정 온도, 샐러드의 경우 채소의 상태, Cutlery 및 기타 제공 물품 상태 등)
- 식사 제공 및 회수 시 서비스 용품이 승객의 머리 위로 지나치지 않도록 유의한다.
- 승객을 마주 보아 왼쪽 승객에게는 왼손으로, 오른쪽 승객에게는 오른손으로 제공하되 뜨겁거나 무거운 것을 제공할 때는 편한 손으로 제공해도 무방하다.
- 모든 서비스 용품은 앞면이 보이도록 제공한다.
- 로고가 새겨져 있는 Cutlery Holder, 린넨류는 로고가 승객의 정면에 오도록 제공한다.
- 음식을 담는 부분에 손이 닿지 않도록 한다.
- 승객이 서비스 용품을 떨어뜨렸을 때에는 먼저 동일한 새 아이템을 제공하고 떨어진 아이템은 타월(Refreshing / Cotton, Paper)이나 냅킨을 이용하여 집어 올린 후 즉시 Galley로 가서 처리한다.
- 잔이나 컵을 제공할 때에는 위생상 잔의 하단 혹은 Stem 부분을 잡는다.
- 일반석 비빔밥용 국의 경우 안쪽, 혹은 창 측 승객의 의향을 물어 미리 물을 붓고 식사 트레이 위에 올려 함께 제공할 수 있다.

▸ Table Opening: 식사 제공 전 승객의 테이블을 열고, 창 측 승객에게는 양해를 구해 승객이 직접 테이블을 펴도록 권유한다.

▸ 승객을 마주보아 왼쪽 승객에게는 왼손, 오른쪽 승객에게는 오른손을 사용하며 잔이나 컵을 제공할 때에는 위생상 하단 혹은 Stem 부분을 잡는다.

▸ 일반석 비빔밥용 국의 경우 안쪽 혹은 창 측 승객의 의향을 물어 미리 물을 붓고 식사 트레이 위에 올려 함께 제공할 수 있다.

■ 좌석 등받이 관련 응대 절차

실습영상

식사 서비스 시 취침 승객의 좌석 등받이가 젖혀져 있는(Recline) 경우에는 다음과 같은 조치를 취한다.

- 앞 좌석 승객(취침 승객 포함)에게 뒷좌석 승객의 안전과 취식 편의를 위해 필요한 조치임을 정중히 설명하고 좌석 등받이를 원위치로 하도록 요청한다.
- 뜨거운 국 및 식사 트레이는 반드시 앞 좌석 등받이가 원위치로 되었음을 확인한 후에 제공하여 기내식으로 인한 화상과 의복 손상을 사전에 방지한다.

취침 승객 응대 요령

- 식사 제공 시점에 승객이 수면 중이거나 부재 중인 경우, 승객 전면 Seat Back 혹은 Side 벽면에 서비스 스티커(Service Sticker)를 부착한다.
- 1st 식사 서비스 시 취식하지 않은 승객의 식사는 별도 보관하며 식사 서비스 도중 또는 이후에 승객이 취식을 원할 경우, 즉시 서비스하고 서비스 스티커를 제거한다.

▸ 서비스 시 승객이 수면 중 부재중인 경우에는 승객 전면 Seat Back 혹은 Side 벽면(비상구 좌석의 경우)에 서비스 스티커를 부착한다.

▸ 수면 중 승객이 일어나거나 부재중이었던 승객이 자리로 돌아온 경우 시원한 물 등 음료를 먼저 제공한 후 식사 취식 의사를 확인한다.

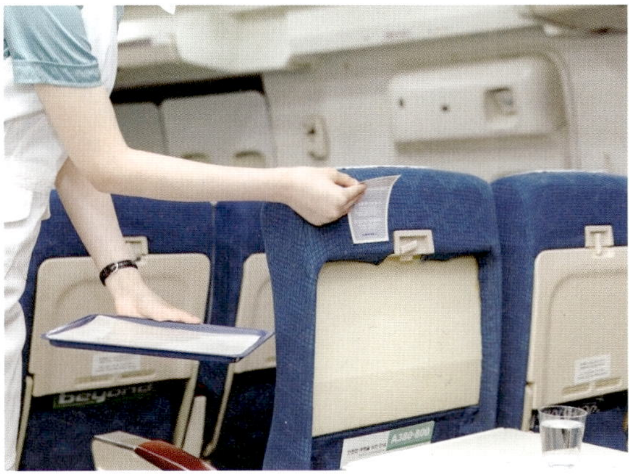

▸ 고객 응대 후에는 서비스 스티커를 제거한다.

식사 알림 요청 스티커 부착 승객 응대 요령

- 스티커 부착 내역을 해당 Zone 승무원 간 지속적으로 공유한다.
- 식사 서비스 중 식사 카트가 해당 승객 주변으로 이동할 때에는 반드시 해당 승객의 취식 의사를 확인하고 식사 제공 완료 후 좌석에 부착된 스티커를 제거한다.

알림 요청 스티커

- 알림 요청 스티커는 3종 1조로 구성되며 승객 앞 Seat Pocket에 Pre-setting 되어 있다.
- 알림 요청 스티커는 3가지 종류로, 휴식 알림, 기내 판매 알림, 식사 알림이 있다.
- 승객이 원하는 내용의 스티커를 좌석 앞 등받이 윗부분에 해당 승객이 직접 부착하거나 상황에 따라 객실승무원이 관련 내용 요청 승객에게 해당 스티커를 안내한 후 부착할 수 있다.
- 스티커 부착으로 표현한 승객의 요청 사항에 적절하게 응대하기 위해서는 담당 승무원의 각별한 주의와 정보 공유가 필요하다.
- 객실사무장은 상기 스티커의 부착 여부를 확인하고 담당 승무원과 관련 정보 및 서비스 이행 여부를 수시로 확인한다.

휴식 알림 스티커

- 이·착륙을 포함한 기내 안전 사유 및 기타 부득이한 상황 이외에는 해당 승객의 요청 전까지 휴식을 방해하지 않는다.
- 부착된 스티커는 반드시 승객이 직접 제거하거나 또는 승객 요청에 따라 승무원이 제거한다.

기내 판매 알림 스티커

- 스티커 부착 내역을 기내 판매 담당 승무원과 즉시 정보 공유한다.
- 기내 판매 중 면세품 판매 카트가 해당 승객 주변으로 이동 시, 반드시 해당 승객의 면세품 구입 의사를 확인한 후 좌석 등받이에 부착된 스티커를 제거한다.

식사 알림 스티커

- 식사 서비스 중 식사 카트가 해당 승객 주변으로 이동 시, 반드시 해당 승객의 취식 의사를 확인 및 제공 완료 후 좌석 등받이에 부착된 스티커를 제거한다.

휴식 알림 스티커

기내 판매 알림 스티커

식사 알림 스티커

Hot Beverage 제공하기

- 식사 서비스 시 Hot Beverage를 제공하는 경우 Small Tray 위에 승객의 Coffee Cup을 받아 Aisle(통로) 쪽 방향에서 조심스럽게 따른 후 승객이 직접 집을 수 있도록 Small Tray를 의자 팔걸이 높이만큼 낮추어 안정감 있게 제공한다.
- 뜨거운 식음료를 제공할 때에는 승객에게 음료가 뜨거우니 주의하도록 안내하여 화상을 방지한다.
- 설탕과 크림, 인공감미료 등 필요시 함께 제공한다.
- Coffee Pot을 들고 Aisle 이동 시 Pot을 Small Tray 아래쪽에 놓아 비정상 상황(화상 등) 발생 위험을 방지한다.

식사 회수하기

- 제공된 식기 및 트레이 회수 시 승객의 취식 만족도를 확인하고 회수해도 좋은지 의향을 물어본 후 회수한다.
- 제공한 Flow와 동일한 Flow로 회수하는 것을 원칙으로 하되 식사가 일찍 끝난 승객에게는 승객의 의향을 물어 먼저 회수한다.
- Aisle 측 승객부터 회수하며, 창 측 승객이 먼저 끝난 경우에는 Aisle 측 승객에게 양해를 구하고 회수한다.
- 식사 카트를 이용한 트레이 회수 시 카트 상단부터 넣는다.
- 트레이 회수 시에는 한 번에 한 개씩 회수하며 승객 앞에서 포개어 회수하지 않는다.
- 사용된 아이템을 개별적으로 회수할 때에는 트레이를 사용하는 것이 원칙이나 필요 시 청결한 상태의 Drawer를 이용하여 회수할 수 있다.
- 트레이를 이용하여 회수할 때에는 회수한 아이템을 몸의 가까운 쪽부터 놓는다.
- 식사 카트 상단에 Refreshing Towel이나 Cocktail Napkin을 준비하여 필요한 경우 승객의 테이블을 닦는다.

▸ 트레이 회수 시 승객의 취식 만족도를 확인하고 회수해도 좋은지 의향을 물어본 후 회수한다. 식사 카트를 이용하여 트레이를 회수할 경우 카트 상단부터 넣는다.

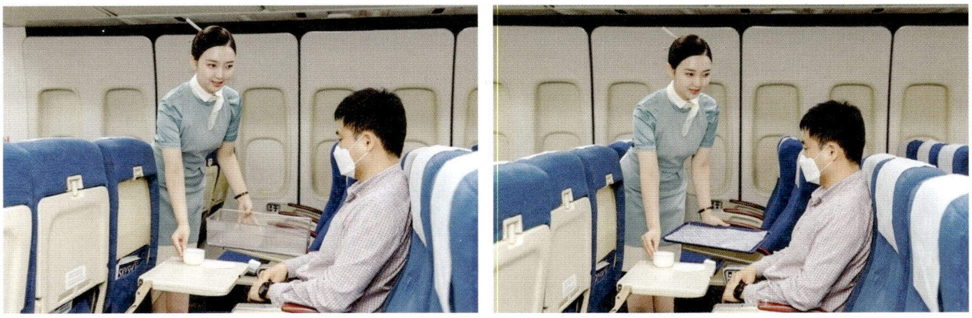

▸ 사용된 아이템을 개별적으로 회수할 때에는 트레이를 사용하는 것이 원칙이나 필요시 청결한 상태의 Drawer를 이용하여 회수할 수 있다.

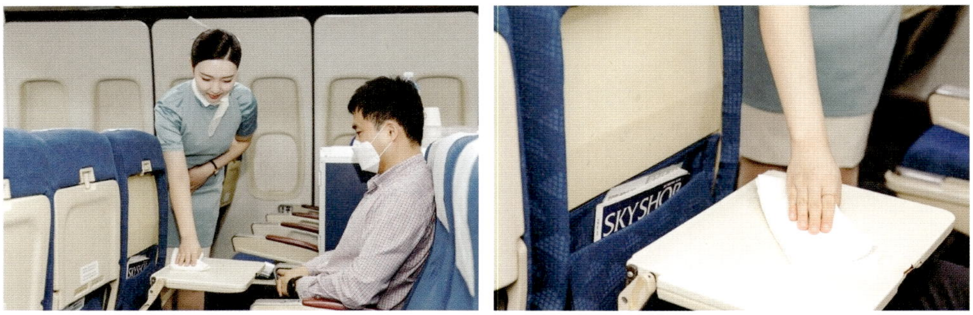

▸ 식사 카트 상단에 Refreshing Towel이나 Cocktail Napkin을 준비하여 필요한 경우 승객의 테이블을 닦는다.

고객 응대 및 서비스 기본자세

- 승객 응대 시 적극적인 태도와 밝은 표정을 유지하며 올바른 서비스 매너를 갖춘다.
- 항상 청결하고 단정한 용모 복장을 유지한다.
- 승객의 요청을 해결하지 못하는 상황이 발생할 경우 타당한 사유를 정중히 안내하고 그에 상응하는 대체 아이템을 권유한다.
- 승객 응대 시 항상 아이 콘택트(Eye Contact)를 한다.

- 승객의 요청을 즉각적으로 해결하지 못할 경우, 그 사유를 설명하고 기다리도록 양해를 구한다.
- 또한 Order Skip을 방지하기 위해 메모 패드(Memo Pad)를 이용하여 주문 내용(좌석 번호 및 요청 내용)을 정확하게 기록한다.

2) 서비스 기물 취급 요령

식음료 서비스 시 각각의 용도 및 목적에 따라 정해진 기물을 사용해야 하며, 기물의 종류와 용도를 정확하게 숙지하고 각 기물별 취급 방법을 준수하도록 한다.

기물 운영 기준

- 식음료 서비스 시 각 좌석 등급별로 정해진 기물을 사용한다.
- 서비스 시작 전 기물의 청결도 및 상태를 점검한다.
- Galley 내에서만 사용하는 기물(Ice Scoop, Wine Opener, Oven Glove 등)은 Galley 밖의 승객 가시권에서 사용하지 않는다.
- 기물은 모기지 출발 시 탑재된 카트 또는 Carry-on Box에 보관한다.

기내식 서비스 시 기물 취급 방법

■ 카트

종류	용도	취급 방법
· 식사 카트 · 음료 카트 · 서빙 카트	식사 제공 및 회수	· 카트로 인한 승객 및 승무원의 부상을 방지하기 위해 카트 취급 시에는 항상 주의한다. · 카트 취급 시에는 가급적 2명의 승무원이 전후방에 위치한 상태에서 승객이 카트가 지나가는 것을 인지할 수 있도록 해야 한다. · 카트 도어를 여닫을 때에는 잠금 고리를 이용한다. · 카트 취급 시 소음이 나지 않도록 주의한다. · 카트는 안정감 있게 두 손으로 잡고, Aisle을 지날 때는 승객이 다치지 않도록 특히 주의한다. · 카트 정지 시 반드시 Brake Pedal을 이용하여 카트를 고정한다. · 이동 시 카트의 내용물이 흐트러지지 않도록 조심스럽게 다룬다. · 카트에서 식사 트레이를 꺼내거나 넣을 때 무릎을 굽히고 자세를 낮추어 허리에 무리가 가지 않도록 주의한다. · 사용 후에는 Aisle이나 도어 주변에 방치하지 않는다. · 서빙 카트는 상 · 중 · 하단을 펼쳐서 고정시키고 하단에는 서비스 용품을 놓지 않는 것을 원칙으로 한다. · 카트가 고장 났을 때에는 Repair Tag를 부착하여 모기지(ICN, GMP)에서 케이터링 담당 직원에게 인계하고, Serving Cart의 경우는 CL(Cabin Log)에 기재한다.

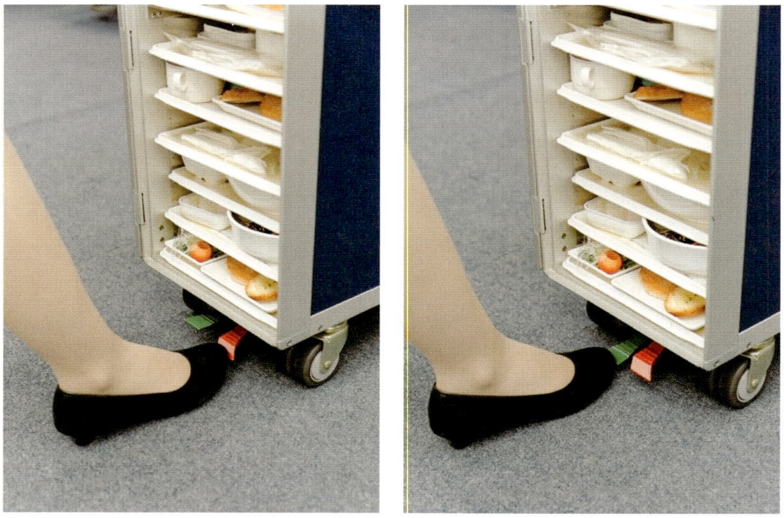

▸ 카트 정지 시 반드시 Brake Pedal을 이용하여 카트를 고정한다.

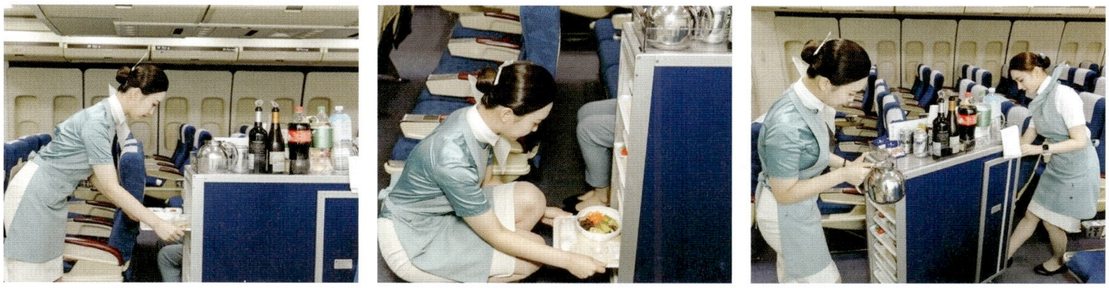

▸ 기내식 제공 시점에 갑작스러운 난기류 발생 시 즉시 서비스를 중단하고 국 제공용 Pot를 카트 내부로 옮긴다. 또한 카트 Pedal을 밟아 Locking 한 후 객실승무원도 가까운 빈 좌석에 착석하여 좌석벨트를 착용한다.

트레이

종류	용도	취급 방법
Large Tray	Basic Meal Tray 각종 서비스 및 회수	· 사용 시 항상 Paper Tray Mat를 깔아서 사용한다. · 트레이는 안정감 있게 두 손으로 잡고, 장축이 Aisle 과 평행이 되게 유지한다.
2 / 3 Tray	Basic Meal Tray	
Small Tray	Basic Meal Tray 각종 (개별) 서비스 및 회수	

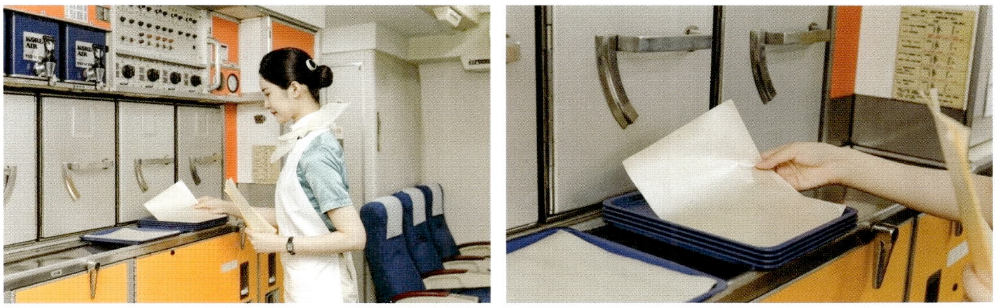

Basket & Tong

종류	용도	취급 방법
Bread Basket & Tong	빵, 스낵 등	· 손바닥으로 Basket의 바닥을 받쳐 안정감 있게 잡는다 · 서비스 중이 아닐 때는 Tong을 Basket 아래에 두도록 한다. · Basket과 Tong은 바닥에 내려놓지 않도록 한다.
Towel Basket & Tong	타월 제공 및 회수	

Cutlery

종류	취급 방법
나이프 포크 스푼 티스푼 한식 숟가락	· Cutlery 취급 시 목 부분을 잡는다. · 개별 제공 시 나이프는 칼날이 안쪽을 향하도록 놓는다. · 테이블에 놓을 때는 포크는 승객의 왼쪽, 나이프는 승객의 오른쪽에 오도록 놓는다. · 승객 테이블에 직접 세팅할 경우 소리가 나지 않도록 조심스럽게 다룬다.

Pot

종류	용도	취급 방법
Pot	커피, 차, 한식 메뉴 국 서비스	· 내 · 외부 청결 상태를 확인한 후 사용한다. · 서비스를 위해 카트 상단에 준비 시에는 화상 방지를 위해 반드시 Drawer 안에 넣도록 한다.

Pot 사용 시 주의 사항

자체 보온 기능에 의해 뜨거운 물 또는 커피의 온도가 유지되어 서비스 시 화상의 위험이 있다. 따라서 상온의 생수 1컵을 추가하여 준비하며, 승객에게 서비스 시 뜨거우니 조심하도록 안내한 후 제공한다.

CHAPTER

08

기내식 제공하기

비행 중 수행할 업무는 비행 시점별 정해진 서비스 절차에 따라 이루어지므로 노선 및 서비스 시점별 서비스 절차에 대한 충분한 숙지가 요구된다.

기내식 제공을 위해 수행해야 할 시점별 업무를 중장거리 노선을 기준으로 살펴본다.

1

비행 전 기내식 서비스 준비

비행 중 원활한 기내식 서비스 제공을 위해서는 비행 전 철저한 준비가 필요하다. 비행 전 시점을 승객 탑승 전, 승객 탑승 시, 이륙 전으로 구분하여 시점별 안전 및 서비스 업무를 정리해 보고 특히 기내식 서비스와 연관된 지상 업무를 중점적으로 알아본다.

1) 승객 탑승 전

지상 업무 - 승객 탑승 전

- Crew Baggage 보관
- 비상 / 보안 장비 점검
- Catering Item 확인
(Catering Seal 점검)
- 객실 설비 및 Cleaning 점검
- 화장실 용품 세팅
- Galley 및 Aisle 서비스 준비

객실승무원은 항공기 탑승 후 각자 배정된 듀티(Duty)에 따라 안전 및 서비스 분야에 대한 비행 전 점검(Pre-flight Check)를 실시한다. 항공기 장비 / 시스템 / 설비의 이상이나 Catering Item의 미탑재 등으로 인한 출발 지연이 발생하지 않도록 신속하게 비행 전 점검 업무를 수행해야 한다. Crew Baggage 보관 및 비상 / 보안 장비 점검을 수행한 후 Galley 담당 승무원은 Galley에 설치되어 있는 장비의 작동 여부를 확인한다. 화장실이 위치한 담당 구역 승무원은 화장실의 청결 상태 및 설비의 작동 여부는 물론 다양한 기내 서비스 제공을 위한 여러 가지 객실 설비의 작동 여부를 확인한다. 또한, 담당 구역별로 지상 조업원이 실시한 기내 청소 작업 상태를 점검해야 하며 Catering Item과 객실 서비스 용품 보관 장소를 확인한다.

가용 시간 범위 내에서 Water Boiler 전원을 켜고 음료를 Chilling 하는 등 기내식 제공에 필요한 서비스 준비를 하고, 지상에서 헤드폰과 Amenity Kit을 승객 좌석에 세팅한다. 안전 업무 등의 이유로 지상에서 세팅을 완료하지 못했을 경우 이륙 후 추가 서비스를 실시한다.

Catering Item 확인

- Catering Item이 탑재된 Carry-on Box, 카트, Compartment 등을 열기 전에 반드시 Seal 번호를 확인한다. Catering Seal Check 담당자는 탑재된 카트 및 Carry-on Box 등의 Sealing 상태와 Seal 번호 일치 여부를 확인한다.
- 식사 트레이의 경우 무작위로 트레이 1개를 꺼내어 세팅 상태, 구성품 및 유통기한을 확인한다.

Catering Seal Check

점검할 Seal의 개수는 항공보안 단계에 따라 범위가 정해진다. 예를 들어, 항공보안 단계에 따라 20%를 확인해야 할 경우, 20%는 좌석 등급별로 점검한 Seal 개수의 합이 전체 Seal의 20%를 충족해야 한다는 것을 의미한다. 객실사무장은 좌석 등급별 확인 사항을 취합하고 이상이 없을 시 Seal Checklist에 서명하여 Catering Supervisor 또는 해외의 경우 지상 직원에게 전달한다.

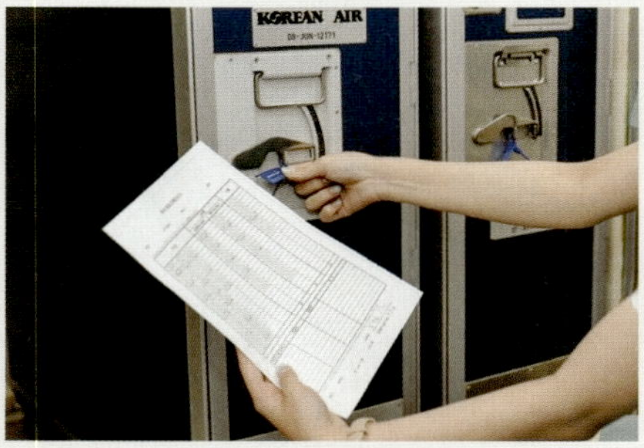

▸ 기내식 조업 후 Galley 선반에 놓여진 Seal Checklist를 수령하여 Seal Checklist에 기재된 번호와 실제 Seal 번호를 대조 확인한다.

- Galley 담당 승무원은 해당 노선에 필요한 기물, 서비스 용품, 식사의 탑재 내역을 최종 확인하여 보고한다.
- 객실사무장은 Catering Supervisor로부터 인계받은 기내식 탑재 확인서의 내역과 실제 탑재 내역을 대조 확인한다.

2) 승객 탑승 시

지상 업무 – 승객 탑승 시

Mobile SHR 확인
탑승 인사 및 탑승권 확인

Special Passenger Handling
(UM, WHCR 승객 등)
휴대 수하물 보관 안내

비상구 좌석 Briefing 및 안내

승객 탑승 시 탑승권을 스캔하는 바코드(Bar Code) 스캐너의 Mobile SHR(Special Handling Request) App을 통해 비행 중 객실승무원들이 반드시 공유하고 숙지해야 하는 여러 가지 비행 정보, 승객의 특이 사항, 요청 사항을 확인할 수 있다. Mobile SHR을 통해 공유 및 숙지해야 할 내용은 다음과 같다.

- 탑승 편 비행 정보(항공기 정보 / 탑승객 수)
- 승객별 정보(특별식 신청 승객 / WHCR 승객 등)
- 좌석 현황(빈 좌석 / Block Seat 등)

국제선의 경우 일반적으로 항공기 출발 30분 전, 국내선의 경우 20분 전 승객 탑승이 시작된다. 객실사무장은 승객 탑승이 시작되면 주 탑승구에 위치하여 승객 탑승이 원활히 진행되도록 객실승무원을 배치하여 탑승원 확인 및 안내 업무를 지휘한다. 객실승무원은 담당 구역 승객이 도움을 필요로 할 때 즉시 응대할 수 있도록 유연성 있게 이동하면서 승객 좌석을 안내하고 휴대 수하물이 적절하게 보관될 수 있도록 안내한다. 특히 유아 동반 승객, 어린이, 노약자, 환자 등 도움이 필요한 승객의 경우 적극적으로 안내한다.

객실승무원은 바코드 스캐너 Boarding App을 통해 전 승객 탑승 완료 여부 및 유아를 포함한 모든 탑승객 수를 확인한다. 또한 총탑승객과 탑재된 기내식의 개수를 대조 확인한 후 객실사무장은 모든 휴대 수하물의 정위치 보관 상태, 모든 Overheadbin 닫힘 상태를 재확인하고 지상 직원에게 'Door Close 준비 완료'를 통보한다. 그리고 운항승무원에게 편승 승무원을 포함한 총승객수를 보고하고 운항승무원의 동의를 확인한 후 도어를 닫는다.

특별식 신청 승객 탑승 시 업무

- 승객 탑승 시 Galley 담당 승무원은 Mobile SHR을 참고하여 특별식 주문 승객에게 승객의 주문 내용, 성명, 좌석 번호를 확인한 후 2장의 Special Meal Tag 중 1장은 식사 트레이, 1장은 승객의 Headrest Cover 위에 부착한다.
- 항공기 출발 전 특별식 주문 및 탑재 관련 IRR(Irregular) 상황 발견 시, 교체 또는 탑재 가능 여부를 확인한다.

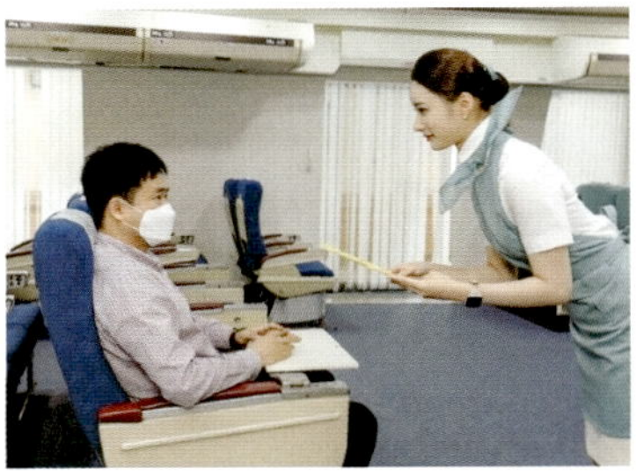
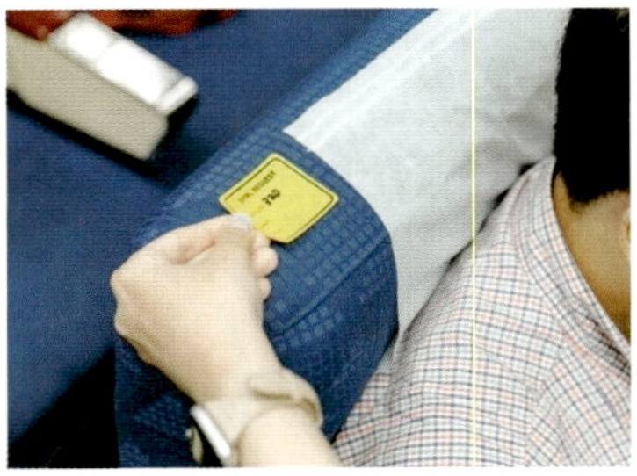
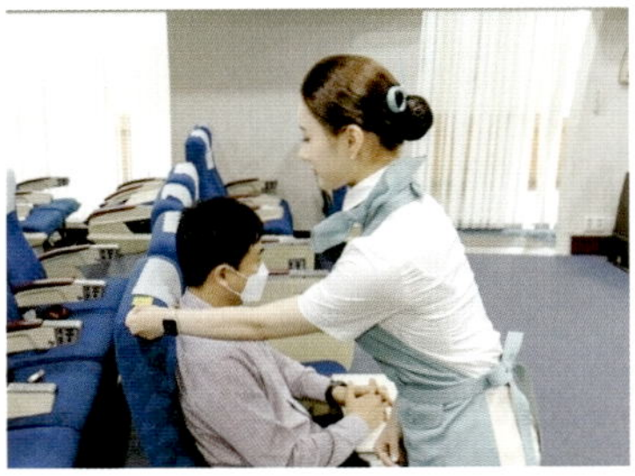

고객 응대 대화문 특별식 지상 확인

실습영상

승무원 실례합니다. 주문하신 특별식 확인을 위해 성함과 특별식의 종류를 말씀해 주시겠습니까?

승객 김OO이고 과일식 주문했습니다.

승무원 네, 감사합니다. 식사와 함께 음료 드시겠습니까? 어떤 음료로 준비해 드릴까요?

승객 오렌지 주스 주세요.

승무원 네, 알겠습니다.

고객 응대 대화문 특별식 중 CHML 지상 확인 및 비행 중 제공

실습영상

승무원 안녕하십니까? 어린이 기내식 신청하셨는데 신청하신 자녀분 이름과 메뉴를 알 수 있을까요?

승객 아이 이름은 김OO이고요, 돈가스와 스파게티 주문했습니다.

승무원 식사와 함께 음료는 어느 것으로 드시겠습니까?

승객 파인애플 주스 주세요.

승무원 네, 알겠습니다.

고객 응대 대화문 특별식 중 KSML 지상 확인 및 비행 중 제공(영문)

실습영상

Crew Excuse me, Sir.
Did you order a special meal?

Pax Yes.

Crew What kind of a special meal did you order?

Pax Kosher meal.

Crew May I have your name please?

Pax OOO

Crew I have your name on the list.
Thank you for your cooperation.

(KSML Box를 가지고 온 후)

Crew Excuse me, Sir.
This is the Kosher Meal you've ordered.
As you can see, the meal box and the main dish are sealed.
May I open and heat it up before serving?

Pax	Yes, Please.
Crew	What kind of drinks would you like to have with your meal?
Pax	Pineapple Juice, please.
Crew	I'll bring your Kosher meal with Pineapple Juice when we serve the meal.

3) 이륙 전

지상 업무 - 이륙 전

Safety Check
↓
Welcome 인사
↓
Safety Demonstration
↓
일상 안전 업무
↓
Jump Seat 착석

항공기 도어가 닫히면 승객 탑승을 위해 항공기에 연결되었던 Bridge 또는 Step Car가 분리되며 이때 객실사무장은 All Attendant Call을 통해 Safety Check을 지시한다. Safety Check 후 객실승무원은 Welcome 방송에 맞추어 승객을 향하여 정중하게 인사한다. 비디오 상영 또는 승무원의 실연으로 Safety Demonstration을 실시하고 이륙 전 안전 업무를 수행한다. Galley 내 모든 유동 물질 고정 등의 안전 관련 업무 종료 즉시 지정된 Jump Seat에 착석한 후 좌석벨트와 Shoulder Harness를 착용하고 30 Second Review를 실시한다.

Take-off Signal이 On 되면 객실사무장은 모든 승객과 승무원의 착석 상태 및 객실 내 이륙 준비 완료 여부를 확인하고 운항승무원에게 '이륙 준비 완료'를 보고한다.

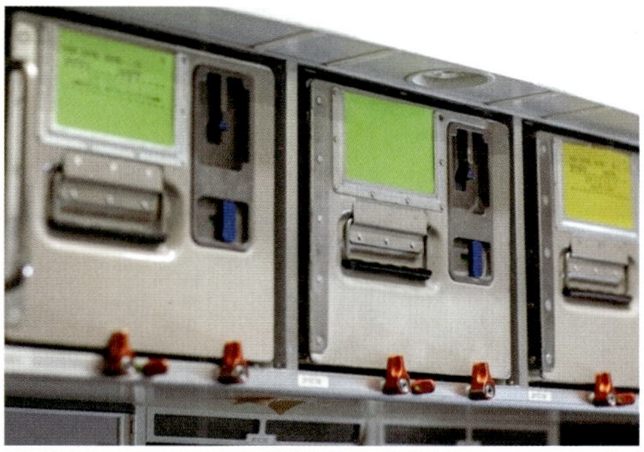

Tony Studio / Getty Images

2

비행 중 기내식 서비스 절차에 따른 업무

항공기 이륙 후 10,000ft 상공 통과 시점에 Fasten Seatbelt Sign이 꺼지면 Aisle 담당 승무원은 객실승무원들은 해당 노선의 절차에 따라 기내 서비스를 준비한다. 10,000ft 상공 통과 시점에 Turbulence 발생 시에는 Fasten Seatbelt Sign이 켜진 상태에서 서비스를 제한할 수 있으므로 기내식 Main Dish의 Heating 계획을 재수립해야 하는 경우도 있다. 비행 중 담당 업무 분담 및 일반석 중·장거리 1st Meal 기준 서비스 절차에 따른 업무는 다음과 같다.

중·장거리 노선에서는 해당 비행 편의 출발 시각에 따라 식사 제공 시점이 달라진다. 특히 동남아 지역에서 심야 시간에 출발하는 중거리 비행 편의 경우 이륙 후가 아닌 도착 전 식사가 1회 제공되므로 이륙 후에는 간단히 스낵 또는 견과류와 음료(Tray Basis)를 제공한다. 이러한 심야 출발 비행 편을 제외한 일반 노선의 경우 이륙 직후 기내식 및 음료 서비스를 준비한다.

표. 비행 중 담당 업무 분담

시점/업무	Galley Duty	Aisle Duty
이륙 직후	· Heating Meal / 타월 · 음료 Chilling 상태 확인	· 헤드폰 / Amenity Kit 추가 제공 · Baby Bassinet 설치
Galley Briefing 시	· 주관	· 참여
기내식 서비스 시작 직전	· Galley Work – Heating 상태 확인 – Meal Tray 카트 내 Main Dish 세팅 – Meal Tray 카트 상단 아이템 준비 – Hot Beverage 준비	· Aisle Standby – 화장실 확인 및 비품 리필 – 도움이 필요한 승객 Care(유아 동반, 노약자, 환자 승객 등) – Service Call 응대
타월 서비스 시	· 타월 준비 및 Meal Tray 카트 마무리	· 타월 서비스
특별식 서비스	· Special Meal Tray 준비 및 제공	· Special Meal Tray 제공
일반식 서비스	· Meal Tray 제공 · 부족 아이템 리필 및 Side Order 해결	· Meal Tray 제공 · 담당 Zone 특이 사항 확인
Hot Beverage 서비스 시	· Hot Beverage 서비스 · Meal Tray 회수 카트 준비	· Hot Beverage 서비스
Meal Tray 회수 시	· Meal Tray 회수 및 Galley 정리	· Meal Tray 회수 및 Aisle 정리
Meal Tray 회수 후	· 기내식 서비스 종료 확인 · 미취식 승객 정보 취합 및 공유	· Aisle Cleaning · 화장실 점검

일반 노선에서 식전 음료(Aperitif)의 경우 1st 식사 제공할 때 식사 카트 상단에 음료를 함께 준비하여 제공하고, 2nd 식사를 제공할 때에는 Tray Basis로 음료를 준비하여 제공한다. 1st 식사 시 식사 카트 상단에 준비하는 객실 용품의 종류는 아침 식사(Breakfast / Brunch)와 아침 식사가 아닌 경우 2가지로 나누어 구분하며 일반석 중·장거리 노선 기내식 서비스 절차는 다음과 같다.

일반석 중 · 장거리 노선 기준 기내식 서비스 절차

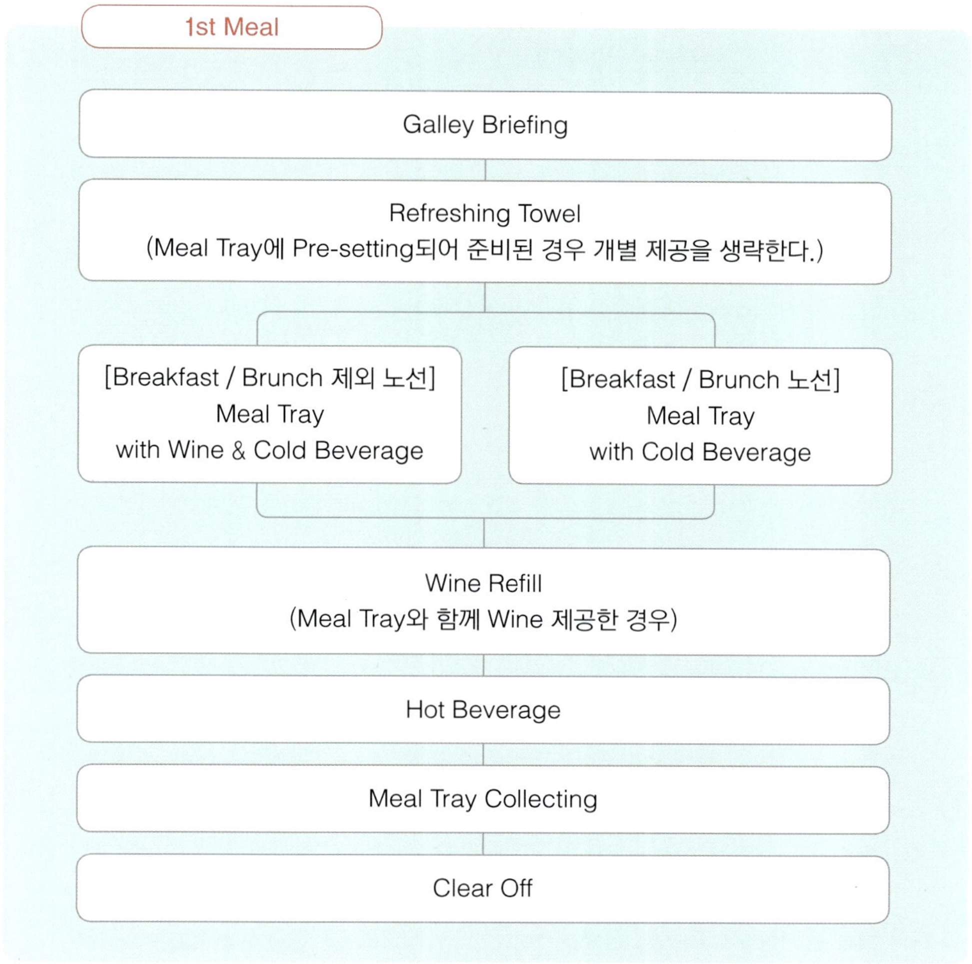

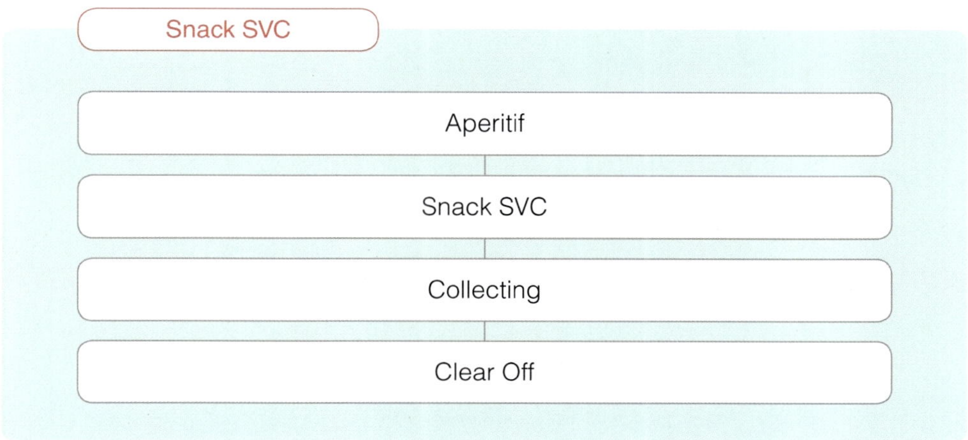

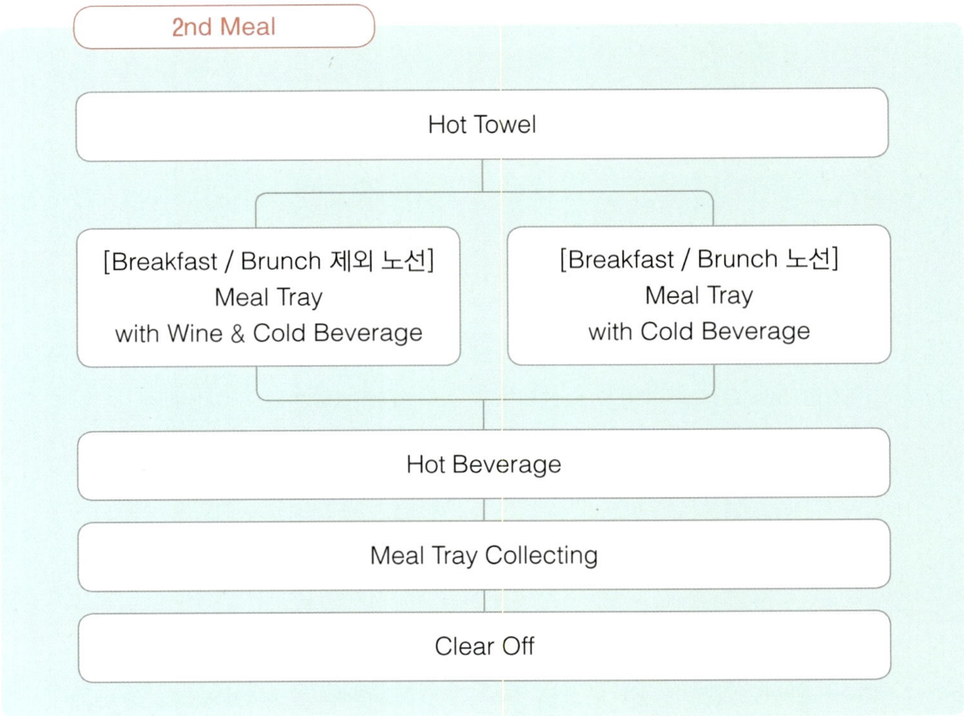

1) Galley Briefing

서비스 절차나 내역을 공유하고 승객 관련 특이 사항에 대한 정보 공유는 효율적이면서도 일관된 서비스로 이어진다.

1차 Galley Briefing은 전 노선에서 각 Zone별 타월 서비스 시작 전 Galley 담당 승무원이 주관하여 실시하며 Galley Briefing 세부 사항은 다음과 같다.

- 탑승객 정보
- 식사 내용 및 수량
- 특별식 내용 및 수량
- 서비스 방법 및 유의 사항
- 기타 특이 사항

2) 타월

식사 서비스는 타월 서비스부터 시작된다. 1st 식사 서비스 시에는 Refreshing Towel을, 2nd 식사 서비스 시에는 노선에 따라 Cotton Towel을 따뜻하게 제공한다.

표. 노선에 따른 Refreshing Towel 준비 방법

Outbound	Inbound
식사 트레이에 Pre-setting 상태로 제공한다. (식사와 함께 제공한다.)	Bulk로 탑재될 경우에는 식사 카트 공간 확보 시 카트에 준비하고, 공간이 없으면 식사 트레이에 개별 세팅하거나 Tower Basket에 준비한다.

Refreshing Towel

Galley Work

- Refreshing Towel은 Chilling 하지 않고 탑재된 상태 그대로 준비하며 무작위로 유통기한을 확인한다.
- Refreshing Towel은 고온의 밀폐된 장소에서 장시간 노출될 경우 변질되어 냄새가 날 수 있으므로 준비 시 타월의 상태를 확인한다.
- Tower Basket에 담당 Zone의 승객 수만큼 담아 준비한다.

Aisle Work

- 각 기종별 정해진 Service Flow에 따라 제공한다.
- Outbound 노선에서 식사 제공 시에는 식사 트레이에 Pre-setting 되어 제공되므로 타월 서비스는 생략된다. 또한, Inbound 노선에서는 타월이 Bulk로 탑재된 경우, 식사 카트에 공간 확보가 가능하면 적정량을 카트에 준비하고, 식사 카트에 공

간이 없는 경우 식사 카트 준비 시 식사 트레이에 개별 세팅하거나 Towel Basket으로 제공한다. 만약 Towel Basket에 준비하여 제공하는 경우 담당 Zone 승객 수 만큼 담아 제공하며 회수 절차는 생략할 수 있다.

• 회수 시 승객이 직접 Towel Basket에 담을 수 있도록 유도한다.

▶ Refreshing Towel을 Towel Basket에 담아 제공 시

▶ 사용한 Refreshing Towel 회수 시 승객이 직접 Towel Basket에 담을 수 있도록 유도한다.

Cotton Towel

Galley Work

- 오븐을 이용하여 Medium 20~25분 정도 데운다.
- 데워진 Cotton Towel을 Towel Basket에 적정량을 담고 온도 및 습도를 확인한 후 서비스 시작 직전 Eau de Toilette를 골고루 분사한다.
- Cotton Towel은 Towel Basket당 3팩(1팩당 10개) 정도 담는 것이 적정하다.

Aisle Work

- 각 기종별 정해진 Service Flow에 따라 제공한다.
- 손바닥으로 Towel Basket의 아랫부분을 안정적으로 받치고 Towel Tong을 이용하여 둥글게 말린 형태 그대로 제공한다.

- Towel Tong은 승객 가시권 내에서 미사용 시 Towel Basket 아랫부분에 위치하도록 한다.
- 뜨거운 Cotton Towel 제공 시 화상에 유의하도록 안내한다.
- Cotton Towel 회수 시 승객이 직접 Towel Basket에 담을 수 있도록 유도하거나 Towel Tong을 이용하여 회수한다.
- 회수된 Cotton Towel은 Galley 내 설비인 Linen Container에 넣거나 회수용 비닐봉지에 담아 Galley 내 적정 장소에 보관한다.

실습영상

고객 응대 대화문 **타월 서비스**

승무원 물수건(타월) 드리겠습니다.

(Cotton Towel의 경우, '뜨겁습니다. 조심하십시오.')

Here is a (hot) towel. (It's hot. Please be careful.)

실습영상

고객 응대 대화문 **타월 회수**

승무원 물수건(타월) 정리해 드리겠습니다.

May I take your towel?

3) Meal Tray with Beverage

Breakfast / Brunch를 제외한 중·장거리 1st 식사

■ Galley Work

- Galley 담당 승무원은 데워진 Main Dish의 적정 온도를 확인한 후 식사 트레이에 세팅한다.
- 최적의 서비스 온도 유지를 위해 Main Dish Setting 소요 시간을 조절한다.
- 식사 카트 상단에 서비스 용품을 준비한다.
  - 카트 상단 빈 Drawer에 레드 와인 / 화이트 와인(Wine Server 포함), 주스류, 미네랄워터, 맥주, 소다류, 플라스틱 컵, 종이컵, 고추장, 와인 서비스용 Linen, 소금·후추, 서비스 스티커, 한식 비빔밥이 있을 경우 비빔밥 취식 안내지와 국 제

공을 위한 Pot을 추가로 준비한다.

  - 인스턴트 국을 제공하는 경우 Pot에 뜨거운 물을 담아 준비하며 Pot은 승무원이 위치한 쪽에 세팅한다.
  - 빵이 Bulk로 탑재된 경우에는 Bread Basket에 Linen을 깔아 따뜻하게 데운 빵을 팩째 담고 Bread Tong을 올려 준비한다.
- 일반식 서비스 전 특별식 주문 승객에게 우선으로 제공할 수 있도록 준비하여 주문 내용을 정확히 확인한 후 제공한다. 음료는 식사 트레이와 동시에 제공될 수 있도록 한다.
- Galley 담당 승무원은 Galley에서 잔여 Main Dish 세팅을 종료하고 Aisle 담당 승무원과 함께 식사 트레이를 서비스하며 적정 시점에 Aisle별로 식사 카트 상단의 부족한 아이템을 보충한다.
- Galley 담당 승무원은 각 Aisle별 서비스 진행 상황을 모니터링하고 식사 트레이가 부족한 Aisle의 경우, 여유 있는 카트로부터 부족한 카트로 식사 트레이를 전달하는 등 각 Aisle의 식사 서비스가 동시에 종료될 수 있도록 서비스 흐름을 조절한다.
- Galley 담당 승무원은 Aisle 담당 승무원으로부터 식사 트레이 제공 완료 여부를 확인한 후, 담당 구역을 순회하며 취식 의사가 없는 승객, 취침 승객 등 식사 트레이를 제공받지 않은 승객 유무를 확인하여 조치한다.

아침 식사 외 메뉴

Aisle Work

- 타월 서비스가 종료된 후 Galley 및 Aisle을 정리정돈하고 식사 카트의 서비스 적정성을 확인한다.
- 각 기종별 정해진 Service Flow에 따라 제공한다.
- 담당 구역별로 Aisle을 전담하여 서비스한다.
- 식사 서비스 시작 시 앞 좌석 승객에게 뒷좌석 승객의 안전과 취식 편의를 위해 좌석 등받이를 원위치로 하도록 정중히 요청한다. 뜨거운 국이나 식사 트레이는 반드시 앞 좌석 등받이가 원위치인지 확인한 후 제공하여 화상과 의복 손상을 방지한다.
- 식사 트레이 제공 시 승객의 테이블을 펴고 Main Dish의 종류 및 내용, 조리법 등을 설명한 뒤 주문을 접수한다.
- 식사 트레이에 물기가 있는 경우 Paper Towel 등을 이용하여 닦아낸 후 제공한다.
- 식사 카트는 승객 좌석 6열을 기준으로 중간에 위치시킨 후 승객의 앞쪽에서 식사를 신속하게 제공한다. (1인이 Cart Handling 시 3열 단위로 카트를 이동한다.)
- 서비스가 진행되는 동안 Skip이 된 승객이 없는지 수시로 확인한다.
- 인스턴트 국이 제공되는 경우 뜨거운 물을 인스턴트 국 용기에 부어 제공하며, 제공 시 뜨거운 국으로 인해 화상을 입지 않도록 안내한다.
- 비빔밥용 인스턴트 국은 식사 트레이를 제공한 후 국에 물을 부어 트레이에 직접 놓아 제공하는 것이 원칙이나 안쪽, 혹은 창 측 승객의 경우 의향을 확인하고 식사 트레이 위에 국을 올려 함께 제공해도 무방하다.
- 와인은 아침 식사가 아닐 경우 카트 상단에 준비하여 승객이 주문한 식사 트레이를 놓아 제공한 후 곧바로 와인의 종류를 Order Taking 하여 제공한다.
- 와인 서비스 시 와인 서비스용 Linen을 다른 한 손에 준비하여 와인이 흘러내릴 경우 Linen을 이용하여 닦는다.
- 고추장의 경우, 원하는 승객 위주로 제공하며(Bulk로 탑재된 경우) 빵 / 국 / 와인은 식사 트레이 제공과 함께 곧바로 제공되어야 한다.
- 소금·후추 또는 카트에 준비하지 않은 음료 등을 요청받을 경우, Galley에서 별도로 준비하여 제공한다.
- 비빔밥을 주문한 외국인 승객에게 비빔밥 취식 안내지를 제공한다.
- 식사 제공이 끝난 후 와인 리필을 실시한다.

▸ 식사 트레이 제공 시 승객의 테이블을 펴고 Main Dish의 종류와 내용, 조리법 등을 설명한 뒤 주문을 접수한다.

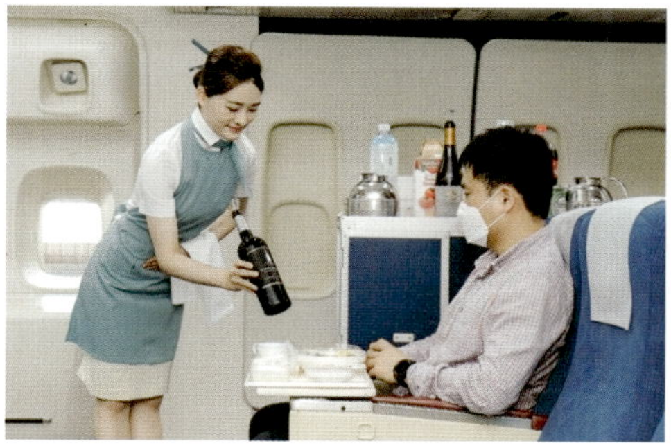
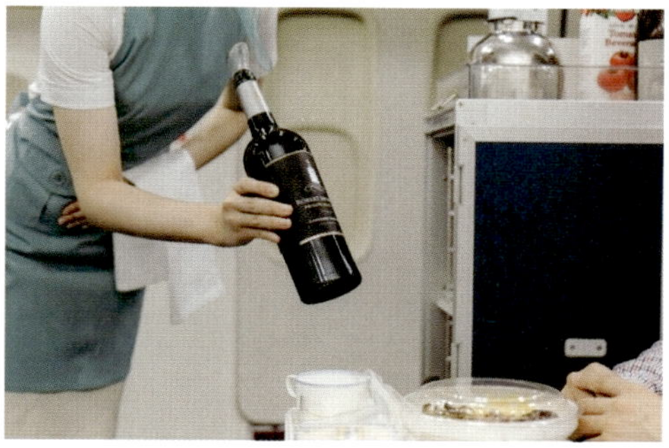

▸ 와인 Label Showing: 와인을 승객의 잔에 따르기 전 Label을 Showing 하고 따를 때에는 병이 잔에 닿지 않도록 한다.

▸ 와인 Pouring: 와인은 한 손으로 따르며 와인의 온도를 유지하기 위해 병의 아랫부분을 잡고 천천히, 조금씩 따라주며 와인 방울이 튀지 않게 살짝 돌리며 세우는 것(Stop & Twist)이 좋다(Wine Server 사용 시 와인을 따른 후 병을 Twist 할 필요 없으며 와인 서비스 시 흘러내리는 것을 방지할 수 있다).

▸ 식사 제공이 끝난 후 와인 리필을 실시한다.

실습영상

고객 응대 대화문 Menu Order Taking ~ 와인 서비스

- 실례합니다. 카트 지나갑니다.
  (Cart Locking 후 Meal 제공 승객의 앞 좌석 승객의 등받이 원위치 상태를 확인한다.)
- 저녁 식사 드리겠습니다.
  식사 전에 테이블 열어 드리겠습니다.
- 저녁 식사는 3가지가 있습니다. 한식 비빔밥, 중식 스타일 Black Pepper Sauce로 요리한 닭고기에 볶음밥이 있고 양식으로는 통감자구이를 곁들인 Thyme Gravy Sauce 소고기 스튜가 통감자구이와 있습니다. 어느 것으로 드시겠습니까?
- 미역국 드리겠습니다. 뜨거우니 조심하십시오. 맛있게 드십시오.
- 와인 드리겠습니다. / 식사와 함께 와인 드시겠습니까?
  레드 와인, 화이트 와인이 있습니다.
  어느 것으로 드시겠습니까?
- 말씀하신 레드 와인 드리겠습니다. (따른 후) 맛있게 드십시오.

추가 표현

- (직접 따를 수 없는 경우) 와인 잔 들어 주시겠습니까?
- 와인 외에 다른 음료로 주스, 탄산음료, 맥주 등이 있습니다. 어느 것으로 드시겠습니까?
- (카트 내 식사 트레이 소진 시) 카트를 교체하고 난 후 계속해서 식사 서비스를 진행하겠습니까? 잠시만 기다려 주시겠습니까?

실습영상

고객 응대 대화문 Menu Order Taking ~ 와인 서비스(영문)

- Excuse me, the cart is passing by.
  (Cart Locking 후 식사 제공 승객의 앞 좌석 승객의 등받이 원위치 상태를 확인한다.)
- Excuse me, Sir. Would you like to have dinner?
  May I open your tray table for dinner?
- For dinner, we have 3 kinds of main dish, today. Korean menu is Bibimbap, Chinese style black pepper sauce chicken with fried rice, and western style thyme gravy sauce beef stew with grilled potato.
  What would you like to have?

- Here is your seaweed soup. It's hot. Please be careful.
- Would you care for some wine?
  We are serving red wine and white wine.
  Which one would you prefer?
- Here is your red wine. Please enjoy your meal.

추가 표현

- (직접 따를 수 없는 경우) Could you hold the glass for me?
- We also have juice, soft drink, beer and so on. Which one would you prefer?
- (카트 내 식사 트레이 소진 시) We will bring new meal cart. Please wait for a couple of minutes.

고객 응대 대화문 비빔밥 주문 외국인 승객 응대(영문)

실습영상

승무원 Would you like to have lunch?
We have Korean dish Bibimbap,
Chinese style Chicken with black pepper sauce and
Beef stew with thyme Gravy sauce.
Which one would you like?

승객 Bibimbap, please.

승무원 Yes.

승무원 (비빔밥 트레이 제공 후) Have you ever tried Bibimbap before?

승객 No.

승무원 I'll show you how to eat your Bibimbap.
(비빔밥 취식 안내지를 보여주며) This dish is called Bibimbap and it's one of the most popular Korean dishes.
It contains rice, miced beef, vegetables, sesame oil and hot pepper paste.
You can enjoy your Bibimbap by mixing all together.
And please follow the steps according to this leaflet.

승객 Thank you.

승무원 (고추장을 가리키며) If you don't like spicy food, you can enjoy it without the hot pepper paste.
(인스턴트 국 제공 시) Here is your seaweed soup. It's hot. Please be careful.
And please enjoy the soup and side dish separately.
Enjoy your meal.

David_Ahn / iStock / Getty Images Plus

고객 응대 대화문 승객이 카트 내 없는 아이템을 요청할 경우

- **위스키 요청 시**

- 위스키는 Glenlivet, Chivas Regal, Jack Daniel's이 있습니다. 위스키는 얼음과 함께 드시겠습니까?

- **위스키 Straight로 요청 시**

- 위스키와 함께 드실 음료는 어느 것으로 드시겠습니까? (입가심 음료 / chaser)
  We have Glenlivet, Chivas Regal, Jack Daniel's. Would you like to have it straight or On-the-rocks?
  Would you care for a chaser?
- 위스키 얼음 없이 오렌지 주스와 함께 곧 갖다 드리겠습니다.
  I will be right back in a minute with your whiskey and orange juice.
- 죄송하지만, (제가 카트를 혼자 잡고 있어서) 가져다 드리는 데 조금 시간이 걸릴 것 같습니다. 잠시만 기다려 주시면 곧 갖다 드리겠습니다.
  I'm serving by myself. So, could you please wait for a few more minutes?

고객 응대 대화문 식사 Choice가 불가한 경우

- (비빔밥, 소고기, 닭고기 요리 중 소고기 소진 시) 죄송합니다만, 식사 메뉴로 비빔밥, 소고기, 닭고기 요리가 있었는데 비빔밥이 소진되어 현재 닭고기와 소고기 요리가 남아있습니다. 오늘 소고기 요리가 준비된 양에 비해 주문량이 많아 소진된 점 양해 부탁드립니다.
  Excuse me. I do apologize we do not have bibimbap anymore. Would you like to have chicken or beef? Which one do you prefer?

Case 1 – 승객이 'Yes'라고 한 경우

- 양해해 주셔서 감사합니다. 다른 필요한 것이 있으시면 언제든지 말씀해 주십시오.
  I really appreciate your understanding. I prepare OOO for you. If you need anything else, please let me know at any time.

Case 2 – 승객이 'No'라고 한 경우

- 원하신다면 두 번째 식사에도 소고기가 있는데 그것으로 준비해 드릴까요?
  We have beef for the second meal (which will be served later). But I can get you that one now if you want.

고객 응대 대화문 기타 주문

(식사를 추가로 요청한 경우)

- 죄송하지만 식사 서비스가 끝난 후, 여유분을 확인하고 다시 오겠습니다. 잠시만 기다려 주시겠습니까?
  After serving the meal, I will check if we have any extra and let you know.

(기내에 없는 아이템을 요청한 경우)

- 말씀하신 다이어트 스프라이트는 없지만 다이어트 콜라는 있습니다. 다이어트 콜라는 어떠십니까?
- I'm sorry we don't server diet sprite. How about diet coke, instead?

비행 중 특별식 제공 방법

- Galley 담당 승무원은 식사 서비스 준비가 완료되면 일반식을 서비스하기 전 특별식 트레이를 준비한다.
- 지상에서 확인한 후 부착한 Special Meal Tag 내의 개별 음료를 확인하고 준비한다.
- 식사 서비스 시 일반식보다 특별식 주문 승객에게 우선 제공하며, 제공 시 승객의 Headrest Cover와 식사 트레이에 부착되어 있는 Special Meal Tag의 내용이 일치하는지 확인한다.
- 해당 승객에게 구두로 특별식 주문 내역을 재확인한 뒤 서비스한다. (이륙 전후 좌석 변경 가능성을 감안하여 특별식 주문 내역을 재확인한다.)

비행 중 특별식 관련 비정상 상황 발생 시 처리 지침

- 주문한 특별식이 제공되지 못하는 경우, 해당 구역 담당 승무원이 정중히 사과하고 상황에 따라 객실 부사무장이 추가로 사과하고 응대한다.
- 승무원 과실에 의해 특별식을 잘못 전달하여 승객 취식 전에 발견한 경우에는 잘못 전달된 승객에게 정중한 사과와 함께 특별식을 회수하고 일반식으로 제공한다. 회수된 특별식은 주문 승객에게 전달한다.
- 승무원 과실에 의해 특별식을 잘못 전달하여 승객 취식 중에 발견한 경우에는 잘못 전달받아 취식 중인 승객에게는 식사가 잘못 전달되었음을 정중히 사과하고 일반 식사로의 변경 여부를 확인한다. 예약 시 특별식을 주문한 승객에게는 정중한 사과와 함께 유사한 대체 식사 서비스를 강구한다.

실습영상

고객 응대 대화문 특별식 비행 중 제공

승무원 1 실례하겠습니다. 김OO님,
특별식으로 주문하신 과일식 드리겠습니다.
맛있게 드십시오.

(※식사와 동시에 음료를 제공한다.)

승무원 2 손님, 말씀하신 오렌지 주스입니다.
식사와 함께 와인 드시겠습니까?
맛있게 드십시오.

고객 응대 대화문 특별식 중 CHML 지상 확인 및 비행 중 제공

실습영상

승무원 1 실례하겠습니다.
특별식으로 주문하신 스파게티 드리겠습니다.
(필요시) 뜨겁습니다. 조심하십시오.

(※종이컵에 뚜껑과 빨대를 끼워 함께 준비하여 식사와 동시에 음료를 제공한다.)

승무원 2 말씀하신 파인애플 주스 드리겠습니다.
맛있게 드십시오.

고객 응대 대화문 특별식 중 KSML 지상 확인 및 비행 중 제공(영문)

실습영상

승무원 1 Excuse me, Sir.
Here is your Kosher meal.

(※식사와 동시에 음료를 제공한다.)

승무원 2 Sir, Here is your Pineapple juice.
Enjoy your meal.

Breakfast / Brunch 중·장거리 1st Meal

중·장거리 1st 식사와 아침 식사(Breakfast / Brunch)인 경우 Breakfast / Brunch를 제외한 중·장거리 1st 식사의 경우와 서비스 방법이 동일하다. 그러나 식사 카트 상단에 와인을 준비하지 않는다는 점과 Beverage 서비스 Flow의 차이가 있다.

아침 식사(Breakfast / Brunch) 메뉴는 죽, 달걀 요리, Continental Breakfast 중 1가지 이상이 포함되는 경우로, 서비스 시점은 조식의 경우 4~9시, 브런치의 경우 9~11시이다.

▪ Galley Work

- 식사 카트 상단에 서비스 용품을 준비한다.
  - 카트 상단 빈 Drawer에 주스류, 미네랄워터, 맥주, 소다류, 플라스틱 컵, 종이컵, 고추장, 소금·후추, 서비스 스티커 등을 준비한다.
  - 빵이 Bulk로 탑재된 경우에는 Bread Basket에 Linen을 깔아 따뜻하게 데운 빵을 팩째 담고 Bread Tong을 올려 준비한다.

• 서비스 준비 방법은 Breakfast / Brunch를 제외한 중·장거리 1st 식사의 와인 / 빵 부분을 제외하고 동일하다.

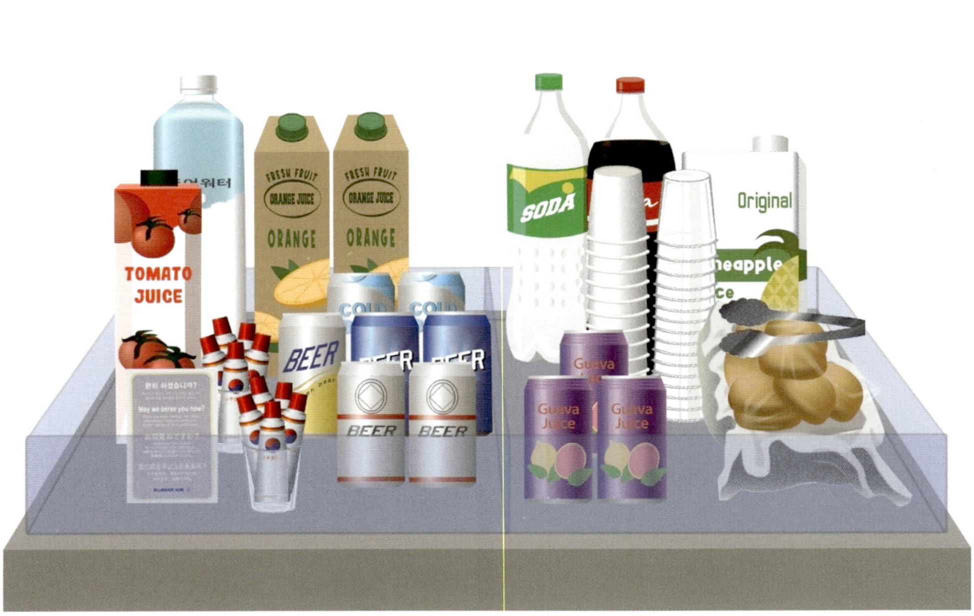

아침 식사 메뉴

■ Aisle Work

• 달걀 요리 제공 시 토마토케첩을 원하는 승객에게 제공한다.
• 서비스 방법은 Breakfast / Brunch를 제외한 중·장거리 1st 식사가 동일하다.

4) Hot Beverage

■ Galley Work

• 식사 트레이 제공이 종료된 후 Small Tray에 Hot Beverage 서비스용 아이템을 준비한다.
• Hot Beverage 서비스용 아이템에는 다음과 같은 것이 있다.
  – 커피: (Dessert Bowl에) 설탕, 크림, 인공감미료
  – 차: (Dessert Bowl에) 녹차·홍차 Tea Bag, Sliced Lemon, (필요시) 설탕, 크림 소량

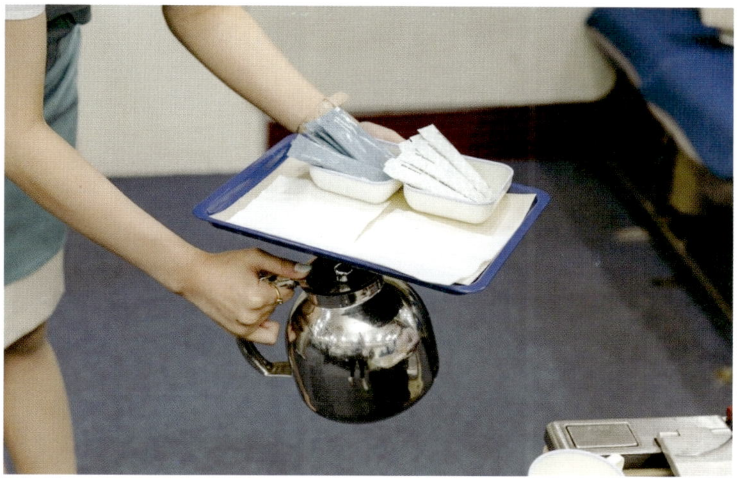

Aisle Work

- Hot Beverage의 Service Flow는 식사 서비스 진행 방향과 동일하게 제공한다.
- Hot Beverage 서비스 시에는 승객이 빈 Coffee Cup을 직접 Small Tray 위에 놓도록 유도하고 Aisle 쪽에서 Hot Beverage를 따른 후 승객이 직접 집도록 안내한다.
- Hot Beverage 서비스 시 설탕, 크림의 의향을 확인하고 승객이 직접 집을 수 있도록 안내한다.
- 차 서비스 시 따뜻한 물을 먼저 제공 후 Small Tray 위의 티백(Tea Bag) 및 Garnish, 설탕, 크림 등을 집을 수 있도록 안내한다.
- Hot Beverage로 인해 승객이 화상을 입지 않도록 안내한다.
- 아침 식사(Breakfast / Brunch)의 경우 식사 트레이 제공 종료 후가 아닌 식사 트레이 제공이 절반 정도 진행 시 Galley 담당 승무원이 Small Tray를 이용하여 Overlap으로 Hot Beverage를 제공한다는 점에서 아침 식사가 아닌 경우와 차이가 있다. 식사 트레이 제공 후 Aisle 담당 승무원은 식사 서비스 Flow와 동일하게 Hot Beverage 서비스를 실시한다.

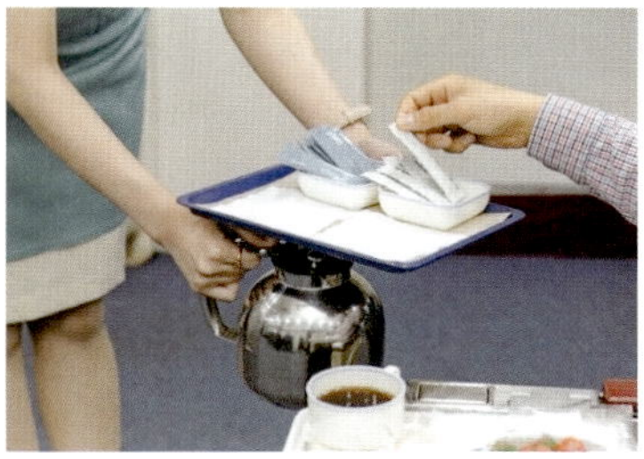

실습영상 **고객 응대 대화문** **Hot Beverage 서비스**

승무원 1 커피 드리겠습니다.
커피 컵 올려 주시겠습니까?
(따른 후) 많이 뜨겁습니다. 조심하십시오.
설탕, 크림 필요하십니까?

옆 좌석 승객 저는 차 주시겠어요?

승무원 1 다른 승무원이 곧 차를 제공할 예정입니다. 잠시만 기다려 주시겠습니까?

승무원 2 차 드리겠습니다. 녹차와 홍차 있습니다.
(따른 후) 아주 뜨겁습니다. 조심하십시오.

실습영상 **고객 응대 대화문** **Hot Beverage 서비스(영문)**

승무원 1 Would you like some coffee?
Would you please put your cup on the tray?
It's hot. Please be careful.
Would you like some sugar and cream?

옆 좌석 승객 I'like green tea, please.

승무원 1 Another crew will be coming around with tea. Would you please wait a moment?

승무원 2 Would you like some tea? We have green tea and black tea.
It's hot. Please be careful.

5) 식사 트레이 Collecting

Galley Work

- 식사 트레이 상단 Drawer 내 아이템(미네랄워터, 오렌지 주스, 플라스틱 컵, 종이컵, Cocktail Napkin, Paper Towel)을 정리한다.
- 서비스 후 남은 식사 트레이를 필요시 찾기 편하도록 한쪽으로 정리한다.
- 사용한 컵과 캔 등의 회수용 빈 Drawer를 별도로 준비한다.
- Galley를 청결하게 정리하고 식사 서비스를 마무리한다.

Aisle Work

- 식사 트레이 Collecting은 식사 서비스 Flow와 동일하게 진행한다.
- 식사를 먼저 끝낸 승객의 식사 트레이는 개별적으로 회수한다.
- 식사 트레이 Collecting 시 취식 만족도 및 회수 여부를 확인하고 카트 상단부터 정리하여 넣는다.
- 식사 트레이 Collecting 후 승객이 Hot Beverage를 계속 마시는 경우 Cocktail Napkin을 컵에 받혀 제공한다.
- 식사 트레이 Collecting 시 승객 테이블이 오염된 경우 카트 상단에 준비된 Paper Towel로 닦아준다.
- 식사 트레이 Collecting 2 / 3 시점에 Lavatory를 점검한다.
- 식사 트레이 회수 완료 후 Aisle Cleaning을 실시하며 회수하지 못한 식사 트레이 및 수면 중이라 제공하지 못한 승객을 확인하고 해당 내용을 정보 공유한다.

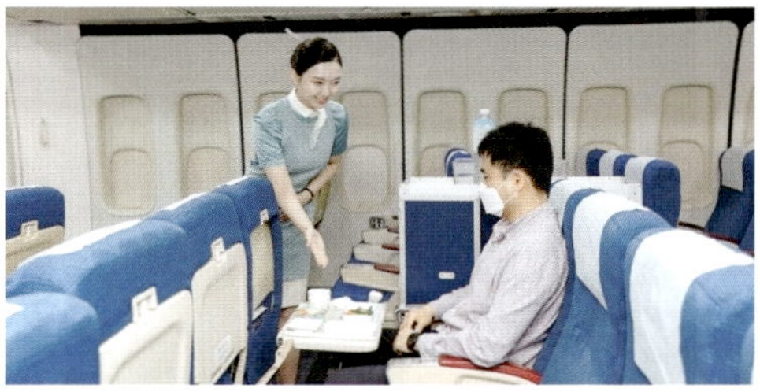

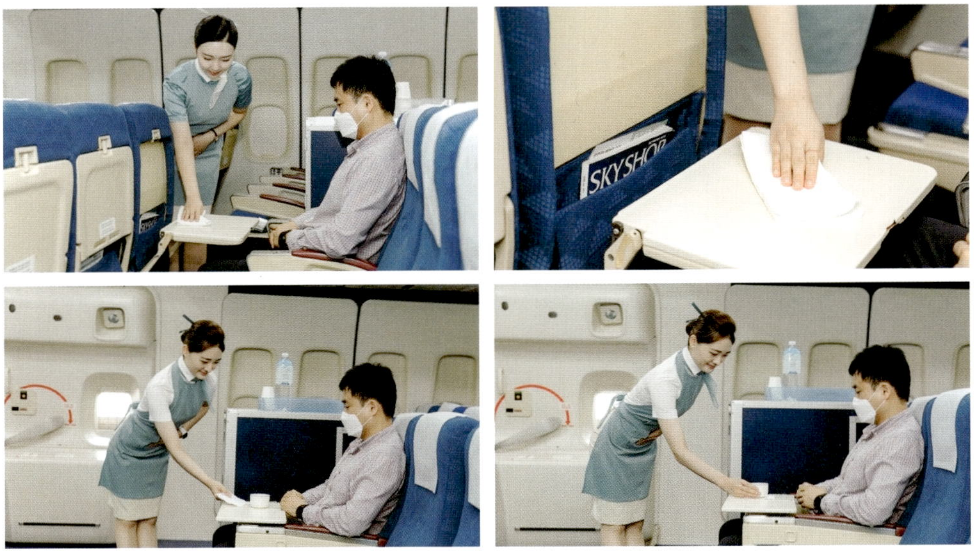

▶ 실습영상

고객 응대 대화문 식사 트레이 Collecting

승무원 맛있게 드셨습니까? 정리해 드리겠습니다.
(식사 트레이 정리 후) 더 필요한 것은 없으십니까?
네, 금방 가져다 드리겠습니다.

(Collecting 종료 후 Galley로 이동 중 승객 테이블 위의 빈 커피 컵을 발견한 경우)

승무원 실례하겠습니다. 빈 컵을 정리해 드려도 괜찮으시겠습니까?

▶ 실습영상

고객 응대 대화문 식사 트레이 Collecting(영문)

승무원 How was your dinner today? We are very happy to hear that yo u enjoyed meal. May I take this away?
(식사 트레이 정리 후) Is there anything that I can do for you?
I'll bring your Orange juice.

(Collecting 종료 후 Galley로 이동 중 승객 테이블 위의 빈 커피 컵을 발견한 경우)

승무원 Excuse me, ma'am. May I take your cup if you are finished?

고객 응대 대화문 **식음료 불만족 시**

- 식사를 많이 안 드셨는데 입맛에 맞지 않으셨습니까?
  (Heating 상태나 기타 준비 상태 미흡으로 인한 불만 시) 죄송합니다.
  (대체 아이템 확인 후) 다른 주요리는 OOO이 있습니다. 어떠십니까?
- How was your meal? I am afraid that it might not suit your taste.
  I am sorry, sir. We have OOO. May I serve you OOO if you do not mind?

6) 2차 Galley Briefing(De-briefing)

중·장거리 노선에서는 항공기 도착 약 40분 전, 기장 도착 방송 직후 각 좌석 등급별 Galley 담당 또는 선임 승무원 주관하에 최종적으로 Galley De-briefing을 실시한다. Galley De-briefing의 내용은 기내식을 비롯한 서비스 IRRE 해결 확인, 불만 승객 발생 및 Handling 조치, Special 승객 Care 및 서비스 확인, 승객 요청 사항 수행 및 보관 물품 반환 여부 확인, 그리고 SHR에 언급된 승객 관련 사항을 포함한 기타 특이 사항에 대해 정보를 공유한다.

CHAPTER

09

비행 중 IRRE 상황 및 VOC 사례

비행 중 기내식 제공 시에는 여러 가지 예상하지 못한 일이 발생할 수 있다. 이때 서비스 회복을 위한 최선의 방안은 최접점에서 고객을 응대하는 객실승무원의 서비스 역량에 달려 있다고 할 수 있다. 기내식 서비스와 관련하여 예상되는 IRR(Irregular) 상황 및 실제 고객 불만 사례 연구를 통해 고객 만족도를 향상시킬 수 있는 방안의 모색이 필요하다.

1

IRRE 상황 응대 및 업무 절차

기내식 제공과 관련하여 아래와 같은 상황 발생 시 해결을 위한 업무 절차를 숙지하여 고객 불편을 최소화하고 고객 불만으로 이어지지 않도록 노력해야 한다.

1) 특별식 누락

사례

우리는 야채식을 신청했지만, 기내에서 신청 기록이 없다는 말만을 들었습니다. 승무원은 저에게 승객 명단이 있는 리스트를 보여주며 아마도 직원이 실수로 누락한 것 같다는 설명과 함께 미안하지만 어쩔 수 없다고 말했습니다.

승무원 분의 잘못이 아니라는 건 잘 알고 있지만, 본인의 잘못이 아니라는 식의 변명과 형식적인 응대는 불쾌했습니다.

예약 과정에서 누락된 SPML(Special Meal, 특별식)와 관련하여 승객이 불만을 제기하자 승무원은 예약 직원의 실수로 누락된 것 같다는 사과의 말과 형식적인 응대로 고객 불만이 가중된 사례이다. SPML 누락과 같은 사례는 객실승무원들이 자주 경험하는 불만족 서비스 중 하나이다. 이런 사례에서 무엇보다 우선되어야 하는 것은 바로 정중한 사과이다.

객실승무원의 업무상 과실이 아니라고 해도 고객의 입장에서는 항공사의 과실로 인해 발생한 잘못이며, 객실승무원은 한 항공사를 대표하는 직원으로서 책임감을 가지고 SPML이 탑재되지 않은 것에 대해 진심으로 사과해야 한다.

SPML 미탑재 시 Recovery Service 표준 업무 절차

① 정중한 사과

- 담당 승무원이 정중하게 사과한다.
- 필요시 추가로 사과한다.

② 대체 식음료 권유

- 종류별 대체 가능한 음식을 안내하며 권유한다.
- 승객이 선택한 경우에 제공하며 임의로 조리하거나 가공하지 않는다.

2) 기내식 이물질 등 협력업체 과실 발생 시

사례

기내식에서 이물질이 나왔지만 상태에 대한 확인 및 후속 조치에 대한 언급은 전혀 없고 기내식을 만든 업체에 책임을 전가하는 태도를 보였습니다. 오늘따라 이물질이 많이 나온다며 이 업체 문제가 있다면서 고객인 저에게 굳이 알리지 않아도 될 부분까지 언급하였습니다.

기내식을 만든 업체가 어디인지는 궁금하지 않습니다. 그저 저는 이 항공사를 선택하고 이용한 고객입니다.

기내식 이물질 등 당사 협력 업체의 과실로 인한 IRRE 발생 시, 기내식 업체 또는 청소 업체의 책임을 운운하는 등의 항공사의 과실 회피를 연상하게 하는 응대 자세는 지양해야 한다.

Recovery Service 표준 업무 절차

① 정중한 사과

- 담당 승무원이 정중하게 사과한다.

② 새로운 식음료 제공

- 즉시 새로운 식음료로 교체하여 제공한다.

③ 해당 기내식 인수인계

- 이물질이 나온 기내식을 밀폐하여 Cabin Report Tag를 부착하고 모기지에서 케이터링 직원에게 인계되도록 한다. 도착지가 모기지가 아닌 해외 스테이션의 경우, 일반적으로 최상위클래스 Liquor Cart 내부에 인계한다.
- 객실사무장은 해당 사례에 대해 보고서를 작성한 후 관련 부서에서 추후 조치가 이루어질 수 있도록 한다.

3) 기내식 변질 주장 접수 시

사례

기내식으로 제공된 샌드위치를 열어보는 순간 약간의 상한 냄새가 났습니다. 같이 동행한 일행도 그런 것 같다며 한 입 먹다가 더 이상 먹지 못했습니다.

승무원에게 상한 것 같다고 건네주었더니 아무 대응도 없이 그냥 받아 간 후 비행이 끝날 때까지 전혀 언급이 없더군요. 확인한 후 다른 식사를 주든지 다른 대처를 해 주었어야 하는 것 아닌가요?

기내식 변질 의심 사례 역시 자주 발생하는 IRRE 상황이자 동시에 객실승무원의 노력으로 충분히 만회할 수 있는 사례 중 하나이다.

승객이 취식 도중 기내식 변질을 주장하는 경우 먼저 불편사항에 대해 담당 승무원이 1차로 정중하게 사과한다.

그 후 변질 주장 기내식을 확보하고 승객에게 새로운 식사를 제공한다. 다음으로 객실사무장에게 상황을 보고하고 샘플에 대한 관능 검사를 실시하여 고객의 불만 내용을 확인한다. 이후 객실사무장은 승객에게 해당 사항을 안내하고 2차로 사과한다. 마지막으로 변질 주장 기내식과 동일 품목 기내식을 냉장 상태로 잘 보관한 뒤 모기지 도착 후 기내식 담당자에게 인계될 수 있도록 한다.

관능 검사 (Sensory Test)
인간의 오감에 의해 제품의 품질을 평가하는 검사이다.

Recovery Service 표준 업무 절차

① 정중한 사과

- 담당 승무원이 정중하게 1차 사과한다. (상황 파악 및 초기 응대)
- 변질 주장 기내식을 확보한다.
- 새로운 식사를 제공한다.

② 새로운 식음료 제공

- 즉시 새로운 식음료로 교체하여 제공한다.

③ 해당 기내식 인수인계

- 변질 주장 기내식과 동일 품목 기내식에 대해 결과를 기록한다.
- 변질 주장 기내식을 밀폐하여 Cabin Report Tag를 부착하고 냉장 상태를 유지하여 보관한 후 모기지에서 케이터링 직원에게 인계되도록 한다. 도착지가 모기지가 아닌 해외 스테이션의 경우 일반적으로 최상위 클래스 Liquor Cart 내부에 인계한다.

- 객실사무장은 2차 사과를 실시하고 해당 사례에 대해 보고서를 작성한 후 관련 부서에서 추후 조치가 이루어질 수 있도록 한다.

4) 객실승무원 부주의로 인한 의복 오염

사례

- 식사 서비스 시 승무원이 와인을 제공하는 과정에서 부주의로 식사 카트에 있던 와인 병이 쓰러져 본인 쪽으로 와인이 튀었습니다. 베개, 이불, 테이블 시트, 가방, 옷에 와인이 다 묻었습니다. 탑승 전 면세점에서 새로 산 가방인데 빠른 보상 처리를 바랍니다.
- 기내식 서비스 중 주스를 담아 지나가던 승무원이 제게 주스를 쏟아 속옷까지 모두 젖어 갈아입어야 했습니다. 너무 화가 났지만 기내 안이라 조용히 가방에 있던 다른 옷으로 대충 갈아입고 몸과 좌석 주변을 정리했습니다. 그런데 상황 수습 후 괜찮은지, 음료가 쏟아진 옷의 상태는 어떤지 등 승무원의 문의나 대처가 전혀 없어 매우 실망스러웠습니다.

Recovery Service 표준 업무 절차

① 정중한 사과

- 담당 승무원이 정중하게 사과한다.

② 상황 해결 및 도움 제공

- 신속하게 승객의 불편 상황을 살핀 후 오염 제거 등 필요한 도움을 제공한다. 특히 뜨거운 식음료의 경우 화상을 입지 않았는지 확인한다.

③ 적절한 사후 Recovery Service

- 객실사무장에게 보고하여 e-클리닝 쿠폰 등 추가적인 서비스를 제공한다.

e-클리닝 쿠폰(Cleaning Coupon)

기내에서 의복이 오염된 경우 원상회복을 위해 발급하는 전자 우대 할인권으로, 고객 불만, Claim 및 기타 Irregularity로 인해 고객이 겪은 불편에 대한 보상 수단으로 사용되는 e-쿠폰을 말한다. 불편 정도(의복의 훼손, 오염 정도), 탑승 클래스, 회원 등급에 따라 지급액을 산정하여 1~5매 발급한다. 해당 e-쿠폰으로 항공사의 운임, 유류 할증료, 초과 수하물 납부 시 사용 가능하다.

2

고객 VOC 사례로 살펴본 비행 중 기내식 서비스의 이해

항공 운송 산업이 발전함에 따라 항공사들은 경쟁력 강화 및 고객 유지의 일환으로 고객의 기대에 부응할 수 있도록 고품질 물적, 인적 서비스를 제공하고 있다. 특히 인적 서비스의 강화는 고객 접점 서비스 종사자의 서비스 행동의 강화를 의미하며 항공사 서비스 품질 향상에 직접적인 영향을 미친다.

VOC (Voice of Customer)

관리 시스템 콜센터에 접수되는 고객 불만 사항을 접수부터 처리가 완료될 때까지 그 과정을 관리·평가하여 고객의 체감 서비스를 향상시키는 고객 관리 시스템이다.

이에 따른 항공사의 서비스 품질의 발전과 함께 항공사를 이용하는 고객의 인적 서비스에 대한 기대 또한 높아지고 있다. 따라서 객실승무원의 규정된 역할에서 나아가 자발적 인적 서비스의 실현으로 더욱 큰 고객 만족을 이루어 낼 수 있을 것이다.

이를 위해 기내식 서비스 관련 VOC 사례를 바탕으로 대고객 서비스를 향상시킬 수 있는 다양한 방안을 모색해 본다.

1) 고객 불만 사례

다음의 비행 중 기내식 서비스 관련 고객 불만 사례를 통해 기내에서 식사 서비스 시 주의해야 할 사항을 생각해 보고 재발 방지 방안 및 문제해결을 위한 지속적인 노력을 기울여야 한다.

기내식 Order Taking 시 무성의한 응대

사례

식사 서비스 시 승무원이 'Beef and Noodle, Beef and Rice, and Fish and Rice' 중에서 선택하라고 했습니다. Beef and Rice를 선택했는데 받아보니 된장 비빔밥이었습니다.

물론 된장에 소고기가 들어가기는 하지만 한국인이어도 된장에 대한 선호도가 다를 수 있는데 특히 외국인에게는 생소한 소스이므로 더 설명을 했어야 하는 것이 아닌가요?

하지만 건너편의 다른 승무원은 'Cod Fish with Hot Pepper Sauce With Rice'라고 자세하게 설명해 주더군요. 모든 승객이 동등하게 식사 메뉴에 대한 제대로 된 설명을 들을 수 있어야 한다고 생각합니다.

사례 연구 노트

이 사례에서 불만이 발생한 원인과 재발 방지 방안에 대해 기내식 서비스의 원칙과 방법을 활용하여 생각해 보자.

기내식 제공 시 위생 관련 태도

사례

승무원에게 커피를 요청했는데 커피 컵 상단 부분을 손으로 잡고 가져가는 겁니다. 커피를 따르고 돌려줄 때도 커피 컵의 상단 부분을 잡고 돌려주었습니다. 결국 그 승무원의 손이 닿았던 부분에 입을 대고 마셔야 하는데 위생상 보기 좋지 않습니다.

사례 연구 노트

이 사례에서 불만이 발생한 원인과 재발 방지 방안에 대해 기내식 서비스의 원칙과 방법을 활용하여 생각해 보자.

식음료 종류 안내 없이 임의 제공

사례

기내식 취식 중 지나가는 승무원에게 맥주를 부탁하였습니다. 항공기에 2종류 이상의 맥주가 있다는 것을 이미 알고 있었는데 아무런 설명 없이 승무원의 임의대로 특정 맥주를 놓고 가는 서비스가 아쉬웠습니다.

사례 연구 노트

이 사례에서 불만이 발생한 원인과 재발 방지 방안에 대해 기내식 서비스의 원칙과 방법을 활용하여 생각해 보자.

부적합한 상태의 기내식 제공

사례

기내식을 닭고기 메뉴를 선택했는데 승무원이 현재 카트에 없다고 잠시만 기다려달라고 하며 Main Dish를 제외한 식사 트레이를 먼저 건네주었습니다. 이후 한참을 기다려도 Main Dish를 주지 않아 승무원을 재호출하니 닭고기가 소진되었다고 하며 비빔밥 트레이로 바꾸어 주었으나 햇반은 식어 있었고 국은 찬물을 부어준 것처럼 차가웠습니다.

사례 연구 노트

이 사례에서 불만이 발생한 원인과 재발 방지 방안에 대해 기내식 서비스의 원칙과 방법을 활용하여 생각해 보자.

기내식 구성품의 누락

사례

비즈니스석에 탑승하였으며 식사 서비스 시 라면을 주문하였습니다.

이후 라면 서비스 시 젓가락이 없이 제공되어 당황했으며 그보다 더 화가 난 것은 승무원에게 젓가락을 요청했지만 10분이 넘어도 제공되지 않았습니다. 재요청을 했지만 한참 뒤 제공받았고 이미 라면은 많이 불어 있었습니다.

사례 연구 노트

이 사례에서 불만이 발생한 원인과 재발 방지 방안에 대해 기내식 서비스의 원칙과 방법을 활용하여 생각해 보자.

미성년 승객 주류 제공 관련

사례

미성년자임에도 불구하고 기내식 제공 시 승무원이 와인을 제공하는 것을 목격했습니다. 미성년자인 승객이 먼저 주류를 요청했다 하더라도 항공사 측에서 정확한 생년월일을 확인한 후 제공해야 하는 것이 아닌가요?

사례 연구 노트

이 사례에서 불만이 발생한 원인과 재발 방지 방안에 대해 기내식 서비스의 원칙과 방법을 활용하여 생각해 보자.

승무원 부주의로 인한 화상

사례

기내식 서비스 중 승무원이 국 용기에 물을 따르던 중 뜨거운 물이 제 허벅지에 튀었습니다. 승무원은 죄송하다고 사과한 뒤 종이 타월에 찬물을 적셔 가져다주었으며 몹시 뜨거웠지만 병원에 갈 정도로 화상은 입은 것 같지 않아 괜찮다고 하였습니다. 이후 상황은 곧바로 다시 다른 승객에게 식사를 제공하면서 끝났으며 이후 어떠한 조치도 없었습니다.

비행기 내리기 전 승무원이 '정말 괜찮으시죠?'라고 묻는데 당연히 괜찮을 거라는 예상으로 당당하게 묻는 말투여서 당황스러웠으며 이것이 뜨거운 물을 튄 손님에 대한 적절한 대처인지 실망스럽습니다.

사례 연구 노트

이 사례에서 불만이 발생한 원인과 재발 방지 방안에 대해 기내식 서비스의 원칙과 방법을 활용하여 생각해 보자.

기내식 제공 누락

사례

제가 기내식을 제공받을 차례가 되었을 때 승무원이 부족한 식사나 준비 물품을 채우려고 한 것인지 아무런 안내 없이 카트를 끌고 뒤쪽으로 가버렸습니다. 이후 다시 식사를 제공할 때는 저를 건너뛰고 뒤쪽 승객들부터 제공하였고 기다리면 식사를 줄 것이라고 생각하고 기다렸지만 다시 오지 않았습니다.

이후 커피를 제공하던 다른 승무원이 기내식이 없는 저를 발견하고 식사를 안 하신다고 하셨냐며 오히려 되물어 매우 황당했습니다.

사례 연구 노트

이 사례에서 불만이 발생한 원인과 재발 방지 방안에 대해 기내식 서비스의 원칙과 방법을 활용하여 생각해 보자.

기내식 제공 시 옆 좌석 승객의 면세품 개별 판매

사례

제가 특별식을 신청해서 다른 승객들보다 먼저 기내식을 취식하고 있었습니다. 그때 일행이 아닌 제 옆 좌석 승객이 기내 면세품을 주문하겠다고 승무원을 불러 주문을 하더군요. 면세품을 파는 것도 중요하겠지만 옆 사람인 제가 기내식을 먹고 있는데, 제가 먹는 음식들 위로 (그 사람이 결제할 카드가 선반 위에 있다고 했더니 선반을 열어) 승무원과 옆 승객이 서로 가방을 주고받고, 물건을 주고받고…….

그게 뭐 하는 겁니까? 첨엔 한 번이겠거니 해서 그냥 식사를 했는데, 가방이랑 물건이랑 주고받고 가방은 다시 결제 후 선반에 넣느라 몇 번이나 왔다 갔다 하는데 어디 위생상 더러워서 식사를 할 수 있겠습니까? 불편한 기색을 해도 승무원이나 옆 좌석 승객 역시 알아채지 못하고, 계속 물건 팔고 사고!! 승무원이 경험이 없어서 그런 것인지, 아니면 그런 교육조차 받지 못한 건지 기분이 매우 상했습니다. 일반적으로 비행기에서 누가 옆에서 식사를 하고 있다면 먼지를 일으키거나 주변에서 심하게 움직이지는 않아야 할 텐데, 그게 기본일 텐데요. 옆 좌석 승객이야 자기 물건 사느라 그렇다 쳐도 승무원조차 그런 개념이 없다니…….

만약 외국인 고객이 이런 경우를 당했다면 우리나라에 대한 이미지이며, 국적 항공사에 대한 인식이 얼마나 떨어졌겠습니까? 고객 서비스에 섬세함까지 갖추길 바랍니다.

사례 연구 노트

이 사례에서 불만이 발생한 원인과 재발 방지 방안에 대해 기내식 서비스의 원칙과 방법을 활용하여 생각해 보자.

식음료 지식 부족 및 전문성 결여

사례

- 식사를 하면서 샐러드드레싱을 Thousand Island로 달라고 했습니다. 승무원이 샐러드를 제공했고 신문을 보느라 몇 분 후 제공된 샐러드를 보았습니다. 그런데 투명한 오일 같은 게 뿌려져 있는 것이었습니다. 승무원을 호출하여 샐러드와 함께 제공된 드레싱이 제가 주문한 Thousand Island Dressing이 맞냐고 물었더니 한 치의 망설임도 없이 맞다고 합니다.

  다시 한 번 물어도 맞다고 합니다. 메뉴 목록을 다시 보니 제가 먹은 것은 두 번째 식사 Salad Course의 드레싱이더군요. 일등석에서 서빙한다고 하는 승무원이 Thousand Island Dressing과 Italian Dressing도 구별하지 못합니까? 그 흔한 Thousand Island Dressing이 어찌 생겼는지도 모르는 게 이해되지 않습니다.

- 전채요리가 제공되고 기다리던 와인이 서비스되었습니다. 요즘 식사와 함께 와인을 즐기는 편이라 예전에 식당에서 마셔본 듯한 와인병을 가리키며 "이게 Merlot 와인 맞죠?"라고 물었습니다.

  승무원은 당황하며 "아마도……, 네……." 하고 말끝을 흐리더군요. 황당했습니다.

  비행에서 얼마나 많은 와인을 서비스하는지는 모르겠으나, 그날은 딱 4종류의 와인밖에 없던데……. 게다가 가장 대표적인 레드 와인 품종조차 모른다니……. 제가 많은 것을 기대한 건가요? 요즘에는 동네 웬만한 식당에서도 종업원들이 취급하는 와인에 대해 기본적인 설명은 자신 있게 다 합니다. 승무원이라면 서비스하는 와인이 어떤 건지는 알아야 하는 것 아닌가요?

사례 연구 노트

이 사례에서 불만이 발생한 원인과 재발 방지 방안에 대해 기내식 서비스의 원칙과 방법을 활용하여 생각해 보자.

기타 - 말투

사례

- 무언가를 요청하면 '요청하신 콜라 여기……' 하며 말끝을 흐리는데, 반말을 하는 건지 분간이 되지 않는 말투로 응대하여 불쾌하였습니다.
- 승무원이 뜨거운 타월을 주면서 '뜨거워요.' 하면서 눈도 안 마주치고 툭 주고 가버렸습니다.
  지금까지 '뜨겁습니다.'라고 한 건 들어봤지만, '뜨거워요.'라고 말을 짧게 하는 승무원을 처음 보았습니다.
- 커피를 조금 늦게 마셔서 식사를 치우는 시간에 커피잔을 치워달라고 했더니 '있다가요.'라고 말하고 치워 주지 않았습니다. '잠시 후 치워 드리겠습니다.'도 아니고 '있다가요.'라는 성의 없는 말에 승무원이 어떻게 그런 말투를 쓸 수 있는지 정말 놀랐습니다.
- 식사를 제공하는 승무원에게 서비스 끝난 후 여분의 김이 있으면 더 달라고 했습니다. 승무원은 그 자리에서 '오늘 비행기가 만석이라 여분의 김이 없다.'고 대답했습니다. 저와 배우자는 첫 열에 앉아 가장 먼저 기내식을 제공받았고 아직 기내식 서비스가 끝나지도 않은 상황이었는데 승무원이 그렇게 대답한 것은 마지막까지 확인해 볼 의사가 없었던 것으로 보입니다. 그 자리에서 바로 없다고 하는 것은 고객의 입장에서 '그냥 바쁘니까 준 것만 먹어라. 그것까지 체크할 시간 없다.'는 말로밖에 안 들립니다.

사례 연구 노트

이 사례에서 불만이 발생한 원인과 재발 방지 방안에 대해 기내식 서비스의 원칙과 방법을 활용하여 생각해 보자.

기타 - 표정 및 태도

사례

- 승무원이 기내식 제공 시 '실례합니다. 맛있게 드십시오.'와 같은 말 한마디도 없이 음식을 던져주고 회수할 때에도 실례하겠다는 말 한마디도 없이 그냥 손 불쑥 집어넣고 식사 트레이를 가져갔습니다.
- 기내식 제공 시 승무원이 음식을 준비해 주러 왔을 때 손이 바빠 미처 테이블을 꺼내지 못하고 있었습니다. 그런데 승무원은 '테이블은 스스로 꺼내 주셔야 해요.'라고 주변에도 들릴 만큼 큰 목소리로 말을 했으며 누가 봐도 짜증 난 것이 보이는 거친 행동으로 본인 테이블을 꺼내 주는 것이었습니다.
- 기내식 취식 중 토마토주스를 요구하자 '아, 가져와서 드릴게요.'라며 승객의 눈도 쳐다보지 않고 말을 하는 것에 귀찮아함이 느껴졌습니다.

사례 연구 노트

이 사례에서 불만이 발생한 원인과 재발 방지 방안에 대해 기내식 서비스의 원칙과 방법을 활용하여 생각해 보자.

2) 고객 칭송 사례

다음의 비행 중 기내식 서비스 관련 고객 칭송 사례를 통해 서비스 시 고객 만족을 위한 객실승무원의 노력과 고객 감동 서비스의 핵심이 무엇인지 살펴본다.

승객 실수에 대한 세심한 응대

사례

식사 후 녹차를 마시다가 제 실수로 녹차를 손등에 쏟았습니다. 거의 식은 녹차라 뜨겁지는 않았지만 적지 않게 당황하고 있던 중, 어떻게 알았는지 식사를 치워 주던 승무원이 괜찮은지 걱정스럽게 물어봐 주었습니다. 이후 승무원이 응급처치를 위해 찾아왔고 많이 다치지 않아 괜찮다고 했으나 손등이라 상처가 남을지도 모른다며 정성스레 처치를 해주었습니다. 이후 본인의 상태가 괜찮은지 수시로 와서 확인하고 불편한 곳은 없는지 살펴주었습니다.

본인이 실수로 쏟았음에도 불구하고 승무원이 먼저 알아채고 도움을 주고 지속적으로 보살펴주는 모습을 보며 항공사 승무원의 서비스에 큰 신뢰가 생겼습니다.

사례 연구 노트

이 사례에서 나타난 객실승무원의 노력과 고객 만족 서비스의 핵심이 무엇인지 생각해 보자.

상황에 맞는 세심한 응대

사례

탑승 후 기내식은 안 먹고 쉬고 싶으니 깨우지 말아 달라고 했습니다. 편히 잠이나 자고 싶었습니다. 아무런 방해도 받고 싶지 않았습니다. 승무원이 그런 제 마음을 읽었나 봅니다. 식사시간 때 뒷좌석 승객 식사 때문에 등받이를 올려야 할 수 있다며 혹시나 편안히 쉬고 싶으면 뒷좌석 승객이 없는 곳이 어떠냐고, 마침 뒤쪽에 사람이 아닌 벽이 있는 자리가 있다고 하더군요. 이 부분, 가장 기억에 남습니다.

사람 많은 비행기 안에서 나 하나 신경 써주기 쉽지 않을 텐데……. 지나고 나니 마음이 너무 고마우면서도 고맙다는 말 한 번 해주지 못하고 와서 미안합니다.

사례 연구 노트

이 사례에서 나타난 객실승무원의 노력과 고객 만족 서비스의 핵심이 무엇인지 생각해 보자.

승객의 실수에 대한 유연한 대처

사례

기내식 취식 중 음료를 실수로 쏟았습니다. 옷과 좌석 시트가 젖었는데 당황한 저에게 승무원이 먼저 빠르게 다가와 자리를 정리해 주고 젖은 수건으로 몸도 닦을 수 있도록 해주었습니다. 젖어 버린 옷을 담요로 덮어 주는 등 먼저 다가와서 정리하고 살펴 주어 매우 감사했습니다.

사례 연구 노트

이 사례에서 나타난 객실승무원의 노력과 고객 만족 서비스의 핵심이 무엇인지 생각해 보자.

gerenme / Getty Images

APPENDIX

부록

[부록 1] 기내식 서비스 기본 대화문

Procedure	Comprehension
AMENITY KIT SERVICE (추가 제공 필요한 경우)	· 편의 용품 드리겠습니다. 여기 있습니다. 칫솔, 치약, 슬리퍼가 들어 있습니다. Would you like to use an amenity kit? Here you are. There are toothbrush, toothpaste, and slippers in it.
TOWEL SERVICE	[Refreshing Towel] · 물수건 드리겠습니다. Would you care for a towel? / Here is a towel. [Hot Towel] · 따뜻한 물수건 드리겠습니다. 뜨겁습니다. 조심하십시오. Would you care for a hot towel? It is hot, please be careful. · 물수건 정리해 드리겠습니다. May I take used towel away?
MEAL SERVICE WITH WINE & COLD BEVERAGE ◉ 좌석 등받이 관련 응대 절차 · 앞 좌석 승객(취침 승객 포함)에게 뒷좌석 승객의 안전과 취식 편의를 위해 필요한 조치임을 정중히 설명하고 좌석 등받이를 원위치로 하도록 요청한다. · 뜨거운 국 및 식사 트레이는 반드시 앞 좌석 등받이가 원위치로 되었음을 확인한 후에 제공하여 기내식으로 인한 화상과 의복 손상을 사전에 방지한다.	· 실례합니다. 카트 지나갑니다. · Excuse me, the cart is passing by. [식사 서비스 시 취침 승객의 좌석 등받이가 젖혀진 경우] · 식사하시는 동안 뒤에 계신 손님의 식사를 위해 좌석 등받이를 세워 주시겠습니까? Would you please return your seatback for meal time? · 저녁 식사 드리겠습니다. 식사 전에 테이블 열어 드리겠습니다. / 열어 주시겠습니까? Would you like to have dinner? May I open your tray table for dinner? · 저녁 식사는 3가지가 있습니다. 한식 비빔밥, 중식 스타일 Black Pepper Sauce로 요리한 닭고기에 볶음밥이 있고, 양식으로는 구운 감자를 곁들인 Thyme Gravy Sauce 소고기 스튜가 있습니다. 어느 것으로 드시겠습니까? For dinner, we have 3 kinds of main dish, today. Korean menu is Bibimbap, Chinese style black pepper sauce chicken with fried rice, and western style thyme gravy sauce beef stew with grilled potato. What would you like to have?

Procedure	Comprehension
MEAL SERVICE WITH WINE & COLD BEVERAGE	**[비빔밥 주문 외국인 승객 응대]** • 비빔밥을 드셔 보신 적이 있습니까? 비빔밥 취식 안내지입니다. 비빔밥 취식 방법을 참고하십시오. Have you ever tried Bibimbap before? I'll show you how to eat your Bibimbap. (또는) Here is a Bibimbap leaflet. Please follow the steps according to this leaflet. • 비빔밥은 한국의 대표적인 전통요리입니다. 밥, 소고기, 각종 채소, 참기름, 고추장으로 구성되어 있으며, 섞어서 드시면 맛있게 즐기실 수 있습니다. 매운 음식을 못 드신다면 고추장을 빼고 드시면 됩니다. Bibimbap is one of the most popular Korean dishes. It contains rice, minced beef, vegetables, sesame oil and hot pepper paste. You can enjoy your Bibimbap by mixing all together. If you don't like spicy food, you can enjoy it without the hot pepper paste. • 미역국 드리겠습니다. 뜨거우니 조심하십시오. 맛있게 드십시오. Here is your seaweed soup. It's hot. Please be careful. Enjoy your meal. • 와인 드리겠습니다. / 식사와 함께 와인 드시겠습니까? 레드 와인, 화이트 와인이 있습니다. 어느 것으로 드시겠습니까? Would you care for some wine? We are serving red wine and white wine. Which one would you prefer? • 말씀하신 레드 와인 드리겠습니다. (따른 후) 맛있게 드십시오. Here is red wine. Please enjoy your wine. (직접 따를 수 없는 경우) 와인 잔 들어 주시겠습니까? Could you hold the glass for me? • 와인 외에 다른 음료로 주스, 탄산음료, 맥주 등이 있습니다. 어느 것으로 드시겠습니까? We also have juice, soft drink, beer and so on. Which one would you prefer?

Procedure	Comprehension
MEAL SERVICE WITH WINE & COLD BEVERAGE	• (카트 내 식사 트레이 소진 시) 카트를 교체하고 난 후 계속해서 식사 서비스를 진행하겠습니다. 잠시만 기다려 주십시오. We will bring new meal cart. Please wait for a couple of minutes.
WINE REFILL	• 와인 더 드시겠습니까? Would you like some more wine?
HOT BEVERAGE SERVICE	• 커피 드리겠습니다. 커피 컵 올려 주시겠습니까? (따른 후) 매우 뜨겁습니다. 조심하십시오. 설탕, 크림 필요하십니까? Would you like some coffee? Would you please put your cup on the tray? It's hot. Please be careful. Would you like some sugar and cream? • 다른 승무원이 곧 차를 제공할 예정입니다. Another crew will be coming around with tea. • 차 드리겠습니다. 녹차와 홍차 있습니다. (따른 후) 매우 뜨겁습니다. 조심하십시오. Would you like some tea? We have green tea and black tea. It's hot. Please be careful.
MEAL TRAY COLLECTING	• 맛있게 드셨습니까? 정리해 드리겠습니다. 더 필요한 것은 없으십니까? How was your dinner today? / Are you finished with your meal? We are very happy to hear that you enjoyed meal. May I take this away? Is there anything that I can do for you? • 빈 컵을 정리해 드려도 괜찮으시겠습니까? May I take your cup if you are finished? • 나중에 정리해 드리겠습니다. 천천히 드십시오. Please take your time. I will come back later.

[부록 2] 기내식 서비스 기본 대화문 – 특별식

Procedure	Comprehension
SPML CHECK	· 실례합니다. 주문하신 특별식 확인을 위해 성함을 말씀해 주시겠습니까? Excuse me. May I have your name to check your special meal? · 주문하신 특별식의 종류를 말씀해 주시겠습니까? Please, let me know what kind of special meal you have ordered. · 어린이 식사로 스파게티 / 햄버거가 신청되어 있습니다. We have spaghetti and hamburger for your child. · 혹시 좌석을 옮기시게 되면 승무원에게 반드시 말씀해 주십시오. If you happen to move your seat, please let us know. · 이륙 후 일반식 서비스 시작 전 손님의 식사를 먼저 가져다드리겠습니다. I will bring your meal earlier than normal meal service. · (KSML 제공 시) Meal Box가 밀봉 처리된 것을 확인해 주시겠습니까? 식사 포장을 개봉하여 데워 드려도 괜찮으시겠습니까? · This is the Kosher Meal you've ordered. As you can see, the [식사] box is sealed. May I open and heat it up before serving?

[부록 3] 기내식 서비스 기본 대화문 – 특수 상황 응대

Procedure / Situation	Comprehension
타월이 뜨겁지 않아 불만을 제기하는 경우	· (미처 확인하지 못해) 죄송합니다. 물수건이 따뜻한지 확인하고 드렸어야 했는데 죄송합니다. 곧 뜨거운 물수건으로 바꿔 드리겠습니다. I am sorry. I should have checked properly before serving it. I will immediately serve you a new one. I will be coming back shortly. · (제공 후) 불편을 끼쳐 드려 죄송합니다. I am so sorry for your inconvenience.
식사 카트 내 없는 아이템을 요청할 경우	**[위스키 요청 시]** · 위스키는 Glenlivet, Chivas Regal, Jack Daniel's이 있습니다. 위스키는 얼음과 함께 드시겠습니까? We have Glenlivet, Chivas Regal, Jack Daniel's. Would you like to have it straight or on-the-rocks? Would you care for a chaser? **[위스키 Straight로 요청 시]** · 위스키와 함께 드실 음료는 어느 것으로 드시겠습니까? (입가심 음료 / Chaser) · 위스키, 얼음 없이 오렌지 주스와 함께 곧 갖다 드리겠습니다. I will be right back in a minute with your whiskey and orange juice. · 죄송하지만, (제가 카트를 혼자 잡고 있어서) 가져다드리는 데 조금 시간이 걸릴 것 같습니다. 잠시만 기다려 주시면 곧 갖다드리겠습니다. I'm serving by myself. So, could you please wait for a few more minutes?
Meal Choice 불가한 경우	· (비빔밥, 소고기, 닭고기 요리 중 소고기 소진 시) 죄송합니다만, 식사 메뉴로 비빔밥, 소고기, 닭고기 요리가 있었는데 비빔밥이 소진되어 현재 닭고기와 소고기 요리가 남아있습니다. 오늘 소고기 요리가 준비된 양에 비해 주문량이 많아 소진된 점 양해 부탁드립니다. Excuse me. I do apologize we do not have bibimbap anymore. Would you like to have chicken or beef? Which one do you prefer?

Procedure / Situation	Comprehension
Meal Choice 불가한 경우	[Case 1 – 승객이 양해한 경우] · 양해해 주셔서 감사합니다. 다른 필요한 것이 있으시면 언제든지 말씀해 주십시오. I really appreciate your understanding. I prepare OOO for you. If you need anything else, please let me know at any time. [Case 2 – 승객이 소진된 메뉴를 계속 요청하는 경우] · 원하신다면 두 번째 식사에도 소고기가 있는데 그것으로 준비해 드릴까요? We have beef for the second meal (which will be served later). But I can get you that one now if you want.
Meal Choice 안 된 승객에게 회수 시	· 식사는 입맛에 맞으셨습니까? 원하시던 식사를 드릴 수 없었던 점 정말 죄송합니다. Did you enjoy your meal? I am really sorry that I could not serve you the meal you wanted. · 두 번째 식사 때는 꼭 원하시는 식사를 드릴 수 있도록 하겠습니다. At the second meal, we will be able to provide you with meal you want.
부재중 또는 수면 중이어서 식사를 제공하지 못한 경우	· 주무시는 동안 / 자리를 비우신 사이에 식사를 드리지 못했습니다. 지금 식사를 드려도 괜찮으시겠습니까? Excuse me, I couldn't serve you a meal while you were sleeping / away. Are you ready to have your meal now?
식사를 더 달라고 요청하는 경우	· 죄송하지만 식사 서비스가 끝난 후, 여유분을 확인하고 다시 오겠습니다. 잠시만 기다려 주시겠습니까? After serving the meal, I will check if we have any extra and let you know.
미제공 아이템 요청 시	· 말씀하신 다이어트 스프라이트는 없지만 다이어트 콜라는 있습니다. 다이어트 콜라는 어떠십니까? I'm sorry we don't server diet sprite. How about diet coke, instead?
식음료 불만족 시	· 식사를 많이 안 드셨는데 입맛에 맞지 않으셨습니까? (Heating 상태나 기타 준비 상태 미흡으로 인한 불만 시) 죄송합니다. (대체 아이템 확인 후) 다른 주요리는 OOO이 있습니다. 어떠십니까? How was your meal? I am afraid that it might not suit your taste. I am sorry, sir. We have OOO. May I serve you OOO if you do not mind?

참고문헌

강현정, 김미선, 그랑 라루스 요리백과, 시트롱마카롱, 2021

김소영, 이연주, 신중원, 세계 음식명 백과, 마로니에북스, 2021

김준철, 양주 이야기, 살림, 2004

대한항공, 대한항공 객실승무교범

레저산업진흥연구소, 호텔용어사전, 백산출판사, 2008

박명윤, 이건순, 박선주, 파워푸드 슈퍼푸드, 푸른행복, 2010

염진철, 엄영호, 사진으로 보는 전문조리용어 해설, 백산출판사, 2008

우문호, 엄원대, 김경환, 권상일, 우기호, 변태수, 글로벌시대의 음식과 문화, 학문사, 2006

유문주, 김승미, 비행전 객실서비스, 센게이지러닝코리아, 2021

유문주, 김지영, 항공기 음료서비스 이론과 실무, 센게이지러닝코리아, 2020

이용재, 김한송, 푸드스토리, 네이버캐스트, 2021

이지민, 박수미, 박민자, 항공 기내식음료 서비스 실무, 센게이지러닝코리아, 2020

정호정, 내 미각을 사로잡는 104가지 치즈수첩, 우듬지, 2011

주선태, 김갑돈, 고기박사 필로 교수가 알려주는 82가지 고기수첩, 우듬지, 2012

최수근, 소스의 비밀이 담긴 68가지 소스 수첩, 우듬지, 2012

최수근, 최혜진, 셰프가 추천하는 54가지 향신료 수첩, 우듬지, 2011

한춘섭, 염진철, 정통 이태리 요리, 백산출판사, 2011

[인터넷 자료]

구글 포털사이트: www.google.com

국가직무능력표준: www.ncs.go.kr

대한항공 홈페이지: www.koreanair.com